文 史 哲 通 识 读 本 丛 书

廖祥忠 | 总主编

中国历史

通 识 读 本

| 第二版 |

张帆 马勇◎编著

中国传媒大学出版社
·北京·

第二版修订说明

本书于2019年推出第一版。为使结构更加合理，内容更加完善，兹推出第二版。

第二版的古代史部分由张帆主持完成，增加了若干图片，订正了个别史实。近代史部分由马勇主持完成，调整了部分内容，订正了个别史实。参与修订人员有：李渊浩、席长华、李红梅、周贵婵。

特此说明。

张帆、马勇

2020.7

总 序

一、缘起

近年来，全国艺术类院校招生火爆，确实发现了不少好苗子。但大家也普遍感到很多学生文化素养亟待提高，创作出来的文艺作品比较肤浅，缺少深刻的内涵，有数量缺质量，有“高原”缺“高峰”。经过长时间的思考，我们认为原因主要有以下三点；一是生活阅历不够，没有积淀；二是文史哲的根基没有，或者很少；三是我们的教育也没有完全回应中华优秀传统文化的传承问题，绳短不能汲深井，浅水难以负大舟。

习近平总书记高度重视中华优秀传统文化，并将其作为治国理政的重要思想文化资源。他强调，中华优秀传统文化是中华民族的突出优势，是我们在世界文化激荡中站稳脚跟的根基。实现中华民族伟大复兴，必须结合新的时代条件传承和弘扬中华优秀传统文化。他强调，大学教育要“坚持立德树人，遵循教育规律，弘扬优良传统，扎根中国大地办大学”。干什么学什么，缺什么补什么。鉴此，中国传媒大学决定先行先试，在全国启动艺术类招生考试改革。2019年艺考初试（文化素养基础测试），我们一改以前只考语数英的情况，新增文史哲，让考生二选一。当年有约10万艺考生,竟然近一半选择了文史哲,出乎我们的预料,也在全国引起了积极的反响。

怎样才能更好地抓住文史哲艺考这个“牛鼻子”,切实提高广大艺术类考生的文化素养?我们决定实施通识教育发展三步走战略:一是五湖四海,聘请名师名家,打造一流的文史哲通识教材;二是组建通识教育中心,以阳明书院为依托,以融媒体为手段,用人文素养修身,引导学生从中华优秀传统文化中汲取养分;三是以落地、落实新文科建设为目标,逐步建立和完善大学本科教育的文史哲知识体系及教育体系模块。近期的任务,是对艺术类考试全面改革,从2020年起,艺术类考生必须通过文史哲的考试这一关。

二、问道

打造一流的文史哲通识教材谈何容易!为此,学校多次召开专题会议,确定了“双一流”目标:一流的作者、一流的质量。

作为一校之长,我深感责任重大。我把目光聚焦到了百年名校北京大学。2019年6月26日,我和出版社曾白凌、蔡开松等同志一起前往该校,专程拜访了文史哲方面的著名学者李中华先生、温儒敏先生、张帆先生,畅谈对新文科建设的设想,交流对文史哲通识教材的看法。

北京大学哲学系博士生导师、中国哲学暨文化研究所所长、中国文化书院副院长李中华先生强调,文史哲通识教育不仅是一种文化知识的学习,更是一种文化精神的熏陶和传承。在学习中国传统文化和历史中,重要的一点是要把自己放进去,思考自己该怎么做。正如《论语》中所说:“古之学者为己,今之学者为人。”通识教材的文史哲内容不能停留在泛泛而谈的概论上。现在讲国学,核心是要解决我们内在的思想、修为和精神,这是文史哲通识教育的立足点和出发点。

北京大学语文教育研究所荣誉所长、中小学语文统编教材总主编、国家级高校教学名师温儒敏教授表示，中国传媒大学能够直接抓文史哲教材，考虑具体的事情，很难，也很难得，他积极支持。他认为考试是个指挥棒，这么多艺考生，如果中国传媒大学能带个头，带好这个头，寻找一种可行的模式，把基础教育、文化考试和思想教育、文化素养结合起来，可以说是功德无量的事情。他认为一定要建设一支高素质的教师队伍，带领学生通读、精读传统文化和世界经典原著。要先开设课程，让学生在通识教育的基础上走向经典阅读的提高过程。通识教材要在“通”字上下功夫、做文章，要打破专业的局限和条条框框，使文史哲成为不同学科都能融会贯通的基础知识教育。优秀的文艺人才、优秀的文艺作品必然与世界接轨和同步，所以，文史哲不仅要有中国传统文化的内容，也要有世界文化的精华。

北京大学历史学系主任、教育部“九五”规划教材《中国古代简史》作者张帆教授认为，通识教材要有大历史观。要在结构和体例上有创新和突破，以时间和朝代为经线，通过概论、重大事件、重要人物等有机组成部分，使历史能够全景、重点、形象地展现出来。

教授们的讲话我非常认同，也深受感动。于是我趁热打铁，当场邀请在座的名师名家出山，为中国传媒大学通识教育中心站台助阵，为传媒人传道授业解惑。教授们欣然接受了邀请。

同年12月25日上午，中国传媒大学通识教育中心成立，教授们如约前来，令人感动。尤其是李中华教授，凌晨四点从外地赶回北京，九点准时莅会，殊出意料；发完言，身体实在难以支撑，不得不提前离会，让我深感内疚。这也说明老先生对通识教育是多么重视！

会上，教授们再次就通识教育发表真知灼见。

李中华教授指出，老子讲“不出户知天下”，当今社会，传媒进入到我们每一个人的生活里。传媒对人心的塑造是一种无形的力量、软性的力量、很难量化的力量。培养什么样的人来做传媒，关系到国家和民族的命运。通识教育可以借助现代传媒的力量,传媒人尤其要重视人文素养的养成与提升。我们愿意为学校的通识教育作出努力。

温儒敏教授指出,通识教育应该注重三点:一是注重全人教育,全人教育就是正常的人格教育;二是注重博雅教育,培养更高一点的优美情感、审美情趣;三是注重专业教育,但在专业教育的过程中不应该忘记通识教育,要让专业教育和通识教育水乳交融。最重要的还是要让学生读书,比如挑选20种中外的、古典的最精要的书,让大家从中再挑选5种读,效果比请人做讲座好得多。

葛晓音教授在上一次拜访时因身体不适而未晤面,这次拨冗出席,并结合自己多年的教学实践,提出古代文学教育的三个层次:一是把握古代文学的基本知识,提高阅读古代文学作品的能力和文字表达的能力;二是提高文学感悟的能力,培养健康纯正的审美趣味;三是以古代文学的精华滋养心灵,提升精神境界,培养高尚的情操和健全的人格。

张帆教授从当前历史学科教育出发,指出通识教育不仅可以让学生立体地而不是平面地、多线条地而不是单线条地看待历史,而且也可以培养学生养成读史的习惯,提高史学素养和历史意识。

会上,四位教授言我所未言,见我所未见,面聆謦欬,如沐春风,我感受到了真正的大家风范。如何搞好通识教育,尤其是如何搞好通识教育基础性工程的建设,打造能经得起各方检验的文史哲通识教材,我的脑海里慢慢有了清晰的思路。

三、布局

在多方征求意见后,我们确定了丛书名:“文史哲通识读本丛书”,拟在2020年10月之前出齐《中国历史通识读本》《中国哲学史通识读本》《中国古代文学通识读本》《中国现代文学通识读本》这四本书。

接下来,我们进一步确定了如下撰稿原则:一是坚持立德树人的原则,以文化人,以文育人。二是书稿内容要求全面、系统、权威。“全面”是指知识构架不要有大的缺失,重要内容不要有大的遗漏。“系统”是指要注意知识的系统性、连贯性、一致性。“权威”是指材料的认可度高,所举案例,要么是经典性案例,要么是有典型意义的、有说服力的最新案例;并且,观点必须是权威的、为大家所公认的,不成熟的观点,或者不为大多数人所接受的观点,不宜收入。三是这套书不是研究性著作,而是通识读本,所以,行文要文笔流畅,通俗易懂;少用生僻的字词句,不用过于哲理化的弯弯绕的文字;要尽量使用陈述句,用字简省,表意准确,叙述概念、原理时尤应如此,以便学生爱读易记。四是应突出新文科的特点。“新文科”相对于传统文科而言,指进行学科重组、文理交叉,即把科学技术融入哲学、历史、文学等课程中,为学生提供综合性的跨学科学习。

四、希望

在 2020 年 3 月 12 日举行的全国高校艺术类专业考试招生工作视频会议上,我向全国高校介绍了我校艺术类招生考试改革举措及经验,得到教育部翁铁慧副部长的高度赞扬和充分肯定。这既是对我校大力推进艺考改革、取得成效的充分认可,也是对我校勇于担当、敢于实践探索的极大鼓励,令人振奋!

艺术生是文化建设的新生力量、战略储备,艺术生的文化素养决定了他们的创作水平,会影响一代甚至几代人,会影响我们的未来。艺考的导向有问题,教材、参考书不好,会误大事、出大问题。习近平总书记语重心长地说:“优秀传统文化是一个国家、一个民族传承和发展的根本,如果丢掉了,就割断了精神命脉。”文史哲是中国文化的精髓所在,根脉所系,灵魂所附,内容经过了时间的过滤、历史的淬炼,才得以一代一代传下来。作为教育部新文科建设工作组副组长,我要站在新文科建设的高度,为提升艺考生的文化素养而努力。我们甚至设想,艺考时要考文史哲,艺考生招进来后,一、二年级还要系统地学习文史哲的基础知识,并加大对原著的阅读量,回望所来的未知,汲取往圣的智慧,为同学们将来的发展培元固本,强基铸魂。为此,中国传媒大学成立了“通识教育中心”,为有力、有恒、有制地进行通识教育做了机构性设置。不仅如此,在我校涉及招生、培养、学位、质量监控、学科专业等各个方面的研究教育综合改革中,我们在不少专业的招生中也更注意对文史哲的知识理解,对通识的贯通性认识。而且,我们特别重视对写作能力的考察,在培养环节中增加了相应课程,供大家选择。总之,我希望同学们真正学好这些课程,切实提高道德修养和人文素养,出口成诵,下笔成章,真正做到习近平总书记所说:“学以益智,学以励志,学以立德,学以修身。”让包含“忠诚、自信、包容、竞先”文化基因的新中传精神广泛传播,嵌入中传人的精神家园。请同学们一定要记住:“每一个不曾阅读的日子,都是对大学的辜负。”

古人说,作始也简,将毕也钜。我们先推出四种,待取得经验后,再推出《世界历史通识读本》《西方哲学史通识读本》《西方文学通识读本》等通识教材,让学子们既守故垒,兼通中西。

想法虽好,然孜孜汲汲,如琢如磨,奉献在您面前的这套教材成色如何,能否契合初心,说实话,我们没有把握,可谓战战兢兢,如临深渊,如履薄冰。所以,书中如有不妥及错讹处,希望您不吝赐教,我们一定俯身倾听,及时修正,使这套通识教材日臻完善。

是为序。

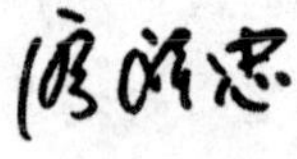

〔廖祥忠,中国传媒大学党委书记、校长,教育部新文科建设工作组副组长,
教育部高等学校动画、数字媒体专业教学指导委员会主任委员〕

目录

CONTENTS

上编　中国古代史

上　编

中国古代史

第一章
中华民族的远祖

作为世界上主要的文明古国之一，中国的历史是怎样开始的？在中国大地上有哪些代表性的古人类化石和原始文化遗存？古书中又是怎样描写中国最早一段历史的？

旧石器时代的古人类　人类最早的工具是石器。起初有上百万年的时间，人类使用打制石器，这段时间被称为旧石器时代。当时的人类主要依靠狩猎和采集获取食物，在险恶的自然环境下过着群居生活。

旧石器时代的人类化石和遗址，在我国已发现300多处。时间较早的有距今约170万年的元谋人（发现于云南元谋县），距今100万年至65万年的蓝田人（发现于陕西蓝田县），以及距今70万年至20万年的北京人（发现于北京周口店龙骨山）。他们都已经学会用火。

在周口店龙骨山北京人遗址山顶上的洞穴里，又发现了距今约3万年的山顶洞人。他们的体质已与现代人基本相同，属于旧石器时代晚期人类化石的代表。

新石器时代的文化发展　旧石器时代之后，是制作并使用磨制石器的新石器时代。新石器时代产生了原始的农业，还出现了陶器，人们的生活渐渐稳定。氏族公社是这一时期普遍存在的社会组织形式。

知识链接

近几十年来,国际学术界对于人类起源问题有一种影响很大的理论:所有现代人的直系祖先都是大约20万年前的一位非洲女性,她的后代大约在13万年前走出非洲。这一理论来自分子生物学对人体细胞线粒体DNA的研究。照此理论,现代中国大多数人的祖先,是在6万至1.8万年前从非洲迁徙而来的,从南方逐渐迁徙到北方,中国原有的古人类与现代中国人在基因上没有关系。该理论提出后,受到一些学者的质疑,争论目前仍未完全平息。

距今1万年左右,我国进入新石器时代。国内的新石器时代文化遗存已经发现1万多处。距今7,000至5,000年,黄河中上游地区新石器文化的主体是仰韶文化[①],陕西临潼姜寨遗址和西安半坡遗址是其典型代表。那里的居民以粟为主要粮食作物,制作的彩绘陶器十分精美。

与仰韶文化大致同时,黄河下游分布着大汶口文化[②],长江下游则有河姆渡文化[③],都发展到了相当高的水平。河姆渡文化的居民种植水稻,并且掌握了养蚕缫丝的技术。大汶口文化晚期出土的黑陶乌黑光亮,有些胎壁薄如蛋壳,制作工艺高超。当时这里的社会已经出现贫富差别。一座大墓中出土随葬品100多件,包括精美的玉器和象牙器。同一墓地的穷人墓葬,却仅随葬几件陶器。

文明的曙光　距今5,000年左右,我国的新石器时代进入晚期,黄河流域的仰韶文化和大汶口文化被龙山文化[④]所代替。同时,在北方辽河

---

① 仰韶文化较早的典型遗址,发现于河南渑池县仰韶村,以后就用来概称同一类型的文化遗存。

② 大汶口文化典型遗址发现于山东泰安大汶口村。

③ 河姆渡文化典型遗址发现于浙江余姚河姆渡。

④ 龙山文化典型遗址发现于山东章丘龙山镇。

上游有红山文化[①]，长江下游则有良渚文化[②]。各文化既有自身特点，又互相影响，在中华文明的衍生过程中都发挥了重要作用。

新石器时代晚期的社会经济有了更大发展，促进了社会结构的变动。贫富分化加剧，氏族内部出现了权贵阶层。有些特殊的手工业产品，比如玉器和精美的陶器，就是为满足社会上层的需要而制造出来的。

知识链接

玉器的生产需要一系列复杂加工技术，体现了新石器时代手工业的最高水平。红山文化和良渚文化的玉器尤为精美。良渚文化出土一件祭祀时使用的“玉琮[③]王”，直径17厘米，高近9厘米，重达6.5公斤，表面雕刻出细如发丝的花纹图案，是罕见的艺术珍品。

氏族之间的联系更加密切，往往结成较大的部落，甚至更大的部落联盟。很多地方出现了由夯(hāng)土城墙包围的古城，表明各种集团之间的冲突日益激烈。部落、氏族首领通过战争扩大财富和权力，战俘和一些贫苦的氏族成员则沦为奴隶。阶级分化逐渐明显，国家开始萌芽。

先民的传说　古书相传，中国最早的统治者是三皇五帝。三皇的时代更早，名目众说不一，较常见的一种说法是燧人氏、伏羲氏、神农氏。他们的形象神人混杂，其传说间接地反映了中国早期人类逐步积累生存经验的历史进程。

五帝的传说更加可靠一些。汉代史学家司马迁的《史记》首列《五帝本纪》，记载了黄帝、颛顼(zhuān xū)、帝喾(kù)、尧、舜五位首领的事迹。

黄帝是黄河上、中游一带的部落首领。他联合另一位首领炎帝的部

---

① 红山文化典型遗址发现于内蒙古赤峰红山后。

② 良渚文化典型遗址发现于浙江余杭良渚镇。

③ 琮(cóng)，是一种方形、中有圆孔的玉器，用于祭祀等礼仪活动。

落,打败东方的蚩(chī)尤部落,担任了炎黄部落联盟的联盟长。炎帝、黄帝被后世尊为中华民族的始祖。

尧、舜是时间更晚一些的中原地区部落联盟长。联盟长是由各部落民主推选出来的。尧年老时,根据各部落首领的推举,由舜继承其位。舜年老时,又用同样的方式让位给禹。这种做法被称为"禅(shàn)让"。这段时间正是我国原始部落联盟向早期国家过渡的时期。

知识链接

自 1978 年起,考古学家对山西襄汾陶寺的龙山文化晚期古代城址进行发掘,发现了宫殿建筑基址、陪葬品众多的高等级墓葬、精美的礼仪用具,还有类似于文字的书写符号。陶寺遗址距今 4,000 余年,时间和地域与传说中的尧、舜、禹时代大致相符,对于探索中国早期国家的萌芽具有重要意义。

思考题:

1. 谈谈旧石器时代的古人类。
2. 谈谈新石器时代的文化发展。

第二章
早期王朝：夏、商、西周

公元前21世纪，中国开始出现世袭王朝。最初的几个王朝是怎样统治的？有哪些重大的文明成果？

夏与商　约公元前2070年，“有夏氏”部落的禹因治水有功被推举为部落联盟长。禹死后，由他的儿子启继任，形成了中国最早的世袭王朝夏朝。禹被看作夏朝的第一代国君。

夏朝建立了职官、军队、刑法、监狱等一套国家机器。它的统治中心在今河南西部和山西南部，这一带发现的二里头①文化被认为是夏朝的遗存。

约公元前1600年，黄河下游的商部落首领汤推翻了暴虐无道的夏朝末代君主桀，建立商朝。商朝前期屡次迁都，后来把都城迁到殷（今河南安阳），从此稳定下来，因此商朝又称殷朝，商又称殷商。商朝极盛时期，疆域北到燕山，南到长江，东到大海，西到今陕西西部，是当时世界上的大国。

商朝后期，国势逐渐衰落。末代商纣王生活荒淫，统治残暴，众叛亲离。约公元前1046年，渭水流域周国的国君周武王姬发率众伐商，商军

① 二里头遗址在河南偃师。

大败,纣王自焚而死,商朝灭亡。

西周 周原是商的属国。建立周朝后,定都于镐(hào,今陕西西安西),史称西周。周武王去世后,其子成王年幼,由武王之弟周公旦[①]摄政。周公平定了商朝残余势力的叛乱,营建东都洛邑(今河南洛阳)作为东方统治中心,并且进一步完善了各项国家制度。

知识链接

西周初年,统治者崇尚"德政",改革了不少商朝的陋习。商朝祭祀神灵和祖先时往往杀人作为祭品,称为"人牲";贵族死后也常用人来殉葬,称为"人殉"。人牲和人殉杀死的主要是战俘和奴隶,有时一次杀掉数百、上千人。西周则很少使用人牲和人殉。商朝贵族的迷信和奢侈之风,在西周初年也得到很大的扭转。

西周在政治上实行分封制。周王把土地和百姓封授给王族子弟、功臣和先代贵族,让他们在地方建立世袭的诸侯国。诸侯要服从周王的命令,定期朝见并贡献财物,派兵随从作战。周初分封的重要诸侯国有齐、鲁、燕、卫、晋、宋等。诸侯在国内将土地、百姓分封给子弟或功臣,称卿大夫;卿大夫再将土地、百姓分赐子弟,称士。这样,就在统治集团内部形成了金字塔形的等级结构。

西周在经济上实行井田制。周朝的土地名义上都属于周王,其中大部分通过分封被赐给诸侯等各级贵族,受封者可以世代占有,但不能转让买卖。开垦土地通常有整齐的划界,形同"井"字,故称"井田",其中包括公田和私田。农民集体耕种公田,将收获物缴纳给贵族,然后才能耕种自己的私田。

---

① 周公是他的封号,名字叫旦。周是他的封地,在今陕西岐山。公为爵位。

公元前841年,由于周厉王贪财好利,为政暴虐,引发了“国人[①]暴动”。厉王出逃,朝政一度由大臣召(shào)公、周公联合执掌,史称“共和”[②]。这一年是中国历史上有确切纪年的开始。公元前771年,西北的游牧民族犬戎乘西周王室内乱攻破镐京,杀死周幽王,西周灭亡。

青铜器的铸造　青铜是铜、锡、铅按一定比例熔铸而成的合金,与纯铜相比具有更好的质地和铸造性能。青铜铸造业是夏、商、西周手工业的主要部门,所铸主要是祭祀用的礼器、乐器,也有兵器、工具和车马器。夏朝的青铜器已有不少种类,但形态和纹饰还比较简单。商朝后期,青铜器铸造达到很高水平,造型雄奇,纹饰华丽。在当时的都城遗址“殷墟”发掘出来的青铜器多达数千件,其中的司母戊方鼎(图1)重达800多公斤,需要二三百人协同合作才能铸成。西周青铜器在各地发现更多,型制趋向简单朴实,其中有许多成套的礼器。

图1　司母戊方鼎

---

① “国”在当时是城的意思。“国人”指居住在城中(此处指都城镐京)的中小贵族和平民。

② 还有一种说法:是由诸侯共伯和(封地在共,爵位为伯,名字叫和)摄政,故称共和。

知识链接

古书称商朝中叶以后的都城遗址为"殷墟"。20 世纪初,学者们确定它的位置在河南安阳西北的洹(huán)河两岸。在这里发现了商朝的宫殿、宗庙建筑群和国王陵墓,以及上千座中小型墓葬,极大地推动了商史研究。

---

20 世纪 80 年代,在四川广汉三星堆遗址出土了大批青铜器,其中包括人像、面具、神树等中原罕见的文物,时间大体相当于商朝,体现了四川地区古代文化的独特风貌。

知识链接

商朝和西周还有其他一些重要的手工业部门。这一时期的玉器、漆器加工业都有很大发展。玉器种类繁多,有不少栩栩如生的动物造型。漆器花纹绚丽,图案精美。商朝还出现了原始的瓷器。

甲骨文和金文 甲骨文是中国文字发展早期阶段的文字样态。商朝统治者十分迷信,遇事通常要用烧灼龟甲、兽骨的方式占卜,然后将占卜经过和结果刻写在龟甲、兽骨上,就形成了甲骨文。有字的商朝甲骨迄今已出土 10 余万片,为研究商朝历史和古文字提供了丰富资料。

甲骨文是一种十分成熟的文字。目前见到的甲骨文单字已达 5,000 个以上,能够完全识读出来的有 1,000 多字。今天汉字构成的几种基本方式,在甲骨文中都已出现。甲骨文的语法也很完备,表明它已经有相当长时间的发展和演变。

金文是商周青铜器上铸刻的文字。至今发现有文字的商周青铜器超过1万件。商朝后期开始出现金文，但铸刻的字数还比较少。到西周，不少青铜器上都铸刻有较长的金文，有的长达几百字，记录了周朝贵族接受封赏、出征作战等重大活动。金文从甲骨文脱胎而来，稍显简化，线条较为平直。它也是汉字发展史上的一个重要阶段。

思考题：

1. 夏、商、西周对疆土的统治是怎样逐步加强的？

2. 谈谈甲骨文和金文。

第三章

春秋战国的政治社会变革

> 春秋战国是中国历史上政局最为混乱的时期之一，也是经济大发展和政治、社会大变革的时期。这一时期的政治和社会究竟出现了哪些变动？这些变动有怎样的历史影响？

列国纷争与民族融合　公元前770年，周平王将都城迁到洛邑，此后的周朝被称为东周。东周分为春秋、战国两个时期。①

春秋时期，周王的权威衰落，只能控制洛邑附近地区。各诸侯国频繁交战，不受周王约束。北方的戎狄部族渗入内地，经常与中原各国发生冲突；南方的楚国也强大起来，向北扩张。在这种情况下，一些大国打出“尊王攘夷”的旗号，力图借此号召和控制中小国家，确立霸权地位。

知识链接

楚国位于长江中游，是由当地土著民族发展形成的，并非由周朝的宗室、功臣所建。早在西周时，楚国就与周王室发生过冲突。在文化上也与

---

① 春秋战国的分界线有多种说法。较常见的一种，是以公元前476年为春秋的结束，公元前475年为战国的开始。东周并不能完全涵盖战国。公元前256年周王室被秦国吞并，东周灭亡。战国则结束于公元前221年秦朝统一。

中原各国颇有差异，被后者视为蛮夷。

最早的霸主是东方的齐国。公元前 7 世纪前期，齐国强大，齐桓公在北方打败戎狄，南方迫使楚国求和，保护了中原各国的利益和文化。齐桓公召集诸侯会盟时，周王也派代表参加，承认他为霸主。随后进入北方晋国和南方楚国争霸的时期，晋文公、楚庄王相继称霸。后来长江下游的吴国、越国又先后建立过短暂的霸权。

春秋后期到战国前期，一些诸侯国内的卿大夫取代国君掌握了实权。公元前 403 年，晋国的韩、赵、魏三家大夫将晋国瓜分。稍后，齐国大夫田氏废掉姜姓国君而成为诸侯。经过长期混战，一些中小诸侯国被吞并，主要只剩下齐、楚、燕、韩、赵、魏、秦七个大国，被称为“战国七雄”。

战国时期，周朝传统的政治秩序被完全破坏。战争更为频繁，规模大，动员广，杀伤重，远远超出春秋。起初魏、齐两国强盛，到战国中叶，西方的秦国强大起来，东方各国却日趋衰落，秦国统一的大势逐渐形成。

民族关系也出现了重要变化。春秋时期，中原各国自视文化一体，已经产生了“华夏”①的民族认同观念，称四周的民族为戎狄蛮夷。战国时，进入中原的戎狄部落绝大部分已融入华夏族，楚国也不再被视为蛮夷。华夏族吸收了大量新鲜血液，成为分布更广和更加稳定的族群，为后来秦建立统一的多民族国家奠定了基础。

经济的发展　春秋战国的农业经济有重大发展。春秋中后期，开始用铁制造农具，其坚硬度和锋利性都远超木石、青铜工具。战国铁农具更加普及。牛耕大约出现于春秋后期，战国中后期开始使用铁制的耕犁，大大提高了耕作效率，是我国农业技术史上的一次革命。各国兴建了不少水利灌溉工程。战国时秦国蜀郡守李冰在成都平原岷江上修建的都江堰，至今仍在使用。

---

① “华夏”的“华”是修饰语，指华美光彩的服饰；“夏”源自夏朝，其文字含义为“大”，指大国。

知识链接

商朝出现了用天然陨铁制造的兵器,西周末年已发明人工冶铁技术。1990年在河南三门峡虢国墓地2001号大墓中,发现了年代在西周、春秋之际的玉柄铁剑,经鉴定确认为人工冶铁制品。

春秋战国时期,手工业继续发展,青铜铸造和漆器、纺织等技术都有很大进步,产品种类繁多,精致美观。商品经济十分活跃,战国时期尤盛。当时各国普遍使用金属铸币,涌现出一批人口众多、商贾云集的中心城市,如齐国的临淄,赵国的邯郸,楚国的宛、郢等。① 不少私营工商业者聚集了大量钱财,有的富比王侯。

各国的改革和变法 经济发展推动了社会变化。春秋时期,由于农业生产力提高,在传统的井田以外,大量新的荒地被开垦出来。为增加收入,不少国家相继改变剥削方式,按照农民的耕地多少来征收实物赋税,不再区分公田、私田。土地国有的井田制逐渐为土地私有制所取代。

到战国时期,以等级分封制为基础的社会秩序已经解体。在兼并战争日益激烈的形势下,各国出于提高统治效率、富国强兵的目的,纷纷进行变法,建立起君主集权的新型管理体制,为以后大一统帝国的出现在制度上作了准备。其中比较重要的,有魏国的李悝(kuī)变法、楚国的吴起变法,而尤以秦国的商鞅②变法影响最大。

商鞅变法的措施分两次推行。公元前356年,秦孝公任用商鞅进行第一次变法,主要内容有:在百姓中实行什伍连坐,互相纠察告发;强制将大家庭拆散为个体小家庭;重农抑商,奖励耕织;奖励军功,贵族无军功者

---

① 临淄,在今山东淄博。邯郸,今属河北。宛,在今河南南阳。郢,在今湖北荆州。

② 商鞅,名叫公孙鞅。商是秦国给他的封地,在今陕西商县东南。

剥夺其特权。几年后，又推行了第二次变法，主要内容有：完全废除井田制，铲除田界，推动土地私有制发展；普遍推行县制，县的官员由君主任免；统一度量衡。

变法沉重打击了旧贵族的利益，遭到反对，商鞅以严刑峻法的铁腕手段强力推行。秦孝公死后，商鞅被杀，尸体被车裂示众。但新法在秦国行用多年，取得显著成效，已经不可逆转。秦国本来比较落后，由于变法彻底，国力迅速上升，超越了东方六国。公元前 260 年，秦国与赵国在长平①大战，秦军获胜并杀死赵军 40 余万人。此后，六国基本无力抵抗秦的进攻了。

思考题：

1. 为什么战国时期会出现变法运动？
2. 谈谈商鞅变法。

① 长平，在今山西高平。

第四章
先秦的文化

先秦时期,中国传统文化的核心内容逐渐形成。尤其是在春秋战国时期,社会的动荡和变革带来了思想文化的空前繁荣。这方面,有哪些具体的表现呢?

孔子和老子　孔子名丘,字仲尼,春秋后期鲁国人,是我国历史上影响最大的思想家和教育家、儒家学派的创始人。后世统治者将他尊奉为“圣人”。

孔子思想体系的核心是“仁”。“仁”就是尊重他人,有同情心。由此主张统治者行“仁政”,顺应民心,爱惜民力,通过以身作则的道德感化来治理国家。孔子对当时社会的变革、动荡形势忧心忡忡,提出“克己复礼”,希望恢复西周的统治秩序。他不否认天命鬼神的存在,但更加注重人事,强调人的主观努力,主张“敬鬼神而远之”。

孔子在教育方面成就显著。他以“有教无类”的思想办学,打破过去贵族阶层垄断文化教育的局面,推动文化知识向社会下层扩展。

相传孔子晚年整理、编订了《诗》《书》《礼》《易》《春秋》等古代文献,这几部书后来成为儒家的经典。他的主要思想和言论则记载在由其弟子编纂的《论语》一书中。

知识链接

《书》亦称《尚书》，是远古和夏、商、周三代一些传说史料及官方文献的汇编。《礼》亦称《仪礼》，是周朝的一部礼仪职业手册。《易》亦称《周易》，是古代的一部占卜用书，其中的主干部分产生于晚商到西周时期，反映了古人朴素的辩证法思想。《诗》亦称《诗经》，与《春秋》均见下文。

老子，据称姓李，名耳，楚国人，比孔子年长，是道家学派的创始人。现存的《老子》一书相传为其所作。书中提出"道"的哲学概念，认为"道"是天地万物的本原，是无形无迹、玄妙莫测的自然本体。他还认为世间万物都在不停地运动变化，有无、高下、贵贱、刚柔等对立面都是互相依存、不断转化的。在政治上，他主张顺其自然的"无为"原则。

百家争鸣　战国时期，在社会剧烈动荡的背景下，出现了众多的学说和学派，形成"百家争鸣"的局面。其中主要有儒、道、墨、法等家。

儒家代表主要为孟子和荀子。孟子提出"性善论"，认为人性中的善是与生俱来的，作恶则是后天影响所致。他发展了孔子的"仁"和"仁政"理论，提出"民贵君轻"的民本主义思想，宣称人民有权推翻暴君。孟子被后世儒家尊为"亚圣"。

荀子提出与孟子相反的"性恶论"，认为人生来是恶的，善是由后天的社会规范影响而产生的。他重点阐发了孔子关于"礼"的理论，强调礼在规范人们行为方面的作用，治国应当以礼为主，以法为辅。在世界观方面，荀子认为天没有意志，与人事的吉凶祸福无关。人类既应该顺应自然界的规律，同时也可以通过主观努力改造自然。

道家的代表是庄子。他在老子思想的基础上，更加强调万物的相对性，认为各种对立事物在本质上都是相同的。庄子反对社会进步，主张恢复人的自然本性，痛恨礼、法等各种约束。

墨家的创始人是墨子。他主张"兼爱"，就是无差别地爱一切人；"非攻”,就是反对当时各国的兼并战争;“尚贤”,就是反对任人唯亲,主张选用贤人。墨子的思想代表了当时下层平民的利益。

法家的主要思想是尊崇君权、提倡法治,与战国政治体制的变化相符,各国变法的领导者大都出自法家。韩非子是法家集大成的代表人物。他认为历史是向前发展的,应该根据现实进行改革,不必拘泥于古代的传统;主张严格以法治国,除君主外法律面前人人平等;倡导君主使用各种权术、阴谋达到独裁的目的。

此外,比较重要的还有名家和兵家,它们分别以逻辑学和军事学为主要讨论对象。兵家的代表作《孙子兵法》,据称是春秋末年吴国名将孙武所作,实际上可能成书于战国。书中系统地总结了战略、战术方面的问题,叙述简洁而富有哲理,是具有世界影响的名著。

史学与文学 春秋时期,得名于一部叫作《春秋》的鲁国编年史,它是我国现存最早的史学著作。成书于战国的《左传》,以《春秋》纪事为纲,增补了大量材料,成为一部内容丰富、翔实的编年史名著。它叙事生动,语言流畅,也具有很高的文学价值。

《诗经》是我国第一部诗歌总集,收录了西周到春秋中叶的诗歌305篇,分为风、雅、颂三个部分。风是各诸侯国的民歌,大部分是春秋时的作品;雅是西周的宫廷乐曲歌辞;颂是宗庙祭祀的乐歌。《诗经》的人文精神和现实主义传统对后世文学产生了重大影响。

屈原是战国后期楚国的贵族。他采用楚国方言,利用南方民歌的形式,创造出一种新的诗歌体裁——楚辞。屈原的作品体现出强烈的爱国精神和浓郁的浪漫主义色彩,其中以《离骚》最为著名。

“百家争鸣”中诸子的著作,大都是杰出的散文作品,尤以孟子、庄子、韩非子成就突出。

科技 夏、商、西周时期,人们对天文、星象已有一定认识。商朝历法采用干支纪日,是世界上延续至今最为古老的纪日方法。商朝甲骨文中保留了我国最早的日食、月食记录。

知识链接

干支是天干、地支的合称，甲乙丙丁等十天干和子丑寅卯等十二地支相配，共60组。干支最早用于纪日，后来又用于纪年。商朝人把一年分为12个月，有大月、小月之分，并设有闰月，这些方法都被今天的农历继承。

《春秋》记载公元前613年“有星孛入于北斗”，这是世界上首次关于哈雷彗星的确切记录。战国时期，出现了世界上最早的天文学著作《甘石星经》①。

战国诸子中的墨家对科技较有研究。《墨子》中包含六篇被称为《墨经》的文章，探讨了不少物理学问题。

春秋战国时期，医学也有很大进步。扁鹊是战国时的名医，他采用望、闻、问、切四诊法诊断病情，为以后的中医所沿用。

思考题：

1. 先秦的儒家、道家和法家分别有哪些重要思想？
2. 谈谈《诗经》。
3. 谈谈孔子。

---

① 《甘石星经》由楚人甘德和魏人石申的两部著作合编而成。

第五章
秦朝的兴亡

在战国七雄的兼并战争中,秦国最后脱颖而出,完成统一大业,建立了新型的君主专制中央集权王朝。这个新王朝与以前的王朝有何不同?它曾经强盛无比,为什么昙花一现,很快就崩溃了?

秦朝的统一 秦国是西周后期分封的诸侯国,西周灭亡以后占据了关中地区,开始崭露头角。战国时期,它的变法措施最为彻底,执行也较为连贯,形成了一套比较完备和高效的国家治理机制,其发展经济、整饬军备、招揽人才的政策也极见成效。加上外交策略成功、地理位置优越、民风强悍,到战国后期,秦国的力量已经明显超越其他国家。长期战乱给社会带来巨大灾难,人民渴望统一;经济的发展、民族和地域之间联系的加强,则为统一准备了客观条件。

公元前230年至前221年,秦王嬴政在位时,以秋风扫落叶之势,相继灭掉了东方六国,建立起新的统一王朝,定都咸阳(今陕西咸阳东)。此后,秦又统一了南方越族地区①,并对云贵地区的"西南夷"进行招抚。在北方,击退了草原游牧民族匈奴的进攻,占领河套地区,进而修筑了万里长城。秦朝的疆域东起大海,西到陇西,南包岭南,北抵长城,人口达到2,000多万。

---

① 越族是先秦、秦汉时期的南方少数民族,部落繁多,又称百越,分布于今天的浙江、江西、福建、广东、广西一带。

知识链接

战国时期，为抵御北方游牧民族南下，秦、赵、燕三国都在北部边境筑有长城。秦朝在此基础上进行连接、加固和延伸，建成了西起临洮①、东至辽东的万里长城。长城对抵御游牧民族骑兵的进攻起到了很大作用，保障了中原农业社会的安全。

在与越族的战争中，秦朝还修筑了另一项重要工程，即灵渠。灵渠位于今广西兴安县境内，是一条连接湘江和漓江的运河。它的长度只有30多公里，却联通了长江、珠江两大水系，促进了中原与岭南的经济文化交流。它也是世界现存最古老的人工运河之一。

秦朝的统一结束了春秋战国诸侯割据混战的局面，建立起中国历史上版图空前辽阔的统一多民族国家，为社会经济的恢复和发展、各族人民的安定生活和相互交往创造了条件。

君主专制中央集权制度的建立　秦朝是一个不同于夏、商、周的新型王朝，它确立了君主专制中央集权的国家制度。这套制度被以后的王朝长期沿用。

秦王嬴政统一六国后，决定兼采三皇、五帝名号，将新王朝的君主定名为皇帝。他自称“始皇帝”，史称秦始皇。为显示皇帝的独尊地位，规定皇帝自称“朕”，发布的命令专称为“制”或“诏”，印章专称为“玺”，对皇帝的名字要避讳。

皇帝对国家事务拥有至高无上的最后决定权，具体管理工作则由从中央到地方一整套官僚机构来执行。中央设丞相、太尉、御史大夫等主要辅佐大臣。丞相协助皇帝主管全国行政。太尉协助主管军事，不常设。

---

①　临洮，在今甘肃岷县。

御史大夫为丞相副手,负责文书传达工作,兼管监察事务。以下设诸卿[1],分掌具体政务。地方上彻底废除分封制,推行郡县制,全国共设40余郡,郡下设县,郡县主要官员由中央任免和考核。县以下设乡、里等基层行政组织。国家权力自上而下延伸到社会底层。

为巩固统一,保证中央对地方的有效控制,秦朝进行了"整齐制度"的工作,颁布了通行全国的法律,做到"事皆决于法";推行户籍制度,登载每户的土地、人口数量及年龄,作为征发赋税、徭役的依据。度量衡以秦国旧制为标准,推广到全国。货币统一使用秦国的圆形方孔铜钱。文字统一使用秦国的小篆[2]。秦国还统一了车轨宽度,以咸阳为中心修筑四通八达的"驰道",加强中央与地方的联系。

知识链接

秦律名目繁多,分类细密,就法律形式而言已经比较发达。1975年,湖北云梦睡虎地秦墓出土竹简1,000余支,大部分是秦的法律条文和相关解释,包括征收田赋的《田律》《仓律》,征发徭役和兵役的《徭律》《戍律》等。

秦朝的暴政及其覆亡 秦始皇的辉煌功业,是建立在残酷剥削压迫人民的基础之上的。他大兴土木,修建宫殿、陵墓,花费巨额钱财寻求长生不死的仙药,还几次兴师动众到地方巡游。加上开拓边疆和修筑长城、驰道等工程,使劳动人民的徭役、兵役负担沉重不堪。秦朝的刑法也非常严酷,百姓动辄得咎,沦为囚徒。

秦始皇还将专制统治贯彻到思想文化领域。公元前213年,他接受丞相李斯的建议,下令焚毁书籍,实行愚民政策。第二年,又以造谣惑众

① 诸卿有多种名目,例如奉常掌宗庙礼仪,廷尉掌刑法,典客掌管少数民族事务。
② 当时社会上还流行一种更加简易的隶书,其字形也是由小篆演变来的。

的罪名，在咸阳逮捕并坑杀了 460 余名儒生。这两件事合称“焚书坑儒”，对文化造成严重摧残，也加重了士人对秦朝的仇视。

公元前 210 年，秦始皇在巡游途中病死。其子秦二世即位，统治更加暴虐。

公元前 209 年，陈胜、吴广率领几百名戍卒在大泽乡①发动起义。他们以“伐无道，诛暴秦”号召天下，建立政权，国号“张楚”，各地纷纷响应。陈胜、吴广起义军不久失败，其他起义部队由项羽、刘邦等人领导，继续斗争。公元前 207 年，刘邦的军队攻入咸阳，秦朝灭亡。

思考题：

1. 如何评价秦朝的历史地位？

2. 谈谈陈胜、吴广起义。

3. 谈谈万里长城。

---

① 大泽乡，在今安徽宿州境内。

第六章
两汉的兴衰

秦朝灭亡后，随即出现统治时间更长、国力更强盛的汉朝。汉朝建立过哪些重要业绩？为什么会分为西汉和东汉？

西汉的建立与休养生息 秦朝灭亡后，反秦义军的两位领袖项羽和刘邦为争夺天下进行了四年战争。公元前202年，刘邦打败项羽，建立汉朝，定都长安(今陕西西安)，史称西汉。刘邦就是汉高祖。

经过秦朝暴政和秦末战乱，汉初社会凋敝，民不聊生。皇帝找不到四匹同色的马驾车，大臣有的只能乘牛车出行。汉高祖吸取秦亡的教训，采取休养生息的政策。他让大批士兵回乡务农，授予田宅，一段时期内免除徭役；诏谕战乱中流亡者各归本土，重操旧业。他又将田租减轻到十五税一，下令将自卖为奴婢的人释放为平民。这些政策增加了农业劳动力，调动了农民的生产积极性。

汉文帝、景帝在位期间[①]，继续推行休养生息政策。他们多次下令减轻赋税和徭役，文帝曾一度免征田租，景帝将田租降为三十税一；又减轻秦朝以来的严峻刑罚，文帝废除犯罪亲属连坐的制度，用笞(chī)刑代替某些伤残肢体的肉刑，景帝继续减少笞刑的数目。当时官吏断案，也往往

① 汉文帝，公元前180年至前157年在位。景帝，公元前157年至前141年在位。

从宽。文帝和景帝还提倡节俭，大力减省财政开支。这一时期，社会较为安定，经济恢复的效果十分明显，历史上称为“文景之治”。

汉武帝的功业　公元前141年，汉武帝即位。在西汉前期经济恢复、发展的基础上，采取了一系列巩固统一的重要举措①。

政治方面，汉武帝大力强化对地方的控制。他采取分解、打击等手段，削弱诸侯王国②的势力，消除它们对中央的威胁；任用酷吏，严厉镇压地方豪强、游侠的不法行为，稳定社会秩序；还设立刺史，加强对地方官吏的监察。

经济方面，国家加强对经济的干预。铸造五铢（zhū，重量单位）钱，作为通行全国的法定货币。实行盐铁官营，由国家垄断盐、铁这两种重要物资的生产和销售。国家插手并经营商业贸易，以增加收入，平抑物价。打击商人，向他们征收动产税，逃税者没收全部财产。

思想方面，“罢黜百家，独尊儒术”。起用儒生做官，建立以儒学为主要标准的人才选拔和教育制度，将其他学派、学说排除在外。儒家学说自此获得了正统思想的地位。

在对内加强集权的同时，汉武帝对外也采取积极进取的政策，开拓了大片疆域，国威远播。

汉武帝在位的50余年，是西汉王朝的鼎盛时期。但他建功立业的举措，也给百姓带来了沉重的负担。

从西汉衰亡到东汉建立　公元前1世纪后期，土地兼并日益剧烈，破产农民沦为奴婢或外出流亡，社会动荡不安。公元9年，外戚王莽乘乱篡夺皇位，改国号为新，西汉灭亡。王莽推行了一系列改革，企图挽回危局。但措施不切实际，执行不得其人，反而使社会矛盾更加激化，农民起义风起云涌。王莽政权到公元23年就被推翻了。

公元25年，参加过农民起义的西汉宗室刘秀重建汉朝，不久定都洛

---

① 这方面的部分内容详见第七、八章。

② 西汉建立后，地方上郡县制与分封制并行。参见第七章。

阳,史称东汉。刘秀即汉光武帝。光武帝标榜“以柔道治天下”,采取轻徭薄赋政策,精简机构,提倡节俭,表彰儒学。他多次发布释放或禁止残害奴婢的诏令,并且在地方上推行“度田”,丈量耕地,核实户口。随后的明帝、章帝都勤于政事,注意整顿吏治,发展文教,还对黄河水灾进行了治理。社会经济在稳定的政局下逐步恢复、发展起来。

东汉的衰落 从公元1世纪末起,东汉政权开始出现衰落趋势。皇帝大多是幼年即位,由皇太后主持朝政。皇太后依靠父兄辅政,形成外戚专权的局面。皇帝成年后不甘心大权旁落,总是依赖亲信宦官铲除外戚势力,宦官又因而主宰朝政。外戚、宦官争斗不休,各谋私利,政治日益腐朽。

知识链接

2世纪中叶,外戚梁冀掌握朝廷大权。梁家共有7人封侯,2人拜大将军,57人担任卿、将等高级职务,还出了3位皇后、6位贵人(皇帝的妃子)。百官升职后要先到梁家谒见谢恩,地方进贡物品上等先送梁家,其次者才送入皇宫。《后汉书》称梁冀“在位二十余年,穷极满盛,威行内外,百僚侧目,莫敢违命”。159年,汉桓帝与宦官单超等5人合谋发动政变,发兵包围梁冀的将军府,逼迫他自杀;朝廷没收梁冀家产并变卖,得到巨额钱财,因而将当年全国租税的一半予以减免。

汉桓帝在位后期,宦官把持朝政。一些正直的官员、士大夫和太学生[①]形成反对宦官专权的政治势力,利用舆论抨击宦官,造成很大的社会影响。166年,宦官诬告大臣李膺(yīng)等人与太学生结党营私,诽谤朝政,将其定为“党人”,大肆逮捕。随后将他们逐归故里,禁锢终身,不许出

① 太学是汉朝的中央官学,始设于汉武帝时。

游和做官。169 年，又以谋反罪名发起新一轮对“党人”的迫害，李膺等 100 多人死于狱中。史称“党锢之祸”。

在政治黑暗、民不聊生的局面下，民间宗教“太平道”传播日益广泛，发展了数十万信徒。184 年，在首领张角组织下，各地太平道信徒同时发动起义，东汉的统治陷入混乱。起义军头裹黄巾，称为“黄巾军”。黄巾军缺乏统一的调度指挥，最终被官军各个击破。随后出现军阀割据局面，东汉政权很快就土崩瓦解了。

思考题：

1. 比较汉武帝与秦始皇的异同。

2. 谈谈“黄巾军”。

第七章
两汉的制度与经济

古人说“汉承秦制”。两汉的制度是怎样继承秦朝的？有哪些重要的变化？与秦朝相比，两汉保持了较长时间的稳定统治，在此期间社会经济有怎样的发展？

国家制度 秦朝建立的君主专制中央集权政治体制，在两汉继承下来，并且有新的发展。

中央官员仍以丞相、太尉、御史大夫为首，丞相居于核心地位。这三个官职合称“三公”。汉武帝时，选拔一批资历较浅的官员入宫侍从皇帝，参与决策，形成一个称为“中朝”的小团体，丞相的权力被削弱。到东汉，从“中朝”官员中发展出来的尚书台地位上升，重要事务多由皇帝与尚书台商议决定，再交付三公[①]下发执行，时称“虽置三公，事归台阁(指尚书台)”。

在地方，西汉部分恢复了分封制，与郡县制并行。景帝时，以吴王刘濞(bì)为首的七个诸侯王发动叛乱，被朝廷派兵镇压。汉武帝即位后颁布“推恩令”，允许并鼓励诸侯王将封国土地再分封给子弟，并封其为侯，使诸侯国的力量趋于分散，基本上解除了它们对中央的威胁。

汉武帝时，全国划分为13个监察区，称为州，各设刺史一名，负责纠

① 东汉的三公分别称为太尉、司徒、司空。

察辖区内郡长官、诸侯和豪强的不法行为。刺史级别不高，但权力很大。东汉末年刺史改称“州牧”，演变为统辖一州的高级军、政长官，地方行政体制由郡、县两级制变成了州、郡、县三级制。

官员选拔方面，最主要的制度是察举，即朝廷定出选拔人才的科目，由地方长官按标准推荐。

知识链接

汉武帝时，下令各郡和封国每年向朝廷荐举“孝者”“廉吏”各一人，这是察举制度的开端。后来“孝者”“廉吏”合称为“孝廉”，成为汉代察举最主要的科目。察举以外，皇帝直接邀请某人做官，称为“征召”；朝中公卿或地方州、郡长官聘请某人做僚属，称为“辟除”。

汉代沿用秦朝的户籍制度，所有百姓都被编入户籍，承担赋税和徭役、兵役。赋税包括按土地征收的“租”和按人口征收的“赋”。对农民来说，租的份额不高，但赋的负担较重。他们还可能受到官府额外税收和超期服役的剥削。

农业 汉代农业在战国以来的基础上达到了中国古代的第一个高峰，为以后中国农业的发展创立了基本模式。

西汉铁农具的使用已相当普遍，牛耕也十分普及。出现了形制较大的耦犁，犁铧全由铁铸，宜于深耕，用二牛抬杠共挽，三人合作驾驭。后来又有进一步改进，一人即可操作。播种方面出现了开沟、条播相结合的耧车，一天可以播种一顷[①]地。汉武帝时赵过在西北地区推行“代田法”，将一亩耕地分为三沟三垄，耕作时沟垄逐年代换以恢复地力，大大提高了

① 一顷为 100 亩。当时亩的面积比现在要小，100 亩相当于现在近 70 亩。

粮食产量。水利建设成就显著,关中形成了由郑国渠[①]、漕渠、白渠、龙首渠等许多渠道构成的水利网,其他地区也修建了为数众多的中小水利设施。

知识链接

《汉书·地理志》记载西汉末期公元2年全国的土地、户口数字为:全国土地近14,514万顷,其中已开垦土地827万余顷;户数1,220余万,人口数近5,960万。其中的第一个数字,与当代学者计算出的西汉疆土总面积误差仅为7%。后面的三个数字,也被认为是中国历代耕地、户口数字中最精确的数据之一,充分反映了西汉农业发展的成就。

东汉农业继续发展,南方农业水平明显提高,东汉后期曾屡次在长江中下游调拨租米赈济中原灾民。

手工业　西汉手工业有官、私之分。官府手工业行业繁多,体系庞大。私营手工业包括农村家庭手工业和独立的民营手工作坊,也相当繁荣。西汉前期还出现了一批经营致富的大手工业者。

丝织是纺织业最发达的部门,产品品种繁多。湖南长沙马王堆西汉墓出土了大量精美的丝织品,其中的素纱单衣(图2)薄如蝉翼,身长128厘米,袖通长190厘米,重量只有49克。

冶铁业规模相当大,已开始用煤作为冶铁燃料,并使用淬火[②]技术,使铁器更为坚韧锋利。东汉杜诗发明了水排,用水力鼓风冶铁,大大提高了工作效率。炼钢技术也有初步的发展。

---

① 郑国渠是秦统一前夕开凿的水渠。

② 淬火,指将铸造成型的铁器浸入水中,以提高其坚硬度。

图 2　素纱单衣

制盐业的生产方式因地而异。沿海地区生产海盐，山西西南部利用天然盐池生产池盐，四川以掘井的方式挖取井盐。汉武帝推行盐铁官营制度，反映了盐和铁两种手工产品在当时国家经济中的重要地位。

漆器制造也很发达，工序复杂，工艺精美。制瓷技术在江南初步成型。造船业能够造出高达十几丈的楼船。

商业和城市　西汉的商业十分繁荣。司马迁描述汉武帝时期："富商大贾周流天下，交易之物莫不通，得其所欲。"全国形成了若干大的经济区域，首都长安与洛阳、临淄、邯郸、成都、宛并为全国六大区域中心都市①。城市之内设有专供贸易的"市"，其中店铺林立，行业繁多，商品丰盛。货币经济发达，通用黄金和铜钱作为交换媒介。汉朝与周边国家、民族的贸易也相当兴盛。

东汉的商业活动仍然比较活跃。但以地主田庄为代表的自然经济因素也在逐渐上升，布帛等实物开始充当交换媒介，金属货币的地位下降，商业显露出衰退的趋势。

---

① 临淄、邯郸、宛早在战国时即已成为著名的商业都会。参见第三章。

思考题：

1. 谈谈汉代国家制度的概况。

2. 西汉经济发展取得了哪些重要成就？如何看待其在中国经济史上的地位？

第八章
两汉的边疆民族与中外交通

两汉时期，边疆少数民族十分活跃。这一时期有哪些重要的少数民族？汉朝与它们的关系怎样？中外交通有哪些重要路线？

匈奴与鲜卑　秦统一六国前后，强大的游牧民族匈奴也统一了北方草原，与秦隔长城对峙。西汉前期，匈奴不断南下袭击汉朝边境。由于国力尚未恢复，西汉不得不通过“和亲”的策略维持和平，将宗室女子作为公主嫁给匈奴的单于①，并开放边境贸易。

汉武帝时，西汉国势强盛，对匈奴展开了大规模的反攻。公元前127年至公元前119年，汉将卫青、霍去病率军三次北伐，夺取了阴山以南和河西走廊的大片地区，匈奴受到重创，被迫从漠南迁徙到漠北。

公元前1世纪中叶，匈奴发生内乱，5位单于争立，其中的呼韩邪(yé)单于率众降附西汉，亲自到长安入朝。后来呼韩邪单于控制了匈奴的局势，汉元帝将宫女王昭君嫁给他。此后40余年，双方关系和睦。

知识链接

王昭君，名嫱。公元前33年，汉元帝下令挑选宫女赐给来朝的呼韩

---

① 单(chán)于是匈奴君主的称号。

邪单于,昭君主动请求入选。呼韩邪单于与昭君成婚后,给她加号“宁胡阏氏”①。呼韩邪死后,其长妻“大阏氏”之子继位,昭君又按照匈奴习俗与他再婚。昭君远嫁匈奴,对确保当时汉、匈关系的和平友好起到了重要作用,为后人称颂。

东汉初年,匈奴分裂为南、北二部。南匈奴归附东汉,移居到东汉北部境内。北匈奴仍居漠北,与东汉对抗。公元 1 世纪后期,汉军两度出击,大败北匈奴。北匈奴政权崩溃,其部众大多西迁。

匈奴西迁后,原居大兴安岭西侧的鲜卑占据大漠南北,一度形成统一的部落联盟,威胁东汉边境。但到东汉末年,鲜卑部落联盟又告瓦解。

张骞通西域与丝绸之路 汉代的西域,包括今天我国新疆以及中亚部分地区,当时有几十个小国。汉武帝为联络这些国家共同对抗匈奴,于公元前 138 年派张骞出使西域。张骞一直西行到帕米尔高原以西的大月氏(ròu zhī),获得大量前所未闻的西域资料。公元前 119 年,张骞第二次出使西域,当地诸国也纷纷派使者回访,汉朝与西域的联系日益密切。公元前 60 年,西汉设置西域都护(相当于郡),作为朝廷的代表镇守西域,保护商旅往来,确定了西域对汉朝的臣属关系。

知识链接

张骞于公元前 138 年首次出使西域,过程十分坎坷。大月氏早先居于祁连山麓,被匈奴击破而西迁。汉武帝欲伐匈奴,希望大月氏从西面夹击,遂派张骞前往联络。张骞西行途中被匈奴俘虏,扣留 10 年有余方才逃脱,历经艰险到达大月氏。但大月氏此时已经放弃了向匈奴复仇的打算,张骞并未达到出使的目的。返回途中,张骞又被匈奴俘获,一年后逃

① 阏氏(yān zhī),匈奴语,相当于皇后。胡,指匈奴,宁胡,意谓使匈奴安宁。

出，终于在公元前126年回到长安。出发时他带领的使团共有100余人，最终回来的只有2人。

东汉初年，北匈奴乘乱控制了西域。公元74年，东汉复设西域都护。经过一段时间的艰苦经营，终于重新确立了对西域的统治。

两汉对西域的经营，促进了中西交通的发展。早在西汉以前，中国的丝绸已开始辗转贩运到中亚，但路途不畅，数量也很少。张骞通西域以后，汉朝与西域各国的使者、商人接踵往来，大量丝织品不断西运，西域的珍奇特产也陆续输入内地。这条通道继续延伸，经中亚沟通南亚、西亚，被称为“丝绸之路”。中国与上述地区由此开始了比较频繁的经济文化交流。中国的铁器、丝绸以及养蚕缫丝、铸铁、造纸等技术逐渐西传。印度的佛教也通过丝绸之路传入中国。

知识链接

两汉时期，丝绸之路西部的大国主要是古伊朗帕提亚王国和罗马帝国，中国史书分别称之为安息和大秦。安息曾两次遣使到东汉，赠送狮子、鸵鸟等物。公元97年，东汉西域都护班超派遣甘英出使大秦，只行至波斯湾，未能到达目的地。166年，有大秦使者从海路到达中国，向东汉皇帝贡献象牙、犀角等礼物，自称是大秦王安敦所派遣。这是中国史书中有关中国同欧洲交往的最早记载。

百越和西南夷　越人是我国上古时期东南和南部沿海地区的少数民族，部落繁多，分布广泛，故称百越。百越原已被秦朝统一，但在秦末又建立了东瓯（在今浙江）、闽越（在今福建）、南越（在今两广）等几个半独立政权，西汉初年称臣为藩属。汉武帝时，东瓯主动内附，闽越、南越叛乱被平

定,百越地区重新纳入中央政权的直接统治。

秦汉时期,在四川西南部和云贵地区分布着几十个语言不同、风俗各异的民族,史书统称为“西南夷”。汉武帝时,用招抚、征伐相结合的手段,促使西南夷大批内属,设置郡县,同时也授给当地酋长王、侯等头衔。

海外交通　两汉时期,朝鲜半岛南部存在着马韩、辰韩和弁韩三个部落联盟,合称“三韩”。三韩与汉朝建立了贸易往来。其中的辰韩受中国文化影响较大,又被称为“秦韩”。

两汉文献称日本为“倭”。当时日本列岛上存在着很多部落,自汉武帝时起,共有30多“国”的使节到达汉朝。《汉书·地理志》记载了倭人的生产、生活和习俗,说明我国那时已对日本有一些了解。东汉建立后,日本有“倭奴国”前来朝贡,光武帝赐给他们印绶。后来日本出土了“汉委奴(即倭奴)国王”金印,证实了相关的历史记载。

汉朝人已经积累了一定的海上航行经验。汉武帝时,开辟了与东南亚、南亚等地的水上交通线,学者称之为“海上丝绸之路”。它从福建、广东沿海港口出发,沿印支半岛海岸线南下,经马六甲海峡,到达孟加拉湾沿岸各国,最远抵达印度半岛南端。沿着这条路线,汉朝与东南亚、南亚的许多国家和地区建立了联系。

思考题:

1. 汉朝与匈奴的关系是怎样发展变化的?
2. 如何理解张骞通西域的历史意义?
3. 谈谈丝绸之路。

第九章
两汉的文化

汉代长期维持着大一统的稳定局面，给文化发展创造了良好的环境。那么，这一时期的文化有哪些重要的发展成果呢？

儒学的发展 儒家学说在汉武帝时获得“独尊”地位。“独尊儒术”的倡议者董仲舒，是汉代儒学最重要的思想家。

董仲舒发挥先秦儒家重视等级名分的伦理思想，将其概括为“三纲”，即君为臣纲、父为子纲、夫为妻纲，又着重阐发了《春秋公羊传》①提出的“大一统”概念，称之为“天地之常经，古今之通谊”。这些思想都适应了君主专制中央集权制度的需要。

董仲舒还提出一套“天人感应”理论。他认为天具有知觉和感情，其喜怒哀乐会通过人世间一些特殊的自然现象体现出来。君主受命于天，百姓不可违抗；但同时君主也不应当胡作非为，以免触犯天怒。

史学 汉代史学成就突出，出现了司马迁的《史记》和班固的《汉书》两部史学巨著。

司马迁，西汉中期人。他撰写的《史记》叙述了上起传说中的黄帝、下至汉武帝两三千年间的历史，是中国历史上第一部纪传体通史。全书

---

① 《春秋公羊传》是战国、秦汉间儒家门徒对《春秋》进行阐释的一部著作，西汉时成为儒家经典。

130 篇,52 万余字,以人物传记为主,编年、纪事为辅,结构巧妙而周全。这种由司马迁首创的“纪传体”成为以后中国古代史学著作最重要的体裁,被誉为“创例发凡,卓见绝识”,“范围千古,牢笼百家”[①]。《史记》本着“究天人之际、通古今之变、成一家之言”[②]的宗旨,把经济发展、学术演变、民族关系、社会生活与国家的政治、军事活动融为一体,通贯而全面地反映了历史的面貌,随处体现出作者对历史深刻的洞察力和独到的见解。它在记载求真求实的同时,又能做到文笔优美流畅,人物形象栩栩如生,是一部集史学、文学、思想价值于一体的不朽名作。

班固生活于东汉前期。他对《史记》所载西汉史事进行大规模增补,完成了专记西汉历史的《汉书》。全书 80 万字,体例更加严谨,文字典雅,内容充实,是我国第一部纪传体的王朝断代史。

知识链接

《史记》包括本纪、表、书、世家、列传 5 个部分。《汉书》取消“世家”,并将“书”的名称改为“志”。此后记载历代王朝史事的断代纪传体史书,体裁基本相沿不变。到清朝中叶,皇帝将上起《史记》、下至《明史》的 24 部首尾相接的纪传体史书钦定为“正史”,合称“二十四史”。

文学 两汉文学最有特色的体裁是赋和乐府诗。赋是一种介于韵文和散文之间的文章,讲究铺陈排比,辞藻华丽。汉赋中最具代表性的作品是枚乘、司马相如等人写的“大赋”,其中铺叙宫殿、都城、园林之豪奢,描述帝王行猎、出巡之壮观,结构庞大,气势恢宏,反映了汉帝国的强盛和富庶。

---

① 这是清代史学家章学诚对《史记》的评价。

② 这是司马迁自己对《史记》写作目的的概括。

汉代中央设有乐府，负责采集民歌配曲入乐，以供演唱。乐府采集并配乐的民歌就是乐府诗，体裁以五言为主，内容丰富多样，语言朴实自然，情感真挚细腻，具有很高的文学价值。东汉后期，一些佚名的文人吸取乐府诗的技巧，创作了反映士大夫内心世界的《古诗十九首》，对后世文人的五言诗有很大影响。

汉代的散文也有不少名作，《史记》中的叙事文和西汉前期贾谊、晁错的政论文尤为突出。

艺术 汉代的绘画已有较高成就。长沙马王堆西汉墓出土的彩色帛画，描绘了许多人物和神怪，富有浪漫主义气息。内蒙古和林格尔东汉墓室中的几十幅彩色壁画，构图严谨，造型生动，是现实主义的艺术杰作。

知识链接

西汉后期到东汉，流行一种特殊绘画艺术——画像砖石。它通常以线条雕刻的形式出现在坟墓或房屋的砖石上，不仅具有较高的艺术价值，而且是研究当时社会生活的宝贵资料。

书法在东汉已经成为一种专门艺术，出现了以工书知名的书法家，以及讨论书法要诀、技巧的书学论述。代表人物有崔瑗、蔡邕等。

科技 两汉在数学方面取得了重要成果。西汉中期的《周髀算经》，从天文观测中概括出包括勾股定理在内的一些数学定理。至迟在东汉成书的《九章算术》，汇集 200 多道数学应用题及解算方法，囊括了初等数学的大部分内容，标志着中国古代数学已形成体系。

中医药学的体系在汉代已经建立。成书于战国至西汉之间的《黄帝内经》奠定了中医理论的基础。东汉时的《神农本草经》是中国古代第一部药物学专著。东汉末年，张仲景著《伤寒杂病论》，具体论述了中医的辨证施治方法，对后世影响很大，后人将他尊为“医圣”。同时期的名医华佗,发明了世界上最早的外科手术麻醉剂"麻沸散"。

我国是世界上最早发明纸的国家。西汉时已经出现植物纤维纸。105 年,东汉宦官蔡伦向皇帝呈上他用树皮、麻头、破布、渔网等原料制造的纸,造价低廉并且宜于书写,人称"蔡侯纸"。从此,纸逐渐取代笨重的竹简和昂贵的绢帛成为主要书写材料,有力地推动了文化的传播和发展。

思考题:

1. 如何看待《史记》的历史地位?

2. 谈谈两汉的科技成就。

第十章
三国两晋南北朝政权的更替

三国两晋南北朝是中国历史上一个较长的分裂时期。这段时间的政治形势是怎样演变的？有哪几个主要阶段？结局如何？

三国与西晋　东汉末年军阀拥兵割据，经过二三十年的混战，只剩下曹操、刘备、孙权三大集团。

曹操的势力范围最初在河南。他控制了东汉最后一个皇帝汉献帝，取得“挟天子以令诸侯”的政治优势。在200年的官渡①之战中，曹操击败实力强大的袁绍，基本统一北方。208年，曹操大举南征，在赤壁②之战中败于人数居于劣势的孙权、刘备联军，狼狈撤回。战后刘备进占四川，孙权巩固在东南地区的统治。曹操死后，其子曹丕于220年取代东汉称帝，定都洛阳，国号魏。刘备、孙权也相继称帝。刘备系出汉朝皇族，仍用汉的国号，史称蜀汉。孙权国号吴。这样，就形成了三国鼎立的格局。

魏、蜀、吴三国鼎立期间，战争不断。刘备死后，蜀汉丞相诸葛亮多次北伐曹魏，但因国力不足，都无功而返。蜀、吴两国对南方少数民族地区的控制更为强化。230年，孙权派将军卫温、诸葛直率军队航海到达“夷洲”，也就是今天的台湾，加强了这一地区与大陆的联系。

---

① 官渡，在今河南中牟。

② 赤壁，在今湖北赤壁西北。

263 年,曹魏权臣司马昭发兵灭蜀。266 年,司马昭之子司马炎代魏称帝,国号晋,史称西晋。司马炎即晋武帝。280 年,西晋灭吴,完成统一。

西晋的统一十分短暂。晋武帝死后,继位者惠帝昏庸弱智,一批宗王展开对中央权力的争夺,由宫廷政变演化为内战,并进而引发了流民和内迁少数民族的暴动。316 年,西晋被内迁匈奴贵族刘渊建立的汉国所灭。自此中国又进入一个比较长的分裂时期,起初是东晋十六国的割据,后来演变为南北朝的对峙。

东晋与南朝 317 年,西晋宗室司马睿在建康(今江苏南京)重建晋朝,史称东晋。

自三国、西晋以来,一些声名显赫的士大夫家族世代把持官位,享受政治、经济等方面的特权,形成一个特殊的社会阶层,称为士族。逃到南方的几家北方高门士族先后执掌朝政,成为东晋政权的主要支柱。由南下北方流民组成的军队,则成为东晋立国的基本军事力量。东晋统治集团曾经组织流民军队发动过几次北伐,但都因为士族内部矛盾,没有取得大的进展。

知识链接

东晋建立之初,执政的士族是琅琊[①]王氏。这一家族的王导在朝中担任宰相,王敦统重兵坐镇长江中游,内外相应,时称"王与马(即司马氏),共天下"。司马睿即位接受百官朝贺时,甚至请王导上台与他并坐,王导坚决推辞,方才作罢。此后,又有颍川庾氏、谯国桓氏、陈郡谢氏、太原王氏[②]等士族相继掌权。

---

① 琅琊(yá),在今山东临沂北。

② 颍川,在今河南许昌西。谯国,在今安徽亳州。陈郡,在今河南淮阳。太原,在今山西太原。

东晋后期，几家执政的高门士族均已衰败，政局混乱。420 年，在动乱中掌握实权的武将刘裕篡夺皇位，国号宋。此后 170 年间，南方先后经历了宋、齐、梁、陈四个王朝，合称“南朝”。其中齐又称南齐，以与北朝的北齐相区别。四个王朝均定都建康，加上先前在此定都的吴①和东晋，统称为“六朝”。

刘裕篡晋之前曾发动北伐，灭掉北方的两个少数民族政权。因此刘宋统治前期，疆域北抵黄河，是“六朝”版图最大的时期。但随后在与北魏的交战中渐处下风，疆界又退回到淮河一线。从刘宋中叶到南齐，昏君、暴君迭出，统治集团内部杀戮不已，政局动荡。

梁朝第一个皇帝梁武帝在位近 50 年，政局比较稳定。但在他的晚年，北方降将侯景发动叛乱，江南陷入战火之中，元气大伤。到陈朝，北部边界已退到长江一线，又丢掉了四川和荆襄，在南北对峙中处于明显劣势，覆亡大局已定。

十六国与北朝 东晋统治南方的时候，我国北方先后出现了一批割据政权。这些政权最主要的有 15 个，其中大部分是匈奴、鲜卑、羯、氐、羌 5 个少数民族建立的，加上西南地区的成汉，合称“十六国”(见下表)。

匈奴			羯	鲜卑					氐(dī)		羌	賨②	汉		
汉·前赵	北凉	夏	后赵	前燕	后燕	南燕	南凉	西秦	前秦	后凉	后秦	成汉	前凉	北燕	西凉

十六国之后，北方相继出现北魏、东魏、西魏、北齐、北周五个王朝，合称北朝，与南朝并称南北朝。

北魏是北朝统治时间最长的王朝。它的建立者鲜卑拓跋部起初生活在大兴安岭北段，后来逐步南迁，建立政权。439 年，北魏统一北方，先后

① 建康在吴国称为建业。

② 賨(cóng)是古代活动于四川北部的一个少数民族。它建立的成汉位于今天的四川和云南。

与南朝宋、齐、梁政权形成对峙。在南北交战中,北魏大多数时间居于主动地位,北强南弱的格局逐渐形成。

知识链接

据记述北魏历史的《魏书》所载,鲜卑拓跋部早先活动于“大鲜卑山”,北魏建立后,曾派人到大鲜卑山的一座“石室”祖庙进行祭祀。1980 年,考古工作者在内蒙古呼伦贝尔市鄂伦春自治旗阿里河镇 4 公里外的一个山洞——嘎仙洞的石壁上,发现了北魏皇帝祭祖时镌刻的祝文,文字与《魏书》的记载相同,证明嘎仙洞即《魏书》中提到的“石室”祖庙,所谓“大鲜卑山”,指的就是大兴安岭北段。

6 世纪前期,北魏发生动乱,两名皇族被人拥戴,分裂为东魏和西魏。稍后,东魏、西魏又分别被北齐、北周所取代。北齐的建立者是汉族军阀高氏,这个家族出身边陲,具有很强的鲜卑化特征。北周建立者则出身于鲜卑宇文部。北齐占有经济发达的黄河中下游地区,实力较强,但内部争斗激烈,皇帝大多昏庸残暴,很快由盛转衰。北周以关中为根据地,大力整顿吏治,强化基层管理,统治比较稳定,并且乘乱从南朝夺取了四川和荆襄,呈现后来居上之势。577 年,北周灭北齐,再度统一北方。不久隋朝取代北周,统一全国,中国结束了长达数百年的分裂局面。

思考题:

1. 中国古代多次出现南北分裂的局面,基本上最终都是北方统一南方。原因何在?

2. 谈谈曹操。

第十一章
民族融合与南方的开发

三国两晋南北朝长达数百年的分裂和战乱，给当时的社会造成的巨大破坏是不言而喻的。但能否因此就简单地将这段历史全盘否定呢？从积极的角度看，它具有哪些重要的历史贡献？

少数民族的内迁　自东汉以来，西、北边陲的一些民族不断向内地迁徙。东汉末年的北方军阀由于劳动力、兵源不足，也大量从塞外招引边疆民族。到西晋，迁入长城以内的民族主要有匈奴、羯、氐、羌四支，加上活动在长城边缘的鲜卑，史书上称为“五胡”。内迁少数民族的人数十分可观，并州（今山西）匈奴达到20余万人，氐、羌等少数民族则占了关中总人口的一半。他们受到西晋官府和汉族地主豪强的剥削和压迫，积聚了很深的民族对立情绪，成为推翻西晋政权的主要力量。

知识链接

据学者研究，当时西、北少数民族的内迁，可能与气候变冷有关。自东汉时起，我国气候开始转冷，3世纪后期的年平均温度比20世纪中期要低1到2摄氏度。直到6世纪下半叶，气候才重新变暖。以后金、元、清少数民族政权入主中原，也基本出现在气候比较寒冷的时期。

十六国大部分由少数民族建立。在长期的混战中,各族割据势力逐渐削弱,原有的民族布局被打乱,民族之间的差异慢慢缩小。各国都采用了中原模式的国号、年号,学习汉族的典章制度。例如十六国中第一个政权,虽由匈奴贵族建立,但却用“汉”作为国号[1]。各少数民族的上层人物,许多也有很高的汉文化水平。但就北方社会整体而言,距离民族融合还有一个较长的过程。各民族在相当长时间内还保留着自己的语言、风俗和部落组织,民族歧视、民族压迫现象仍然广泛存在。

4 世纪下半叶,十六国中由氐族建立的前秦统一北方。前秦皇帝苻(fú)坚自恃强盛,于 383 年大举发兵进攻东晋,企图统一全国。两军战于淝水[2],前秦的兵力虽居压倒性优势,但却军无斗志,东晋以少胜多,获得大捷。被前秦征服的其他少数民族纷纷乘乱自树旗帜,强大的前秦政权很快崩溃,北方再度陷入混战,一度稍显缓和的民族矛盾又加剧了。

北方人民南迁与南方的开发 从西晋末年到东晋,北方人民为躲避战乱和民族压迫大批南下。据估计,南朝初期官府控制的户口中,约有六分之一来自北方。

知识链接

两晋时期南下的北方移民,无论社会地位、生产技能还是文化程度,总体而言都高出南方的一般水平。因此北方移民在南方发挥的作用,要大大超出其所占的人口比例。南朝四个王朝中,前三朝的皇帝都是北方移民后裔。据统计,记载南朝历史的《南史》共为 728 个人物立传(不计后妃、宗室、孝义等“类传”),其中原籍北方的多达 506 人。

---

① 汉国后来改国号为赵,史称前赵。
② 淝水,在今安徽寿县东。

北方人口的大量南迁，充实了南方的劳动力，有力地推动了当地农业的发展。东晋南朝政权为了自身的利益，也推行了一系列重农政策。这一阶段，南方土地大量开垦，耕作技术明显进步，水利灌溉兴修较多，农作物品种增加，单位面积产量也有提高。长江下游是最主要的粮食产区，其次为洞庭湖、鄱阳湖流域和成都平原。

手工业方面，纺织业的发展已很普遍。由于产量增加，南朝中期的丝织、麻织品价格比东晋明显下降。冶铁业、制瓷业、造船业的技术都有显著提高。造纸业则是南方新兴的手工业，能制造光洁度很高的白纸，被诗人咏为“皎白犹霜雪，方正若布棋”。官府文书普遍用纸取代了简牍。

商业以长江沿岸最为活跃，建康、江陵（今湖北荆州）、成都是重要的商业都市。番禺（今广州）则是主要的外贸港口。

东晋南朝的南方开发是不平衡的，不少地方特别是山区还处在较为落后的阶段，但毕竟为以后我国经济重心的南移奠定了基石。

北魏孝文帝改革与北方民族融合　建立北魏王朝的鲜卑拓跋部，十六国时活动于代北地区①，位置偏居边陲，社会发展相对滞后。因此在北魏前期，民族矛盾一直比较明显。汉族和其他少数民族频繁掀起反抗斗争，北魏政局很长时间都不很稳定。

北魏中期，孝文帝拓跋宏在位时，推行了一系列改革。其中一个重要方面，就是大力学习汉族先进文化，消除民族隔阂，推动民族融合。

北魏建国后定都于代北的平城（今山西大同）。494 年，孝文帝排除保守鲜卑贵族的干扰，将都城迁到洛阳。随后，他下令推行一系列改革鲜卑旧俗的举措，如以汉族服饰取代鲜卑服饰；朝中禁鲜卑语，改说汉语；迁洛的鲜卑贵族一律将籍贯改为洛阳，死后不得归葬代北；改鲜卑姓为汉姓，其中皇族拓跋氏改姓元；模仿魏晋汉族社会中的士族制度，将新改姓的穆、陆等八家鲜卑贵族定为一等高门，并鼓励他们与汉族高门士族通婚。

---

① 代北，指今内蒙古南部、山西北部，处于漠南草原与黄土高原的交接地带。

知识链接

孝文帝改革还包括其他一些重要内容。主要有:

1. 整顿吏治,加强对官员的考核;制定俸禄制度,严惩官吏贪赃枉法。

2. 颁布均田令,按一定的标准将国家控制的土地分配给农民耕种,严格限制买卖,并且制定了相应的赋税制度。

3. 推行三长制,民户每五家设一邻长,五邻设一里长,五里设一党长,负责检查户口,征发赋役,以加强国家对社会基层的控制。

孝文帝即位时年幼,其祖母冯太后主政,上面三项措施主要是冯太后制定的,孝文帝亲政后继续推行。

孝文帝的上述改革措施顺应了西晋以来北方民族交往、融合的历史趋势,大大缓解了北魏的民族矛盾,促进了北魏的经济发展和社会繁荣,为以后北方统一南方以及隋唐盛世的出现打下了坚实的基础。

思考题:

1. 如何理解东晋、南朝江南开发的重要意义?

2. 有学者认为,孝文帝改革导致鲜卑族丢掉了勇武质朴的民族特性,致使这个民族从历史上逐渐消失,也间接造成了北魏的衰亡,因此应予否定。你认为这种看法有道理吗?

第十二章
三国两晋南北朝的文化

三国两晋南北朝时期，中国文化的发展并没有因为政局的动荡而停滞不前。它的发展成果主要表现在哪些领域？具体有哪些成就？

佛教和道教的传播　佛教是世界三大宗教之一①，公元前 6 世纪至前 5 世纪由释迦牟尼创建于古印度。它认为人生“无常”，充满痛苦，通过断绝欲念，努力修行，可以达到破除烦恼、超越生死的奇妙精神境界，称为“涅槃”。又宣扬灵魂不灭、因果报应、轮回转世，普通人只要坚持信佛、行善，即使无法摆脱现世的痛苦，也可以在来世获得回报。

佛教早在汉代即已传入中国。魏晋以降，社会动荡，佛教理论为在苦难中挣扎的人们提供了精神寄托，也因适应统治者稳定局势的需要，而得到迅速的传播。十六国的一些君主认为佛是代表少数民族的“戎神”，对佛教更是大力扶植。后秦时，高僧鸠摩罗什在长安主持译经，把一批重要的佛教经典介绍到了中国。这段时间还开始有中国僧侣西行取经，最著名的是法显，他在 399 年 65 岁高龄时经由陆路去印度取经，14 年后从海路返回中国。

① 另外两大宗教是基督教和伊斯兰教。

知识链接

鸠摩罗什，印度人，出生于龟兹(qiū cí，今新疆库车)。主持翻译佛经35部，共294卷，其中包括《金刚经》《妙法莲华经》《阿弥陀经》等重要经典。此前用汉语翻译的佛经，往往词不达意，或是晦涩难懂，鸠摩罗什的译本则既精确又通顺，将佛经翻译提升到新的水平。

法显，俗姓龚。他不仅抄写、翻译了大量佛教经典，还撰写了游记《佛国记》(今名《法显传》)，对研究当时的中外交通和中亚、南亚历史文化具有重要价值。

南北朝的佛教更为兴盛。寺院拥有大量的土地和依附人口，还经营商业和高利贷，聚敛财富。由于寺院经济膨胀损害了国家利益，北魏和北周曾经发生两次大规模的灭佛运动。在南朝，一些士大夫从理论上与佛教进行辩论。齐、梁时期的范缜著有《神灭论》，批评佛教灵魂不灭、因果轮回的说法。不过这些反佛的行动和言论都没有从根本上遏制佛教在中国的发展。

道教形成于东汉，是民间神仙方术与道家思想结合的产物。尊老子为教主，相信人通过修炼可以长生不死，得道成仙。发动黄巾起义的太平道，是道教的一个早期分支。自东晋时起，道教信徒中的一些上层士大夫对它进行改革，吸取儒家伦理和佛教理论，丰富了道教教义，并完善其教规。东晋葛洪的《抱朴子・内篇》对道教理论体系的建立贡献很大，其中有关炼丹的内容还涉及不少化学和医药学知识。以后道教的传播逐渐广泛，但总体而言影响不如佛教。

文学 这一时期的文学成就以诗歌最为突出。文人诗创作有明显的进步。曹魏建立前后，以曹操、曹植①父子为代表的一批诗人，写出了不

---

① 曹植，曹操第三子，曹丕之弟。

少内容充实、风格苍凉而又富有生气的诗作，形成文人诗创作的一个高峰。东晋末年陶渊明的田园诗，描写并赞美农村田园生活，风格清新自然，朴实恬淡，深受后人赞誉。乐府民歌在南北朝继续发展，形成了南方婉约柔美、北方粗犷豪放的不同特征。

随着文学创作的发展，开始有人从理论方面进行总结。南齐刘勰著的《文心雕龙》，是一部体大思精的文学理论著作，对历代重要的文学家及其著作进行评论，并论述了文学创作的基本原则和技巧。

艺术　三国两晋南北朝的书法艺术璀璨多姿，隶书、楷书、行书、草书等书体均已完备，出现了不少书法名家。东晋王羲之集前辈名家之大成，兼工各体，而又有自己的独特风格，被后人尊为“书圣”，他的代表作《兰亭集序》是中国古代书法的极品。

绘画艺术也有重要发展，开始出现专门的画家。东晋顾恺之擅长画人物，其画作布局严密、线条流畅，人物栩栩如生。代表作有《女史箴图》和《洛神赋图》。南朝陆探微、张僧繇也以绘画著称，有名的“画龙点睛”典故形容了张僧繇的神奇画技。

随着佛教的流行，十六国和北朝盛行开凿石窟，雕造佛像，发展出规模宏大、技巧精细的雕塑艺术。大同云冈石窟、洛阳龙门石窟是这一时期石窟的代表，均已成为举世闻名的艺术宝库。

科学技术　南朝数学家祖冲之对圆周率的推算取得了重大成就。他算出圆周率的数值在3.1415926～3.1415927之间，还给出了两个近似分数值，分别为“约率”22/7，“密率”355/113。上述小数近似值和“密率”分数值，精确程度领先世界近千年。

知识链接

魏晋之际的数学家刘徽较早讨论了推算圆周率的方法。他在为汉代数学著作《九章算术》作注时提出“割圆术”，在圆内作内接正多边形，用正多边形的面积推算圆周率值。他指出:多边形的边数越多,其面积与圆面积越接近,当边数无限增多,就几乎与圆面积相等了。是所谓"割之弥细,所失弥少,割之又割,以至于不可割,则与圆周合体而无所失矣"。祖冲之的数据就是以这一理论为基础,经过大量复杂运算而取得的。

北朝农学家贾思勰所著《齐民要术》,是我国现存最早并且完整的农书。书中系统地总结了6世纪以前我国北方的农学成就,深入探讨了北方旱地农业的耕作特点和耕作技术原则,还涉及农、林、牧、副、渔等多方面内容。

北魏地理学家郦道元的《水经注》,通过为古书《水经》作注,以《水经》为纲,全面而系统地介绍了水道流经地区自然地理、经济地理等方面的内容,是一部历史、地理、文学价值都很高的名著。

思考题:

1. 佛教和道教对三国两晋南北朝的政治、文化、科技发展有什么影响?
2. 谈谈圆周率。

第十三章
隋朝与唐前期的鼎盛局面

隋朝结束了数百年的分裂状态，重建强大的统一王朝。唐朝前期，继续巩固统一，政局稳定，社会繁荣，出现了“贞观之治”和“开元盛世”的鼎盛局面。上述成就是如何取得的？有哪些重要表现？

短暂的隋朝　581年，北周外戚杨坚代周称帝，改国号为隋，定都长安(今陕西西安)。杨坚就是隋文帝。589年，隋军渡江灭掉陈朝，完成了全国的统一。为强化中央集权，防止分裂割据局面再度出现，隋朝统治者采取了一系列重要措施。

平陈之前，在北方进行了户口调查，新查出并登记了大批人口，扩大了国家赋税来源。对地方行政制度进行改革，将东汉末年以来形成的州、郡、县三级制改为州、县两级制，提高了行政效率，降低了开支。过去地方官府的属官通常由地方长官任免，现在将这项权力完全收归中央，加强了中央对地方的控制。

平陈之后，大力强化对南方的统治和南北联系，将北方的管理制度推行到南方。隋文帝的儿子炀帝以洛阳为东都，并以东都为中心开凿大运河，北通涿郡(今北京)，南达余杭(今杭州)，全长4,000余里，是世界上最长的运河。大运河在隋朝和以后朝代的南北交通上发挥了重要作用，为沟通南北经济、文化联系作出了巨大贡献。

隋朝统一后,生产迅速发展,国家仓库里囤积了大量的粮食和财物。但统治者自恃强盛,好大喜功,徭役繁重,刑法严苛,很快又将隋朝推向崩溃的边缘。

隋炀帝在位后期,三次发动对高丽①的远征,征发士兵、民夫超过百万,死亡大半,民不聊生。611 年,山东农民首先发动起义,各地纷纷响应。618 年,隋炀帝被部将杀死,隋朝灭亡。

唐朝的建立与贞观之治　618 年,隋朝官僚李渊在长安称帝,国号唐。唐军相继击败各地的起义军和割据势力,很快统一了全国。

唐朝第二代皇帝太宗李世民即位后,注意吸取隋朝速亡的经验教训,居安思危,励精图治,出现了"贞观之治"②。当时北方一些地方发生天灾,太宗下令迅速开仓赈济,还拿出宫中财物,赎买因饥饿被卖掉的子女并归还父母。在隋末战乱破坏最严重的地区,很长时间内不征发徭役。其他地区征发徭役、兵役不夺农时,以利于农业生产的恢复。裁减中央、地方官员编制,提倡节俭,不准大兴土木。

在人才选拔方面,唐太宗能做到不拘出身、地域、民族,不避仇怨,人尽其才,兼收并用。他反对君主独断专行,强调"兼听则明,偏听则暗",虚心听取臣下的不同意见。当时的大臣魏征等人都以直言极谏著称,形成了古代少有的开明政治风气。

女皇武则天　唐太宗的儿子高宗在位时,皇后武则天③协助处理政务,逐步掌权。高宗去世后,中宗李显即位,武则天以皇太后身份临朝称制。690 年,武则天正式称帝,改国号为周。她是中国历史上唯一的女皇帝。705 年武则天去世,李显复位,恢复了唐朝的统治。

---

① 高丽,亦称高句(gōu)丽,在今朝鲜半岛北部,也包括中国东北的部分地区。

② 贞观是唐太宗的年号,时间为 627 年至 649 年。

③ 武则天,名曌(zhào)。死后被追尊为"则天大圣皇后",故后世称其为武则天。

开元盛世　8世纪前期唐玄宗李隆基在位时，出现了为时较长的鼎盛局面，史称“开元盛世”①。

玄宗即位之后，大力整顿朝政，精简官僚队伍，加强考核措施，又广开言路，鼓励臣下进谏。他还注意减轻农民的赋役负担，动用政府的力量组织抵御自然灾害，为经济发展创造条件。不久，“盛世”现象已经呈现出来，农业丰收，仓储充实，物价低廉，社会稳定。诗人杜甫描述：“忆昔开元全盛日，小邑犹藏万家室。稻米流脂粟米白，公私仓廪俱丰实。九州道路无豺虎，远行不劳吉日出。齐纨鲁缟车班班，男耕女桑不相失。”

隋和唐前期的民族关系　6世纪中期，游牧民族突厥崛起于北方草原，建立了强大的国家，其首领称为可汗。不久它分裂为东、西两部分，东突厥据有大漠南北，西突厥控制了西域和中亚。隋末唐初，东突厥多次南下进攻。629年，唐太宗抓住草原遭遇天灾的机会，出奇兵一举击溃东突厥主力，俘获颉利可汗，东突厥汗国灭亡。草原各部族共同尊奉唐太宗为“天可汗”。唐高宗初年，又灭掉了西突厥汗国。唐朝在西域先后设立安西都护府和北庭都护府，分治天山南北。

8世纪中期，原受突厥统治的回纥(hé)在漠北建立政权，其首领被唐玄宗册封为怀仁可汗。

吐蕃(bō)是藏族的祖先，约在隋朝时开始建立政权，首领称为赞普，经济上农牧兼营。唐初，赞普松赞干布统一青藏高原，定都逻些(今拉萨)，创制了文字，制定和完善了各项制度。在松赞干布要求下，唐太宗将宗室女文成公主嫁给他。文成公主带去大批精美的手工艺品和多种技术、医药书籍，促进了吐蕃经济、文化的发展。唐中宗时，又将金城公主嫁给吐蕃赞普。

---

① 开元是唐玄宗在位前期的年号，时间为713年至741年。

知识链接

唐朝前期边疆民族建立的政权还有渤海和南诏,它们的经济都以农业为主。

渤海的建立者是靺鞨(mò hé)。靺鞨分布在松花江、黑龙江流域,其中北边的黑水部和南边的粟末部比较强大。7世纪末,粟末靺鞨首领大祚荣建立政权,被唐玄宗封为渤海郡王,以后此地就称为渤海国。在渤海国北边的黑水靺鞨地区,唐朝也设置了都督府,任命其首领为都督。

唐朝前期,云南西部洱海一带分布着六个政权,称为“六诏”,是今天彝族和白族的祖先。唐玄宗时,六诏中位置最南边的南诏统一了云南全境,其首领被朝廷册封为云南王。

思考题:

1.“贞观之治”和“开元盛世”的局面是怎样出现的?这一盛世的出现对今天有何借鉴之处?

2.谈谈唐朝前期的民族关系。

第十四章
隋唐制度的革新

隋唐鼎盛局面的出现，与一些具体制度的制定、贯彻有关。这一时期究竟有哪些重要的制度革新？

三省六部制　隋唐国家机器的核心是三省六部。三省分别是尚书省、中书省和门下省，它们都是从汉代“中朝”系统中发展出来的机构，已经彻底取代了秦汉三公在朝廷中的核心位置。三省在处理政务方面有明确的分工。中书省负责出令，即代表皇帝起草诏令；门下省负责封驳，即对中书诏令进行审核，不妥者驳回；尚书省负责施行，即将通过的决策下发六部，监督其付诸实施。中书、门下两省设于宫内，尚书省设于宫外。三省的权力互相牵制，便于集思广益，保证国家政策的合理性，也有利于皇权的巩固，但行政效率略受影响。

知识链接

隋朝和唐初，以三省长官为宰相。他们每天上午在宫内的政事堂①(后改称“中书门下”)商讨国家大事，午后各归本省处理本职工作。以后皇帝经常给某些级别稍低的官员加上“同中书门下平章事”一类头衔，让

① 政事堂起初设在门下省，后来迁到中书省。

他们参加宰相办公会议。久而久之,“同中书门下平章事”(简称“同平章事”)就成为宰相的专称。与此同时,三省分工也出现简化的趋势。宋朝名义上有三省,实际上只以尚书省为主。金、元两朝只有一省,明初连这一省也废掉。但六部的设置直到清朝基本未变。

六部是尚书省属下的行政职能部门,其中吏部主管人事,户部主管财政经济,礼部主管文化教育,兵部主管军事,刑部主管司法,工部主管工程建设。每部下辖四司,共二十四司,分工处理政务。此外,还有九寺、五监,品级大体与六部相当,各自主管某方面的事务,受六部制约。这样,就形成了一套完备的中央行政体系。

科举制 隋代开始出现一种新的选官制度——科举制。它的特点是通过考试选拔官员,因为有多种报名科目,“分科举人”,故称科举。唐代科举最基本的两种科目是明经和进士。明经主要测试对儒家经书的背诵功底,录取相对容易。进士以考文学为主,命题写作诗赋,录取较难,因此也最受重视。科举制使大批门第不高的读书人通过相对公平的考试参加政权,扩大了官员的来源,提高了官员的文化素质,成为后代最重要的选官制度。

律令格式 隋唐的法制建设成就突出,形成了由律、令、格、式四种形式构成的法典体系。其中律是惩罚犯罪行为的刑法典,令是正面的规章制度条例,格、式分别为律、令的补充与变通细则。

流传到今天的《唐律疏议》包括唐律的律文和解释,是我国现存最早并且完整的法典。它系统地总结了前代法律实践经验,具有立法审慎、内容周详、条目简明、解释准确等优点,不仅影响以后的王朝,而且影响到东亚日本、朝鲜等国,在中国和世界法制史上都占有重要地位。

知识链接

唐律中规定的刑罚共有笞(chī)、杖、徒、流、死五个级别，称为“五刑”。笞刑10～50下、杖刑60～100下，各分五等，均为以杖击打身体。徒刑指被官府关押服苦役，分一年、一年半、两年、两年半、三年五等。流刑为流放外地，分2,000里、2,500里、3,000里三等，皆服役一年，役满在当地落户。死刑分绞、斩二等。

从租庸调制到两税法　隋和唐朝前期，土地占有比较分散。国家在严格户籍管理的基础上，实行以丁为单位的赋役制度，即租庸调制。唐初规定：成年男子每年要向朝廷缴纳一定数量的谷物，叫作“租”；再缴纳一定数量的绢或布，叫作“调”；每年应服徭役20日，不去的人可以纳绢或布代役，叫作“庸”。这项制度所规定的赋役负担不算很重，保证农民有充分的生产时间，促进了经济的恢复和发展。

知识链接

隋朝和唐初实行租庸调制的基础是均田制，它是从北魏沿袭下来的。唐初规定：18～60岁的男子均由政府授给永业田20亩、口分田80亩，60岁以上男子、残疾人、寡妇等授田大致减半。永业田可以传给子孙，口分田则在本人死后归还政府另行颁授，但首先照顾死者家中有授田资格的人。总体上说，均田制所规定授田数量只是“应受田”，即在土地占有现实情况的基础上，以个体农民耕作能力为依据制定的占田限额，旨在充分发挥土地和人力效率。均田制的实施适应了当时社会上存在大量自耕农的情况，起到了稳定产权和确保赋役来源的作用，为国家的强盛创造了条件。

唐朝后期，土地兼并严重，大批农民破产流亡，户籍混乱，租庸调制已经无法维持。各级官府巧立名目征税，百姓负担沉重。从 780 年起，唐朝统一推行新的赋税制度“两税法”。规定：流亡的农民一律就地登记户口，与本地人共同承担赋税。地方官府负责将当地各项税收合并为一个总额，分摊到每户百姓头上。分摊的标准有两项，一是综合人丁、资产因素定出的户等，二是占有土地的数量。因每年分夏、秋两次征收，故名两税。

两税法简化了税收名目，扩大了征税面，使百姓负担更为合理，也改善了唐朝的财政状况。它的主要征税标准是财产，对于此前以人丁为主的赋税制度是很大的改变，表明国家对百姓的人身控制有所放松。

思考题：

1. 怎样评价隋唐的三省分权制度？
2. 租庸调制被两税法取代的原因何在？
3. 谈谈科举制。

第十五章
从安史之乱到五代十国

8世纪中叶，唐朝的鼎盛局面因一次军阀叛乱而一去不返。这次叛乱是怎样爆发的？叛乱之后唐朝的形势怎样？10世纪前、中期五代十国的分裂是怎样形成的？

安史之乱　唐玄宗在位后期，骄傲自满，消极怠政，沉溺于享乐。唐朝开始出现盛极而衰的趋向。

当时最大的隐患来自军事上的“外重内轻”局面。随着版图的开拓，边疆战线拉长，边防驻军大量增加，总计近50万人。而中央只有八九万严重缺乏训练的禁军，内地驻军也很少，库中的兵器大都损坏，不能使用。边防驻军分属10个大军区，其长官称为节度使，除军事外还兼管行政、财政，权力很大。唐玄宗宠信的将领安禄山，一人兼任今天河北、山西、辽宁三个地区的节度使，统辖军队近20万人，形成庞大的地方势力。

755年，安禄山在范阳(今北京)起兵叛乱，半年多就攻入长安。唐玄宗仓皇逃往成都，唐肃宗即位，任用大将郭子仪、李光弼率兵平叛，又向回纥借兵，不久后收复了长安。

知识链接

唐朝后期与回纥的关系比较友好。回纥历代可汗都受唐朝册封，唐朝也几次将公主嫁给回纥可汗。后来回纥改名为回鹘。9 世纪中叶,回鹘汗国瓦解,大批部众西迁。其中迁到西域的一部分,以后形成了维吾尔族;迁到河西走廊的一部分,以后形成了裕固族。

安禄山死后,其部将史思明继续与唐朝对抗。直到 763 年,唐朝才最终平定了安史之乱,但国势已经衰落,河西走廊和西域被吐蕃夺去。

知识链接

吐蕃是唐朝后期最强大的对手,曾经一度攻占长安。821 年,唐朝与吐蕃订立和平盟约,并刻石立碑以为纪念,现在还保存在拉萨大昭寺前。当时正值唐穆宗长庆年间,史称“长庆会盟”。后来吐蕃发生内乱,逐渐瓦解。

藩镇割据　唐朝平定安史之乱期间,投降的安史部将多被委以节度使之职,平叛有功的官军将领也有不少升任节度使,节度使猛增到 40 多个。对他们的辖区,史书上称为藩镇。

河北地区的几个节度使都是安史降将,这一带又是安禄山的老巢,割据程度最高。他们各拥强兵,由儿子或部将继位,擅自任命官吏,截留地方赋税,朝廷基本不能控制。其他地区的藩镇,独立性没有这么严重,但也经常被骄兵悍将所把持,不时发生动乱。

藩镇割据给人民带来了深重的灾难。但藩镇数多力分,互相牵制,没有形成过于强大的地方势力,唐朝的统治因而又延续了一个半世纪。

唐朝中央的权力斗争　安史之乱以后,唐朝中央的权力斗争十分激烈,加速了唐朝的衰落。

宦官的权力恶性膨胀。唐朝后期,组建了一支新的禁军,称为神策军，发展到十几万人。皇帝不信任武将，将这支部队交给宦官统领。在政务方面增设了由宦官担任的枢密使，负责传达文件，参与机要。在地方上，普遍任用宦官担任“监军”一职。宦官内外勾结，形成了左右政局的庞大势力。在唐朝最后的九个皇帝中，有八个为宦官所拥立，有两个被宦官杀死。甚至皇帝与宰相等朝廷高官联合起来对付宦官，都不是后者的对手。

知识链接

835 年唐文宗在位时，与宰相李训等人密谋铲除宦官。这一年 11 月 21 日上朝时，先派人奏称“左金吾”衙署的石榴树上夜降甘露，文宗命宦官头目仇士良率众宦官前往观看，李训事先伏兵于院内，计划将其尽数捕杀。不料仇士良等察觉情况有异，抢先挟持文宗退入后宫，然后派出神策军大举反扑，李训等许多大臣全家被杀，长安城一片恐慌。此事史称“甘露之变”。

朝中的官僚党争也非常严重。以牛僧孺、李德裕为首的两派官僚，前后斗争了近 40 年，史称“牛李党争”。一派得势，就将另一派贬黜出朝；处于相持状态时，也是争吵不休，无法合作。皇帝哀叹：“去河北贼（指河北地区的藩镇）易，去朝廷朋党难！”

唐朝的灭亡　唐朝末年，吏治腐败，剥削苛酷，民不聊生，终于爆发了席卷全国的农民战争。

874 年，王仙芝和黄巢先后在山东、河南交界地区发动农民起义。王仙芝自称“天补平均大将军”。他战死后，黄巢领导起义军流动作战，渡江进入南方，转战到浙江、福建、广东。879 年，黄巢从广州长驱北上，次年攻占长安。唐朝皇帝逃往成都，黄巢在长安称帝，国号大齐。但在唐朝军队的围攻下，起义军不久从长安撤出。884 年，黄巢兵败自杀。

农民起义失败后,在战乱中成长起来的一批新军阀控制了政局,唐朝皇帝成为他们手中的傀儡。907 年,节度使朱全忠[①]篡位,国号梁,唐朝灭亡。

五代十国 唐朝灭亡后,中国进入半个多世纪的分裂割据时期。中原地区先后建立了梁、唐、晋、汉、周五个短命王朝,史书分别称为后梁、后唐、后晋、后汉、后周,合称五代。南方各地则先后出现了吴、前蜀等九个割据政权,连同五代末期在山西建立的北汉,合称十国。

五代十国是唐末藩镇割据局面的发展,政局动荡,百姓处境悲惨。不过,另一方面,五代统治者依靠军队夺取或维持政权,十分重视中央军队的建设,唐朝中期以来的外重内轻现象逐渐扭转。

在南方,各割据政权的统治要比五代稳定一些,不少君主能够保境安民,休养生息,经济在恢复之中略有发展。

五代十国后期,统一的趋势重新显现。10 世纪中叶,后周世宗柴荣在位,整顿吏治,发展生产,加强军备,在与其他割据政权作战中获得了比较明显的优势,为随后北宋的统一奠定了基础。

思考题:

1. 为什么说安史之乱是唐朝由盛而衰的转折点?
2. 谈谈黄巢起义。

---

① 朱全忠,原名朱温,是黄巢的部将。降唐后,被赐名全忠。篡位称帝时,改名朱晃。

第十六章
隋唐的经济与对外交往

隋唐时期，经济发展取得了很大成就，对外交往也进入一个空前活跃的阶段。这两方面究竟有哪些重要的表现呢？

农业 农业发展是隋唐经济繁荣的基础。隋唐新修建了许多水利工程，土地大量开垦。在耕地利用上也取得了突破：北方用麦、粟复种，两年三熟，南方则出现一年两熟的稻麦复种制。农具有重要的改进，开始使用一种新的耕犁曲辕犁，操作轻巧灵便，宜于深耕和精耕。还出现了形似车轮的灌溉工具筒车，架设于溪流河谷，利用水流冲击轮子转动，以筒提水上升，功省效高。

知识链接

据史书记载，唐玄宗在位末期的755年，全国户数约900万，人口近5,300万。但按照大多数学者的看法，由于当时户口脱漏严重，实际户口数不止于此。唐朝后期史学家杜佑就认为，唐玄宗末年的实际户数至少有1,300万到1,400万。这样按照每户五口的比例计算，当时的人口总数应该接近7,000万。

南方农业的进步尤为显著。水田耕作技术有很大提高,丘陵山区得到更多的开发,出现了一批新的人口群落。经济作物的种植比较广泛,特别是茶树种植迅速发展。唐朝后期,开始专门征收茶税。当时北方受到战乱破坏,朝廷财政严重依赖南方,有人甚至说:“当今赋出于天下,江南居十九。”

工商业 手工业发展最突出的部门是丝织业和陶瓷业。丝织品花色复杂,名目繁多。考古工作者在唐代墓葬中发现的许多丝织物,工艺精湛,可以与现代产品相媲美。施釉陶器“唐三彩”[①]开创了一种新的陶器类型,釉面光亮美丽,釉彩斑斓夺目,样式和造型丰富生动(图 3)。制瓷业在唐代已经大量生产日用器物,有青瓷、白瓷两大类型,分别以越州、邢州[②]所产的最负盛名。

图 3 唐三彩骑驼乐舞俑

① 唐三彩以黄、褐、绿为基本釉色。三彩并非专指这三种颜色,乃多彩之意。

② 越州、邢州分别为今天的浙江绍兴和河北邢台。

知识链接

瓷器在商朝就已出现，但它的制造到唐朝才完全成熟。它与陶器在制造方法上有重要区别，一是降低了胎质中黏土的含铁量，二是施釉一次烧成，三是烧制温度更高。其成品坚硬不吸水，敲击响声清脆，比陶器更加美观、耐用。瓷器的基本颜色是青色，白瓷是通过对瓷土进行处理并减少釉料中铁的比例而烧成的。宋朝以后，又出现了各种其他色彩的瓷器。

商业也十分繁荣。隋和唐前期，长安和洛阳是全国最大的商业都会。唐代长安盛时人口近百万，其商业区“市”分为东、西两处，仅东市的店铺就分为220行。唐代后期，城市中的商业区开始突破固定区域限制，城外的定期集市贸易也发展起来。当时南方的扬州作为运河枢纽，最为繁华，其次为西南的益州(今成都)，号称“扬一益二”。

对外交往　隋唐时期的对外交通十分发达。在陆路方面，从长安出发，向东可到达今天的朝鲜，向西经丝绸之路可以通往今天的印度、伊朗、阿拉伯以至欧洲和非洲的许多国家。在海路方面，从登州①、扬州出发，可到达今天的韩国、日本；从广州出发，可到达东南亚、南亚、西亚沿海地区。在隋唐墓葬中大量出现骆驼俑和胡人俑，间接反映了当时对外贸易活跃的现实。唐玄宗时，在广州设立市舶司主管外贸事务，统一登记外商货物，征税并收购官用物品。这是中国古代第一次设置海外贸易的管理机构。长安、洛阳聚集了许多国家和地区的使节、商人、侨民，成为当时的国际大都会。在以开放、自信的心态与外部文化接触的过程中，隋唐文化自身也得到了充实和发展。

隋及唐初，朝鲜半岛上存在高句丽、百济、新罗三国，后来新罗基本统

---

①　登州在今山东蓬莱。

一了半岛。新罗与唐朝关系密切。唐朝的外国留学生以新罗人数最多,长安等许多城市都建有专供新罗侨民居住的“新罗坊”。新罗制度多学习唐朝,并且设立儒学,开科取士,在当时“号为君子之国,颇知书记,有类中华”。在姓氏、服饰、节令、风俗等方面,新罗受到中国文化很明显的影响。

日本曾多次向隋唐派出使节,称为“遣隋使”或“遣唐使”。“遣唐使”有的一次多达数百人,包括大量留学生、求法僧人、工匠、翻译等。646 年日本发生“大化革新”,经济、政治、教育改革多仿唐制。当时日本营建的都城,也基本仿照长安的样式。日本留学生阿倍仲麻吕在唐朝中进士,更名晁衡,擅长诗文,与诗人李白、王维有密切交往。唐玄宗时,扬州僧人鉴真赴日本传授佛学,因风涛险阻等原因,共出发 6 次才最终成行,后来在日本去世。唐朝后期,日本僧人圆仁在扬州、五台等地学佛近十年后归国,撰有《入唐求法巡礼行记》。

唐朝与中亚、南亚、东南亚地区的联系十分密切。有不少中国僧人经由陆路或海路去印度半岛取经。唐太宗时高僧玄奘的取经行程历时 16 年,回国后不仅译出大批佛经,还撰写了《大唐西域记》,记述了取经沿途中亚、南亚 100 多个国家的政治经济状况。高宗时,义净先后到达今天的印度和印度尼西亚研究佛学,也就当地情况留下了重要记载。

7 世纪前期,阿拉伯帝国在西亚崛起,不久就与唐朝建立了联系,中国史书称之为大食。751 年,唐与大食在中亚的怛罗斯[①]会战,唐军战败,许多军士被俘,其中,有一些造纸工匠,造纸术由此开始向西方传播。唐朝后期,不少通过海路来华的西亚商人在广州、扬州、泉州等港口城市定居下来,他们居住的场所被称为“蕃坊”。这些商人十分富有,大都占田建宅,与汉人通婚,有的改从汉姓,学习汉语,甚至参加科举考试。

---

① 在今哈萨克斯坦江布尔城附近。

知识链接

一些外来宗教在唐朝得到传播。其中，主要是合称“三夷教”的祆(xiān)教、摩尼教和景教。祆教又名拜火教，摩尼教又称明教，都出自西亚的波斯。景教指基督教中的聂斯脱里教派，由东罗马辗转传来。另外，伊斯兰教也通过一些大食商人传入中国。

思考题：

1. 有人说唐朝是一个对外开放的时代，你认为这个说法贴切吗？应当如何评价这一时期的中外关系？

2. 谈谈唐朝的经济成就。

第十七章
隋唐五代的文化

在相对开明的政治环境和开放的文化氛围里，隋唐五代的文化事业取得了怎样的成就？在哪些方面成就最为突出？

佛教、道教的活跃 隋唐是中国古代佛教发展的鼎盛时期。中国成为世界佛教中心之一，在继续从印度“取经”的同时，又成为日本等国的“求法”目标。佛教理论与中国的现实相结合，逐渐本土化，形成若干宗派，其中，对后世影响最大的是禅宗。它认为人人皆有佛性，顿悟即可成佛，将复杂的佛教理论简单化、世俗化，传播和修行比较简便，因而广受欢迎。

知识链接

禅宗最早出现于南北朝，宗旨是通过坐禅参研佛性。唐朝前期，禅宗分为南、北二宗，在参禅方式上北宗主“渐修”，南宗主“顿悟”。后来南宗压倒北宗，成为禅宗的主流。

道教在唐朝很受重视。唐初，皇室尊老子为始祖。唐玄宗亲自为《老子》作注，下令全国各地立老子庙，还在科举中开设道教专科。但道教在基层传播的程度不及佛教。

史学　唐朝的官方修史制度已经比较完善，设立了史馆，负责编修前代及本朝历史，由宰相监修。唐朝前期刘知几撰写的《史通》，是中国古代第一部系统的史学评论著作，讨论了史书的体裁以及编纂方法、技巧，推崇秉笔直书，提出史学家必须具备“才、学、识”三种基本素质。

文学　唐代文学的主要成就表现在诗歌领域，这是中国古典诗歌的黄金时代。现存的唐诗包括 2,200 多位诗人的近 5 万首作品，其间群星璀璨，脍炙人口的名篇多不胜数。

唐诗可以分为初、盛、中、晚四个时期。初唐是从唐朝建立到玄宗即位的近 100 年。盛唐是以玄宗在位为主、略微后延的 50 年。此后到唐朝灭亡的 140 余年，可以从中间划分为中唐、晚唐各约 70 年。初唐时期，唐诗的内容逐渐拓展，格律趋于成熟。盛唐是唐诗和中国古典诗歌的巅峰期，流派争妍，名家辈出。其中，李白、杜甫代表了盛唐诗歌的最高水平，分别被誉为“诗仙”和“诗圣”。此外，像孟浩然、王维的山水田园诗，高适、岑参的边塞诗，都是中国古代同类题材的经典作品。盛唐诗歌所表现出的博大、壮美、沉郁、雄浑，也是这个时代风貌的体现。中唐时期，唐朝的“盛世”已经结束，一些诗人倡导反映生活的现实之作，白居易是其中最重要的代表。晚唐国势更加衰颓，诗歌的风格往往婉转忧伤，杜牧、李商隐的成就较为突出。

唐后期到五代，带有配乐并且句式长短不等的新诗体——词开始流行，十国中的南唐末代君主李煜是这一阶段最杰出的词人。

魏晋南北朝时期，文章写作流行骈体文，要求文句对仗，韵律协和。唐朝后期，韩愈、柳宗元发起古文运动，反对这种形式主义文风，提倡学习先秦两汉的古代散文，做到文字顺畅简练、言之有物。他们的散文创作对后代具有重大影响。

唐朝文言小说创作的成就也很可观，当时称为“传奇”。唐传奇都是文人创作的虚构故事，包括爱情、侠义、鬼怪等题材，不少作品语言优美，成功地塑造了不同性格的人物形象。

艺术 隋唐书法融汇了南朝的秀美和北朝的雄健,创造出新的风格。盛唐书法家颜真卿在书写楷书时吸收篆、隶笔法,形成了气势雄浑、形体敦厚、笔势遒劲的"颜体"。唐朝后期,柳公权的书法端庄谨严、开阔疏朗,与颜真卿齐名。

隋唐的绘画题材广泛,风格多姿多彩。宗教画生活气息浓厚,人物画注重用线条表现人物的神态,山水、花鸟也开始成为绘画主题。人物画以阎立本、吴道子成就最突出,吴道子被尊为"画圣"。融聚了绘画、雕塑两种形式的石窟艺术十分发达,其代表为闻名世界的敦煌莫高窟。

知识链接

莫高窟又称千佛洞,位于甘肃敦煌鸣沙山崖壁上,有洞窟1,000多个,保存着3,000多座彩色塑像和约4.5万平方米的壁画。洞窟大部分是隋唐时期开凿的,其中,雕塑的佛像比魏晋南北朝时更具世俗色彩,具有慈祥、温和的特征。石窟壁画以演示佛经故事为主,画面巨大而内容丰富,构图紧密。

科技 隋唐的科技成就十分显著。隋朝工匠李春所造赵州[①]安济桥,是现存世界上最早的单孔石拱桥,反映了当时建筑学的高超水平。隋唐之际的孙思邈精研医学和药物学,著有《千金方》《千金翼方》,被后世尊为"药王"。唐高宗时颁行《新修本草》,是世界上第一部官修的药典。唐玄宗时,僧人一行主持修订历法,首次实测地球子午线长度,还发现了恒星位置变动的现象。

印刷术和火药在唐代都已出现。当时采用的是雕版印刷,所印以佛

① 在今河北赵县。

教宣传品和日历为多。五代后唐至后周期间，朝廷组织人力将儒家经书雕版印刷，推动了经书的普及。唐代的一些道教炼丹著作较早记载了火药配方及其猛烈燃烧的效果。到唐末，火药已经在作战中使用。

思考题：

1. 怎样看待唐朝盛世与唐代文化的关系？

2. 谈谈莫高窟。

第十八章
北宋的建立与变法

赵匡胤建立北宋,取代了五代最后一个王朝后周。北宋为什么没有成为五代以后第六个短命朝代?维持王朝稳定的努力带来了哪些影响?统治者又是怎样应对的?

宋初专制集权的加强 960年,后周禁军统领赵匡胤发动兵变夺取帝位,建立宋朝,定都东京(今河南开封),史称北宋。赵匡胤就是宋太祖。宋太祖和他的弟弟宋太宗在位期间,先后灭掉南方的几个割据政权和北方的北汉,结束了五代十国的分裂局面。

宋初统治者汲取唐朝后期以来藩镇割据、政局不稳的历史教训,尽量将地方权力收归中央。派中央文官出任地方长官"知州",节度使逐渐变为虚衔。设诸路转运司综理地方财政,保证各州赋税绝大部分上缴朝廷。将地方精锐部队征入禁军,禁军的半数拱卫京师,另一半镇守地方,定期更换驻地。

同时,注意分散各级机构的权力,使其互相牵制。在中央,由枢密院专掌军政,三司专掌财政,与宰相分权,并增设参知政事为副相。枢密院又与禁军管理机构"三衙"分权,前者有调兵权但并不统兵,后者统兵但无权调兵。在地方,包括转运司在内,相继设立了平行的四个路级机构,从不同方面对各州进行监控和管理。州一级则增设通判,与知州共同签署文书，彼此制约。

为抑制武将势力膨胀，宋初统治者还制定了崇文抑武的方针。罢免老将的兵权，枢密院长官皆用文官担任。大力抬高文官和士人的地位，提倡文治，扩大科举规模。

知识链接

北宋科举制在唐朝的基础上更加完备。三年举行一次，分三级考试，初级为地方性的解试，二级为礼部主持的省试，三级为皇帝主持的殿试。考试规模扩大，录取人数比唐朝增加了好几倍。取士不问家世，力求做到公平竞争，各种防范作弊的手段非常严格。科举录取者的升迁前景远比其他仕途优越，两宋宰相90%以上都是科举出身。南宋学者朱熹说："居今之世，虽孔子复生，也不免应举。"科举制的完备程度和重要地位，在以后明清两朝仍然保持，但其基本规模则奠定于北宋。

上述措施有效地预防了地方势力膨胀、权臣擅政、武将跋扈等动乱因素，维护了国家的统一和安定，有利于社会经济的发展。但总的指导思想偏重于针对性的"防弊"，矫枉过正，导致权力分散、效率低下，也带来了很大的消极影响。

统治危机的出现　北宋中期，统治危机逐渐严重。一大表现是财政困难，时人称为"积贫"。其主要原因是官员和军队的膨胀。在"分化事权"原则的影响下，政府机构设置重叠，编制庞大。统治者广开入官途径，特别是官僚子弟通过"恩荫"入仕过滥，致使官员人数直线上升。军队主要来源于招募，朝廷将募兵作为消除动乱的手段，不断扩招。宋初禁军人数达20余万，到北宋中期已达80余万，加上地方部队（称为"厢军"）则达120余万。养官和养兵成为朝廷的沉重负担，财政状况日益恶化。

知识链接

恩荫,指朝廷为官员的子孙提供做官机会。中国古代许多朝代都有类似制度,但均远不及宋朝恩荫之滥。宋朝高、中级官员可以在一生中多次使亲属得到恩荫,例如遇到皇帝即位、生日、改元、祭天,都可能享受这一待遇。级别愈高,荫亲愈多。受荫人除子孙外,往往及于旁亲甚至门客。宋朝恩荫之滥,是统治者优待官僚士大夫、扩大统治基础的表现,但却造成了严重的"冗官"现象。

危机的另一大表现是军力衰弱不振,时人称之为"积弱"。其主要原因是军政败坏,招兵过滥,训练废弛,导致军队素质下降,战斗力低下。加上指挥系统混乱,兵不识将,将不专兵,重文轻武,以文制武,因此,北宋在与边疆民族政权辽和西夏作战中被动挨打,屡吃败仗。宋人沉痛地总结说:"虽有百万之兵,而不免自贬为至弱之国!"

北宋的政治风气因循保守。宋初的制度被后代皇帝尊为"祖宗家法",只准附益,不准更改。官员大多遇事推诿,不求有功,但求无过。1043—1044 年,大臣范仲淹曾发起一次以整顿吏治为主的改革,但因官僚集团群起反对,很快归于失败。

王安石变法 1069 年,宋神宗任用王安石为参知政事,主持变法,希望解决"积贫""积弱"问题,达到富国强兵的目的。最重要的有下面三项:

青苗法。官府在每年青黄不接时分两次贷款给农民,收成后加息20%偿还。目的在于帮助农民生产,使其免受高利贷盘剥。

免役法。官府向本应服役的农民收取"免役钱",雇人服役,同时向原来不服役的官僚家庭和城市居民收取"助役钱"。这样农民可以获得更多的生产时间,役的负担也更加公平。

保甲法。官府将农村住户十家编为一保。家有两丁以上者,出一人为保丁,农闲时军训,平时在生产之余维持治安。希望借此逐渐恢复古代

"兵农合一"的征兵制,取代募兵制。

此外,还有鼓励兴修水利和垦荒的农田水利法,丈量土地均平赋税的方田均税法,国家经营商业的均输法、市易法,加强军事训练的将兵法,以及科举、学校方面的改革,等等。

变法推行了十多年,在富国方面取得较大成效,扭转了朝廷财政入不敷出的局面,农业生产也得到一定的推动。但在强兵方面,效果不是很明显。一些变法措施在执行过程中增加了人民的负担,引起争议。大官僚、大地主在变法中利益受到较大损害,反对尤其强烈。宋神宗死后,反变法派司马光当政,变法的各项措施均被废止。此后朝中党争日益激烈,北宋逐渐走向衰亡。

思考题:

1. 如何理解北宋初年加强专制集权措施的正、负面影响?

2. 如何评价王安石变法?

第十九章
宋与辽、西夏、金的对峙

宋朝统治期间，在我国版图内还存在着多个少数民族政权，其中最主要的是辽、西夏和金。它们是由谁建立的？与宋朝的关系怎样？

辽与北宋的对峙　辽是契丹族建立的政权。契丹与鲜卑同源，长期在辽河上游一带过着游牧和渔猎生活，接受中原王朝的册封。916 年，契丹首领耶律阿保机称皇帝，建立契丹国，定都上京临潢府(今内蒙古巴林左旗)，并且征服了漠北和东北地区。阿保机的儿子耶律德光在位时，通过插手五代政权斗争，占领了燕云十六州[①]，改国号为辽。

知识链接

辽朝兼有畜牧、农耕两种不同的经济形态，反映到国家制度上，就是蕃、汉分治，“以国制治契丹，以汉制待汉人”。契丹之俗崇拜太阳，皇帝御帐朝东，中枢官员分列北、南两侧。北面官负责契丹等游牧民族的事务，南面官负责汉人、渤海人等农耕民族的事务。

---

① 燕云十六州，包括今天的河北、山西两省北部，以及北京市。

北宋统一中原和南方后，希望夺回燕云十六州。宋太宗曾两次发动对辽的北伐，第一次还是他御驾亲征，但都被打得大败。此后辽频频发兵南下，北宋转入防御。1004 年，辽发起一次大规模的进攻，打到黄河北岸，宋廷陷入恐慌。宰相寇准坚决主张抵抗，力劝宋真宗亲临澶州（今河南濮阳）前线，鼓舞了宋军士气。辽军前线统帅被宋军射死，双方展开议和。最终达成协议：双方保持原来的边界，并结为兄弟之国。北宋每年送给辽银 10 万两、绢 20 万匹，称为“岁币”。澶州亦称澶渊郡，史书因而称这项协议为“澶渊之盟”。此后 100 多年，双方基本维持了和平局面，边境安定，贸易活跃。

西夏与北宋的和战　西夏是党项族建立的政权。党项原为羌族的一支，唐朝以来活动于宁夏、甘肃、陕西西北一带，在唐末成为一个半独立的藩镇。北宋前期，他们接受宋廷册封和赐姓，仍保持半独立地位。宋仁宗时，党项首领元昊力图脱离宋朝的统治。他放弃宋朝的赐姓[①]，下令恢复党项族旧俗，并创制了自己的文字。1038 年，元昊称帝，定都兴庆府（今宁夏银川），国号大夏，史称西夏。

元昊称帝后，与北宋进入战争状态。北宋兵力虽多，但分兵把口，消极防御，作战十分被动。双方连续发生几次大的战役，都是夏胜宋败。西夏国力有限，也不能承受长期战争的损耗。1044 年双方达成和议：元昊向北宋称臣，宋廷册封元昊为“夏国主”，并且每年送给西夏银 7 万两、绢 15 万匹、茶叶 3 万斤，称为“岁赐”，同时重开边境贸易。

宋夏和议之后，边境并不稳定，仍然发生过一些战事，互有胜负。北宋灭亡后，西夏继续向金朝称臣，接受册封。

金灭辽和北宋　金是东北女真族建立的政权。女真原来臣属于辽，辽朝后期国势衰弱，女真完颜部强大起来。1114 年，其首领完颜阿骨打举兵反辽，次年建立金朝，定都会宁府（今黑龙江阿城），亦称上京。

---

① 元昊的家族本姓拓跋，唐末赐姓李，宋初赐姓赵。元昊改姓“嵬名”。

在金军进攻下，辽的统治摇摇欲坠。北宋朝廷希望乘乱取利，收复燕云地区，通过海路与金朝建立了联系，达成共同灭辽的盟约。1125 年，金军俘获辽朝最后一个皇帝，辽亡。辽的皇族耶律大石率残余部队西行至西域，仍用辽国号重建政权，史称西辽，又存在了 80 多年。

金朝统治者目睹北宋的腐朽脆弱，在灭辽后继续南进，包围了东京。北宋军民在主战派大臣李纲的率领下多次打退金兵的进攻，但东京最终还是被攻破了。1127 年，金军将北宋最后两个皇帝徽宗、钦宗[1]掳回东北，北宋灭亡。金朝灭宋的战事主要发生在宋钦宗靖康年间，史书称之为“靖康之难”。

知识链接

辽、西夏、金三个政权都模仿汉字字形创造了自己的文字，其中，传世材料最多的是西夏文。这种文字形体方整，斜笔较多，比汉字结构更复杂，笔画更烦冗。创制后曾在西夏境内大力推行，所有文书都用它书写，所以今天还可以见到不下百万字的西夏文文献，包括佛经、法典、字典辞典以及许多从汉文翻译过去的经史著作。

金与南宋的对峙　1127 年，宋徽宗的第九个儿子赵构在应天府(今河南商丘)即帝位，是为宋高宗。当时金军虽然占领了北方大片地区，但各地人民的抗金义军十分活跃。宋高宗惮于金军兵威，未能抓住机会收复失地，反而一再向南逃窜，最后将都城定在临安(今浙江杭州)。他重建的宋政权，史称南宋。

南宋初年，以岳飞为代表的一批将领奋起抵抗金军的进攻，给对手以沉重打击。岳飞的军队作战勇敢，纪律严明，被称为“岳家军”，是当时抗

① 1125 年，宋徽宗将皇位传给儿子钦宗，自己退位为太上皇。

金力量的中坚。1140 年，金军以兀术（zhú）为统帅，大举攻宋。岳家军在郾城大破兀术的主力，金军军心浮动，准备撤退。以宋高宗和宰相秦桧为首的投降派，害怕抗金力量壮大对他们的统治不利，主动向金求和，命令岳飞班师，继而解除岳飞的兵权，并以“莫须有”①的罪名把他杀害。

1141 年，南宋与金订立和约：两国以东起淮水、西至大散关（今陕西宝鸡西南）划界；南宋皇帝向金称臣；每年向金缴纳一笔“岁贡”，包括银 25 万两、绢 25 万匹。当时宋高宗的年号为绍兴，史称“绍兴和议”。

绍兴和议确立了南宋与金的对峙局面。1153 年，金朝将首都迁到燕京，改名中都，对北方的统治逐渐稳定。后来，宋金之间又进行了几次战争，但南北对峙局面并未改变，双方的力量大体处于均衡状态。

思考题：

1. 评价宋朝对几个少数民族政权的外交政策。
2. 宋朝对外战争一败再败的原因是什么？

---

① 宋高宗和秦桧诬陷岳飞谋反，当有人质疑时，秦桧回答“其事体莫须有”。“莫须有”是当时的口语，意思是“应该有”。

第二十章
元朝的大一统

13世纪初,中国存在着南宋、金、西夏、西辽等政权,最终它们都统一在元朝的版图之内。这一过程是怎样完成的?作为第一个由北方少数民族建立的统一王朝,元朝对中国历史的发展有什么影响?

蒙古的崛起 金朝统治时期,漠北草原上分布着许多游牧部落,混战不已。12世纪后期到13世纪初,蒙古部的杰出首领铁木真打败其他部落,逐渐统一了草原。1206年,铁木真建立蒙古汗国。他被奉上成吉思汗的尊号,后来又被元朝追尊为太祖。

蒙古汗国很快发起了对周围地区的征伐战争。成吉思汗在位后期,灭掉西辽和西夏。他的儿子窝阔台灭掉金朝,将统治范围扩展到淮河以北。13世纪中叶,蒙古招降吐蕃,又兼并云南的大理国。蒙古军队还发动过几次西征,先征服中亚地区,后来又打到东欧和西亚。

元世祖统一全国 1260年,成吉思汗的孙子忽必烈即位,将统治重心从草原转移到中原地区,并着手改革蒙古旧制,推行"汉法"(指中原传统政治制度),兴建大都(今北京)作为首都。1271年,取《易经》中"大哉乾元"的含义,改国号为"大元",忽必烈就是元世祖。此后蒙古在中亚、西亚、东欧的统治区脱离元朝独自发展，形成了四大汗国[1]，但在名义上仍将元朝尊为宗主国。

元军继续进攻南宋，1276 年占领其都城临安。南宋大臣文天祥、陆秀夫等率部坚持抗元。文天祥被俘后严词拒绝元军的劝降，写下“人生自古谁无死，留取丹心照汗青”的不朽诗句，后来在大都被杀害。1279 年，元军追击南宋余部到厓(yá)山(今广东新会南)，陆秀夫背负南宋最后一个小皇帝投海而死，“昨朝南船满崖海，今朝只有北船在”，元朝完成了对全国的统一。

巩固统一的措施　为巩固统一，加强对辽阔疆域的管理，元朝实行了行省制度。当时中央的宰相机构是中书省，委派官员代表中书省处理地方事务，并逐渐固定为地方常设机构，称为行中书省，简称行省。除今天的河北、山西、山东地区由中书省直辖外，全国共设岭北、辽阳、甘肃、陕西、河南江北、江浙、江西、湖广、四川、云南 10 个行省。行省辖区广阔，权力集中，统治效率较高。它的创立是中国古代地方行政制度的重大变革，是中国地方省制的开端。

西藏在元朝正式纳入中央政府的统治，但未设行省，而是由中央专设的宣政院进行管理。元朝皇室信仰藏传佛教，封西藏高僧八思巴为“帝师”，内地与藏族地区的政治、经济、文化联系大大加强。元朝还在澎湖设置了巡检司，加强对琉球(今台湾)的管辖。

元朝的交通、邮递系统十分发达。以大都为中心，修筑了四通八达的驿道，沿线设有上千处驿站，为公差人员提供交通和生活服务，也用来运输官府物资。又隔一定距离分设急递铺，由专设的铺兵负责传递文书，速度为一昼夜四五百里。

民族关系与中西交通　为保障蒙古贵族的统治利益，元朝在很多方面对不同民族实行差别对待政策，被后人概括为“四等人制”，依次为蒙

---

① 四大汗国包括钦察汗国、察合台汗国、窝阔台汗国、伊利汗国。元朝中期，窝阔台汗国被察合台汗国吞并。

古、色目、汉人、南人。蒙古人是元朝的“国族”,色目人指蒙古以外的西北、西域各族人,包括西夏、回回、畏兀儿[①]等。汉人主要指北方的汉族,南人则指最后被征服的原南宋统治区居民。四等人的政治、法律地位不完全平等,体现了民族歧视和民族压迫的特性。

元朝在民族关系方面发生了一些积极的变化。今天中华民族大家庭的两个重要成员蒙古族和回族,基本上是在元朝形成的。蒙古本是草原上诸多部落之一,在统一草原后逐渐与其他部落融合,形成了有持久生命力的蒙古民族。中亚、西亚的大批穆斯林随着蒙古的征服移居中国,在伊斯兰教的整合下形成了一个新的文化共同体,时称回回人,成为后世回族的祖先。民族杂居现象十分普遍。原居中原的契丹、女真人已逐渐与汉族合一,新入居的蒙古人,以及回回以外的色目人,也在元朝灭亡后融入汉族。迁居边疆地区的汉族则与当地民族相融合。各民族文化相互影响,交相辉映,成为元朝的时代特色。

知识链接

成吉思汗时期,借用回鹘字母创制了蒙古文。元世祖在位时,又命八思巴仿照藏文造出一套字母拼写蒙古语,后人称之为八思巴蒙古文。八思巴创造的这套字母也被用来拼写汉语等其他语言,这是汉语拼音化的最初尝试。

元朝的中西交通重新进入繁荣期。意大利旅行家马可·波罗(Marco Polo)在元世祖时经陆路来到中国,居住 17 年后由海路返回。他的口述经历被写成《马可·波罗游记》,向中世纪欧洲人展示了新奇的东方世界,对以后的欧洲航海家、探险家产生了很大影响。

---

① 畏兀儿,即今天的维吾尔族。

知识链接

约与马可·波罗同时，在历史上第一次有中国人访问了欧洲。中文史料没有提到这位访问者的名字和事迹，有关情况仅见于西文记载。他的名字叫列班·扫马(Rabban Sauma)，是生活在大都的畏兀儿人。因信奉景教(基督教的一支)，赴耶路撒冷朝圣，被当地教会委派出使欧洲，会见了法、英两国国王并觐见教皇。在他访问之后，教皇向中国派出了大主教，在大都和福建泉州进行传教活动。

思考题：

1. 元朝巩固统一的措施有哪些？
2. 元朝的统一在中国历史上有什么意义？

第二十一章
经济发展和经济重心的南移

宋元时期,我国经济的发展程度在当时世界上居于领先地位,尤以宋朝最为突出。在这一时期,经济的发展具体有哪些重要表现?经济重心发生了怎样的变化?

农业 宋朝农业的发展成果显著。农具更加复杂多样,大量兴修水利工程,唐末出现的圩(wéi)田在南方得到进一步推广。

知识链接

圩田亦称围田,指在水边低地垦田,筑堤围之,堤上设有闸门,旱则开闸引水,涝则闭闸拒水。通过圩田的修建,不仅将许多滋生水草的低洼荒地开垦为耕地,而且由于它兼具排、灌功能,防旱抗涝,这些耕地往往能够成长为稳定的高产田。

在宋朝,一年两熟的稻麦复种制在南方十分普及,有些地方还可以一年三熟,提高了耕地的利用率。茶树、甘蔗、果树等经济作物的种植面积不断扩大,在一些地区出现了固定种植某种经济作物的专业户,对传统自然经济结构有一定突破。

知识链接

户口增长是农业发展的一个重要指标。北宋初期的989年，全国户数只有650万。到北宋末期的1110年，已增长到2,088万。奇怪的是，史料记载这一年的“口数”只有4,673万，每户平均仅为2.24口。许多学者认为，宋代统计的口数仅包括男丁即成年男子，如以汉、唐史料所载户口比例（每户5口左右）推算，北宋末年的实际人口数应当已经超过1亿。这在中国古代人口史上具有划时代的标志性意义。

元朝统治者也很重视农业。汉族地区先进的农作技术向边疆推广，使这些地区的农业进步显著。宋朝时从外国传入的棉花，在元朝得到大力推广，南方植棉已经相当普遍。

手工业　宋朝丝织业以江浙和四川为中心，产品花色种类繁多。棉纺织业在南宋开始兴起。元朝前期，流落到海南岛的松江（今属上海）妇女黄道婆，将当地先进的制棉工具和棉纺织技术带回松江，并且进行了若干改进，使生产效率得到显著提高。松江在以后长期作为全国棉纺织业的中心。

宋朝制瓷业有重大发展，著名的定、汝、官、哥、钧五大瓷窑①，产品风格各具特色，色彩多变，质感浑厚，具有鉴赏价值。元朝在彩绘瓷生产方面取得进展，烧出了釉下彩绘的青花瓷和釉里红。宋元时期，瓷器大量出口海外，继丝绸之后成为中华文明新的象征。

矿冶业在北宋手工业中占有重要地位。煤的开采量很大，都城东京的居民全用煤做燃料。燃料的改进大大提高了金属冶炼的产量和质量。

---

① 定窑，在今河北曲阳；汝窑，在今河南宝丰；官窑，在今河南开封；哥窑，相传在今浙江龙泉；钧窑，在今河南禹州。

知识链接

据学者推算,在北宋后期的1078年,全国铁产量在7.5万至15万吨之间,这个数字相当于1640年英国的2.5至5倍,并且可以与18世纪初整个欧洲的铁产量14.5万至18万吨相比拟。宋朝煤的广泛使用,以及矿冶业特别是冶铁业的巨大发展,被一些学者誉为"煤铁革命"或"黑色革命"。

宋元时期的造船技术十分发达,所造大型远洋海船"舟如巨室,帆若垂天之云"。除货物外,可以装载供船员食用一年的粮食,还可以在船中养猪、酿酒。海船设有隔离舱,在船体局部撞坏时仍可抢修。

印刷术的出现刺激了造纸业的发展。纸张加工、处理技术细致入微,可以造出多种精美的名贵纸和特制纸。印刷业是这一时期新兴的手工业,推动了文化的普及。

商业和城市　宋朝是中国古代商品经济发展的一个高峰。全国市场形成城市、镇市、草市三级结构,北宋后期全国的镇市有1,900多个,作为乡村定期集市的草市更加普遍。商品流通规模的扩大导致货币需求量大增,北宋钱币年铸造量最多时高出唐朝10多倍,还出现了世界上最早的纸币"交子"。元朝在全国范围内将纸币作为主币发行,加上大一统带来的稳定局面和交通系统的发展,都对商业的发展起到了促进作用。

海外贸易非常活跃。宋元两朝与亚洲、非洲的许多国家和地区都有贸易往来,外贸税收成为国库的重要税源。丝织品、瓷器、茶叶等远销海外,输入商品则以香料、珠宝等为主。主要外贸港口有广州、泉州、明州(今浙江宁波)等。

城市的发展十分显著,商业活动在营业时间、地点上都不受限制。北宋都城东京是当时世界上最大的商业都会,人口稠密,商业繁荣,文化娱乐活动丰富多彩。南宋都城临安则被形容为"民物康阜,视京师(按指开封)其过十倍”。直到元朝，马可·波罗还说它是“世界最富丽名贵之城”。马可·波罗也描述了元朝的首都大都，称“外国巨价异物及百物之输入此城者，世界诸城无能与比……有如川流之不息”。

经济重心南移　从唐朝中期开始的经济重心南移趋势在北宋仍在继续。政治重心虽在北方，经济上却明显依赖南方，南粮北运的数字超过唐朝后期。全国户口分布南多北寡的格局，在北宋也已定型。“靖康之难”使北方再遭战火，大批人口南渡，完全奠定了南方经济重心的地位。长江下游和太湖流域一带，成为全国最重要的粮仓，谚语称：“苏、湖熟，天下足。”①

元朝的南、北经济差距继续扩大。全国五分之四的人口集中在江浙、江西、湖广三行省，江浙一省的税粮即超出全国三分之一。为将南方财赋顺利北运，元朝重新开通了大运河，改变隋唐时迂回曲折的航线，航程大为缩短，运粮船可以直接驶入大都积水潭停泊。元朝还创造性地开辟了长途海运航线，主要任务也是运输江南的粮食。

南方经济发展带动了文化的进步。北宋时，南方人在全国统一的科举考试中优势明显，朝廷被迫采取南、北分卷制度，各自划定名额分别录取。自南宋起，江浙一带成为人才集中的地区。

思考题：

1. 宋元时期的经济发展有哪些具体表现？

2. 中国经济重心的南移是怎样完成的？主要表现是什么？

① 苏，指江苏苏州；湖，指浙江湖州。

第二十二章
宋元时期的文化

宋元时期,随着经济的发展,文化领域也呈现出丰富多彩的新成果。这些新成果主要表现在哪些方面?有怎样的历史地位?

理学和心学 儒家思想在宋代有重要发展。在佛教的刺激下,开始较多地关注宇宙观、认识论等哲学命题,并将它们与现实社会的伦理道德秩序结合起来,逐渐形成了以"理"为核心的新儒学体系,称为理学。其代表人物是北宋的程颢(hào)、程颐兄弟和南宋的朱熹,因此也被称为"程朱理学"。

朱熹是理学发展的集大成者。他阐述说:"理"或称"天理",是宇宙的本源,在具体事物上表现为这件事物的构成原理,在社会上表现为儒家伦理道德,在人身上表现为理想的人性。人性本应与天理一致,但往往被后天的欲望蒙蔽,所以要"存天理,灭人欲"。"存天理"的途径是"格物致知",即通过接触世间万事万物,体会其各自的原理,逐渐加深并完成对普遍天理的认识。

与朱熹同时代的陆九渊则认为,"理"不需要到外物上寻找,它就存在于人的内心。心即是理,也就是宇宙的本源。只要认真反省内心,就可以体会到天理。他的学说被称为"心学"。

"程朱理学"在与心学和其他学派的斗争中占了优势,南宋后期起开始成为官方哲学。

知识链接

儒家的基本经书原为《五经》，即《诗》《书》《易》《礼》《春秋》。朱熹从《礼》的解说资料《礼记》中抽出《大学》《中庸》两篇，加上《论语》《孟子》二书，合编为《四书》，作为先于《五经》的儒学基础读物。他又为《四书》作注，完成了《四书章句集注》。元朝以后，《四书章句集注》成为科举考试的主要用书，影响极大。

史学　宋代史学发达，出现了不少名家和巨著。北宋司马光主编的《资治通鉴》，是我国第一部规模宏大的编年体通史，记述了从战国到五代1,300多年的历史，体例严谨，考订精确，叙事生动。其中，记载的重点是历代政治兴衰得失，目的在于使君主借鉴其中的经验教训。

文学　唐代文坛出现的词到宋代进入鼎盛时期，保存到现在的宋词有2万多首。词的句式长短不等，用来配乐歌唱，又称“长短句”。根据乐谱分为不同的词牌，每个词牌都有固定的写作格式。宋代城市生活丰富多彩，娱乐场所需要大量的歌词。士大夫的著名词作在社会上广泛流传，不少作者直接为歌女写词。宋词作家以豪放派的苏轼、辛弃疾和婉约派的柳永、李清照成就最大。

元代文学的主要成就是曲，其中包括散曲和杂剧。散曲是一种新的长短句诗歌体裁，与词一样用来歌唱，也有固定的曲牌。但每句的字数可以在固定格式的基础上做一些伸缩，并且大量采用通俗的口语，形式活泼，更加适合市井演唱的需要。将成套的散曲连缀在一起进行歌唱，辅以音乐、舞蹈、表演、道白，安排不同的角色，来表达一个完整的故事情节，就形成了杂剧。元杂剧标志着我国古代戏曲艺术的成熟，代表作有关汉卿的《窦娥冤》、王实甫的《西厢记》等。

知识链接

中国古代很早就出现了有情节的舞蹈和有念白的滑稽表演,后者相当于今天的小品。宋代城市中有傀儡戏、皮影戏等娱乐活动,由人操纵表演。北宋和金朝还流行一种说唱艺术,称为“诸宫调”,由演出者演唱一个长篇故事,类似于今天的大鼓或弹词。作为综合舞台艺术的元杂剧,就是在上述表演形式的基础上形成的。

在宋元时期,在城市中说书演出非常盛行。说书人讲故事的底本被称为“话本”,用通俗的白话写成,内容包括历史故事、佛经故事,以及取材于现实生活的爱情、公案故事。话本实际上就是早期的白话小说。

艺术 宋代书法以苏轼、黄庭坚、米芾、蔡襄四大家最为著名,其作品各具风格,追求个性,不拘法度。绘画的成就以山水画和市井风俗画最为突出。山水画不完全追求写实,而更注重意境和笔墨情趣。市井风俗画着力展现下层人民的生活,以北宋张择端的《清明上河图》最为著名。元代赵孟頫(fǔ)是兼工书法、绘画的大艺术家。

科技 在这一时期,印刷术、指南针和火药三大发明基本成熟,为人类文明的进步作出了重要贡献。

雕版印刷在宋朝已经相当普及,有力地推动了文化事业的发展。北宋工匠毕昇发明了活字印刷术,既节省印刷费用,还大大提高了印刷效率。毕昇的活字是用泥制成的,后来又出现了木活字和金属活字。

中国人很早就利用磁石指示南北的特性来辨别方向。北宋时,开始使用人工磁化的方法制造磁体,产生的磁性较为稳定持久,这样就造出了指南针,并且广泛应用于航海。

火药在北宋已经大量制造并用于军事,由燃烧型火器逐步发展为爆炸型火器。南宋时发明了管形火器“突火枪”,元朝又造出器型较大的火铳,成为后世枪炮的始祖。

两位大科学家，北宋的沈括和元朝的郭守敬，是代表这一时期科技发展水平的典型人物。沈括在数学、物理学、天文学、地质学、生物医学等方面都有重要贡献。他的著作《梦溪笔谈》记载和总结了当时的许多科技成果，在我国和世界科技史上占据重要地位。郭守敬的成就表现在天文学、数学、机械制造、水利工程等领域。他创制出近20种天文观测仪器，主持了全国范围的天文测量，编定了新的历法《授时历》。其中测算一年的周期为365.2425日，与今天世界通用的公历基本相同，但比后者早了300余年。

思考题：

1. 宋代理学是如何产生的？理学和心学的主要区别是什么？
2. 宋元时期我国的文学和科学技术有哪些主要成就？

第二十三章
明朝的统治

明朝建立后,政治制度出现重大变化,宰相的职务被废除了。这一举措给明朝政治带来了怎样的影响?明朝还有哪些强化专制的措施?

明朝建立与君主专制的强化 元朝后期,政治腐败,民不聊生。1351年,爆发了刘福通领导的农民起义,起义军头包红巾,称为红巾军。在混战中,佃农出身的红巾军将领朱元璋势力逐渐强大,统一了南方。1368年,朱元璋称帝,定都应天府(今江苏南京),国号"大明",朱元璋就是明太祖。同年明军北伐,攻占大都,推翻了元朝。

明太祖大力加强君主专制制度,对中央和地方官制进行了很大调整。

中央废除了自秦以来一直实行的宰相制度,六部直接对皇帝负责。皇帝集国家元首、政府首脑于一身。

知识链接

明太祖废除宰相制度之后,工作压力猛增,每日早起晚睡,疲惫不堪。据记载,在1384年阴历九月十四日至二十一日的八天之内,各机构上呈的奏章多达1,660件,共3,391事。这样他平均每天就要审阅200多份奏章,处理400多件事。

明太祖还将当时的最高军事机构大都督府分为中、左、右、前、后五军都督府。五军都督府分担日常统兵权，但没有调兵权；兵部有调兵权，而无统兵权。遇到战事，兵部奉旨调兵，由皇帝临时任命将领统率出征。

在地方，改元朝的行中书省为承宣布政使司①，负责民政和财政。另设都指挥使司负责军政，提刑按察使司负责监察和司法。它们合称“三司”，各自对中央负责，互不统属。

明太祖性格多疑，设立了特务机构锦衣卫，负责监视和侦察官民的言行，有权逮捕、施刑。锦衣卫由皇帝控制，不受政府司法部门管辖。

科举制在明朝也有重要变化。专门从《四书》《五经》中命题，回答时必须按照程朱理学的思想，模仿古代“圣贤”口吻写作，不许发挥个人见解。答卷的文体也有严格限制，其主要部分为四段对偶排比文字，俗称“八股文”。这种考试制度严重地束缚了士人的思想。

内阁与宦官　明太祖死后，其孙建文帝继位。不久建文帝的叔叔燕王朱棣起兵夺取了政权，将首都迁到北京。朱棣就是明成祖。

由于皇帝无法独自处理庞杂的政务，不得不找人协助。明成祖选拔了一些文官到皇宫内的文渊阁值班，充当秘书。从此形成一个常设的秘书咨询机构，称为“内阁”，内阁的官员称为某殿或某阁大学士。内阁的秘书工作后来形成比较固定的模式。皇帝将百官的奏章送到内阁，由阁臣替皇帝草拟处理意见，用墨笔书于小票（小纸片），贴到原来的奏章上，一并回呈皇帝，这个过程被称为“票拟”。皇帝参考“票拟”的内容，用红笔正式批复，称为“批红”。皇帝也可能就一些国家大事随时向阁臣进行咨询。明朝中期，内阁地位上升，阁臣有时被人比喻为宰相。其中，排名首位的大学士俗称“首辅”，尤其受到重视。

明成祖重用宦官，内廷宦官机构的设置逐渐增多，合称“二十四衙门”。各机构的主管宦官称太监，以后太监遂成为宦官的代称。

---

① 布政使司在习惯上仍有“省”的俗称。

明朝中期,宦官专权的局面逐渐形成。“二十四衙门”之首司礼监获得了协助皇帝“批红”的权力。内阁大学士有时长期见不到皇帝,与皇帝之间的信息交流、文书往来都要通过司礼监转达。明成祖时,增设特务机构东厂,后来也由司礼监提督。锦衣卫被拨归东厂节制,合称“厂卫”,宦官控制了整个特务系统。宦官还被派遣坐镇地方、监督军队、管理税收,实际上成为皇帝监视官僚机构的工具。

明朝的衰亡 明朝中后期,政治日益腐败。皇帝往往沉溺于享乐,不理政事,奸臣和宦官趁机窃取了权力。

明世宗热衷于修炼道教方术,内阁首辅严嵩长期控制朝政,贪污受贿,聚敛了巨额财产。不少官员奋起揭发严嵩的罪行,但严嵩深得世宗信任,反对他的人大多遭到报复,或杀或贬。

宦官的势力更为嚣张。明英宗时的王振、明武宗时的刘瑾,都权倾一时。王振被朝中贵戚尊称为“翁父”,刘瑾有“刘皇帝”“立皇帝”之称。17世纪前期明熹宗在位时,宦官魏忠贤主宰朝政,党羽遍布内外。以东林党为核心的正直官僚与他展开斗争,受到残酷迫害,主要人物都被关入锦衣卫监狱,折磨致死。在一片恐怖气氛中,全国掀起对魏忠贤的阿谀谄媚之风,到处为他建立生祠,尊称其为“九千岁”。

知识链接

“东林党”因其早期领袖顾宪成曾在江苏无锡的东林书院聚友讲学而得名。它以一批正派的江南士大夫为核心,也包容了政见相近、崇尚气节的其他籍贯的官僚,逐渐发展为一个有影响力的政治派别。他们批评时政,为民请命,深受百姓的同情和拥护。在东林书院大门两侧的楹联上写着顾宪成的名言:“风声、雨声、读书声,声声入耳;家事、国事、天下事,事事关心。”

1627年，明朝最后一个皇帝思宗[①]即位。当时天灾不断，朝廷横征暴敛，大批农民流离失所。饥民王二在陕北首先起义，揭开了明末农民大起义的序幕。经过数年作战，农民军形成了李自成、张献忠两大主力。李自成被部下推为“闯王”，以“均田免粮”口号号召百姓，势力迅速膨胀。1644年，他在西安建立“大顺”政权，张献忠则占领四川，建立了“大西”政权。这一年，李自成大军攻占北京，明思宗自缢，明朝灭亡。

思考题：

1. 朱元璋为强化君主专制制度采取了哪些措施？

2. 明朝的内阁是怎样产生的？为什么在明朝中后期会出现宦官专权的局面？

---

① 明思宗年号是崇祯，通常称其为崇祯皇帝。

第二十四章
清朝的兴衰(鸦片战争以前)

作为中国古代最后一个王朝,清朝是怎样建立起来的?它的兴衰轨迹如何?其政治制度又有哪些特点?

清朝的建立与初步统一 元、明两朝,东北地区女真族分布广泛,其首领接受朝廷官号,定期进贡。明朝后期,女真建州部强大起来,首领努尔哈赤经过30多年的努力,基本统一了女真各部。他建立了兵民合一的八旗制度,对女真人进行组织和编制,又设置官职,颁行法令,还创制了文字。

知识链接

八旗制度始设于1601年。当时努尔哈赤将部众编为黄、白、红、蓝四旗,各以相应颜色的旗帜作为标志。具体来说,把每300丁编为一牛录,五牛录编为一甲喇,五甲喇编为一固山,固山就是旗。后来,又增编了镶黄、镶白、镶红、镶蓝四旗,在相应颜色的旗帜上加镶边,以别于前四旗。同时前四旗分别改称正黄、正白、正红、正蓝,这样就组成了八旗。八旗制度是在女真社会狩猎组织的基础上加以整齐、扩充而成的,兼有行政、军事、生产多方面的管理职能。

1616年,努尔哈赤在赫图阿拉(今辽宁新宾)称汗,国号金,史称后金,不久与明朝决裂,攻占了辽东、辽西大片地区。努尔哈赤的继承人皇太极加强对明朝的攻势,并且收服了蒙古各部,势力更加壮大。1636年,皇太极在盛京(今辽宁沈阳)称帝,改国号为清,并将女真族名改为满洲。努尔哈赤、皇太极分别被称为清太祖和清太宗。

1644年李自成推翻明朝后,驻守山海关的明将吴三桂降清。清摄政王多尔衮①指挥八旗劲旅兼程入关,以吴三桂为前导,打败大顺农民军,进占并迁都于北京。在清军追击下,大顺军节节败退,李自成于1645年在湖北通山九宫山牺牲。稍后张献忠在四川北部的一次战斗中被清军射死,大西政权分崩离析。

明朝灭亡后,南方的一些官僚继续拥立明朝宗室为帝,史称南明。经过20多年的激烈战斗,清军将南明的几个小朝廷和农民军余部一一打败,初步统一了全国。

“康乾盛世”的君主专制　清朝第四至六代皇帝康熙、雍正、乾隆②在位期间,政治稳定,版图巩固,经济繁荣,出现了长达100多年的鼎盛时期,史称“康乾盛世”。中国古代的君主专制体制在这一阶段发展到了顶峰。

康熙、雍正、乾隆三位皇帝,都以大权独揽、事必躬亲著称。除特殊情况外,每天都坚持接见臣僚,面议政务,回宫后还要继续批阅奏章,经常工作到深夜。他们精力过人,权力欲旺盛,不仅独断朝纲,对于耳目所及的地方具体事务,也总是不厌其烦地详加过问。

清朝皇帝创设了一些强化君主专制的具体制度。比较重要的有奏折,它是官员向皇帝上呈的机密文书。以前官员向皇帝奏事,通常都是公

---

① 1643年清太宗去世,新即位的清世祖(年号顺治,习称顺治帝)年幼,由其叔父睿亲王多尔衮摄政。

② 均以年号代指皇帝。康熙帝1661—1722年在位,雍正帝1722—1735年在位,乾隆帝1735—1795年在位。

开的,要先经有关机构阅览、登记。康熙时,让亲信官员撰写直达皇帝的密封奏折,皇帝亲手批阅后返回,中间没有第三个人看到。雍正即位后,扩大奏折的应用范围,将其制度化。这种联系方式既快速又保密,使皇帝能够更直接、更广泛地获取信息,提高了决策效率。大批官员都通过奏折与皇帝形成单线联系,皇帝对官僚机构的控制显著加强。

中枢秘书机构也发生了重要变化。在清朝,内阁级别得以提高,编制固定,已经变成照章办事的常规衙署,难以协助皇帝处理机要政务。雍正时,在宫内设立了军机处。军机处是一个人员简练、办事迅速保密的非正式机构,主要官员称为军机大臣①,由皇帝指派朝臣兼职充任,日夜轮流值班,负责秉承皇帝旨意起草机要文书。军机大臣在皇帝的直接监督下工作,基本上没有专权的余地。

知识链接

军机处设立后,与内阁在中枢秘书工作上形成分工。有关常规政务、可以公开的文件仍由内阁起草并发布,称为"明发"。事关重大的机密文件则由军机处起草,经皇帝阅准后密封,由兵部派人火速送达有关机构或地方执行,称为"廷寄"。传递"廷寄"文件的最低速度是日行300里,特别紧急的要求日行600里以上。

清朝统治者对思想文化的控制非常严密,多次大兴文字狱。早期的文字狱主要针对汉人的民族意识。如果私人著作中揭露了清室祖先对明朝的臣属关系,或是具有否定清朝正统地位的倾向,都会遭到严厉查禁和惩办。后来,发展为对诗文字句吹毛求疵,罗织罪名,达到了荒谬的地步。文字狱使君主专制的淫威笼罩了知识界,对文化造成了严重的摧残。

① 军机大臣的全称是"军机处大臣上行走",新上任者则称"军机处大臣上学习行走"。

知识链接

乾隆时期是中国古代文字狱最频繁的时期,共发生130余次,大都是望文生义的“莫须有”之罪。诗文中对“明”“清”二字的使用稍有不慎,就会招来横祸。例如“翘首待重明”“长明宁易得”“一把心肠论浊清”等诗句,都被视为反诗,作者生则处死,死则戮尸。

清朝由盛转衰 “康乾盛世”末期,清朝统治已呈现出由盛转衰的迹象。19世纪前期嘉庆、道光两位皇帝在位时,衰象更为明显。

统治集团的腐败积重难返,乾隆一朝因贪污被处死的一、二品高官就有30多人。乾隆帝晚年的宠臣和珅在嘉庆初年倒台,查抄其家产,发现其富比皇室,民间流传谚语说“和珅跌倒,嘉庆吃饱”。

从乾隆后期起,农民起义频繁发生,其中大部分是由民间秘密宗教白莲教领导的。四川、湖北、陕西三省爆发的白莲教大起义持续了10年之久。嘉庆后期,白莲教支派天理教发动的一次起义还攻入了北京皇宫。以英国为代表的西方资本主义列强也在积极图谋侵略中国。面对内外交困的危局,统治者逐渐无力用传统的观念和手段应付,中国历史就在这样的背景下迈向了近代。

思考题:

1.清朝的君主专制统治与前代王朝相比有哪些新的特点?

2.谈谈军机处。

第二十五章
统一多民族国家的巩固与发展

明清时期,我国作为统一的多民族国家得到了进一步巩固和发展。这方面有哪些具体的表现?中央与各主要边疆地区的关系怎样?我国辽阔的版图是如何在清朝前期奠定的?

同蒙古、新疆地区关系的加强 元朝灭亡后,草原上的蒙古人分裂为鞑靼、瓦剌两大集团。为防御蒙古骑兵南下,明朝在古代长城的基础上,重新修筑了明长城。明中期国力衰退,鞑靼和瓦剌不断威胁明朝北部边防,两次突破长城深入内地,包围北京。瓦剌还曾经在一次战役中俘虏了明英宗。1571 年,鞑靼首领俺答汗与明朝订立和约,受封为顺义王。双方恢复并扩大贸易关系,维持了几十年的和平局面。

知识链接

明朝与边疆少数民族经济联系的主要方式是朝贡贸易,即少数民族入朝进贡土产,明廷回赐礼物。由于游牧经济的限制,蒙古迫切需要农业、手工业产品,而明朝对蒙古的朝贡贸易规模有限,时开时停,无法满足后者的需求。俺答汗与明朝达成和议后,不但恢复了定期朝贡关系,还在大同等边镇开设“互市”场所,大市每年一次,小市每月一次,长城内外的农牧民可以前来自由交易。这项措施为蒙汉两族的和平友好关系奠定了基础。

明朝末年，鞑靼又分为漠南蒙古和漠北蒙古，瓦剌被称为漠西蒙古。清朝入关前，打败了漠南蒙古并迫使其归降，漠北和漠西蒙古也遣使臣服。17 世纪后期，漠西蒙古准噶尔部的首领噶尔丹势力强大，占据天山南北，又向东进攻漠北和漠南蒙古。清军与噶尔丹及其后继者进行了约 70 年的战争，最终在 1757 年彻底击败准噶尔贵族割据势力，完全统一了蒙古各部。清朝设立了乌里雅苏台将军和科布多参赞大臣，掌管漠北、漠西蒙古的军政事务。

清军击败准噶尔后，原受准噶尔统治的天山南路维吾尔贵族大、小和卓[①]兄弟起兵反清，很快也被平定。此后清朝在新疆设立了伊犁将军，并陆续调遣大批军队前来驻扎，其中以来自东北和华北等地的达斡尔族、满族等少数民族军队为主。这些军人携带家眷扎根边疆，为保卫祖国和开发西北作出了巨大贡献。

清朝政府在边疆地区采取因地制宜的统治政策，尊重各民族的社会习俗和宗教信仰，优待各族上层分子，取得了较好的效果。1771 年，早先西迁伏尔加河下游的漠西蒙古土尔扈特部，冲破沙皇俄国的阻挠，万里跋涉，回归祖国，成为轰动一时的大事。

同西藏地区关系的加强 西藏地区在明朝称为乌思藏。明廷封授给当地的僧俗首领法王、王等称号，并设立了宣慰司、元帅府等机构，由藏族上层人士任职。汉藏之间商贸活动十分活跃。

清初，在西藏占统治地位的佛教格鲁派（又称“黄教”）领袖五世达赖来京朝贺，顺治帝隆重地接待了他，以清政府名义册封其“达赖喇嘛”尊号。另一位格鲁派领袖五世班禅，在康熙时被赐予“班禅额尔德尼”尊号。

---

① 名字分别为波罗尼都、霍集占。“和卓”是伊斯兰教对有威望人物的尊称。

此后历世达赖和班禅,都经过清朝政府的册封。从1727年起,清朝开始派遣驻藏大臣,代表中央与达赖、班禅共同管理西藏事务,对西藏的管辖明显加强。

知识链接

格鲁派规定,达赖、班禅的继承人采用"灵童转世"的方法来确定。继任者必须是在前任达赖(或班禅)圆寂[①]后约一年出生的男婴,他被视为圆寂者的转世灵童。有时同时出现几个灵童,可能发生纷争。乾隆后期作出规定,转世灵童必须经过"金瓶掣签"的办法来确认。由驻藏大臣主持,将"灵童"候选人姓名分别写在象牙签上,装入清政府颁发的金瓶内,让喇嘛当众诵经掣签,决定最后人选,然后呈报清政府批准,成为新任达赖或班禅。这一制度体现了清朝政府对西藏宗教势力的管辖权。

"改土归流"和台湾府的设置 明朝在西南少数民族地区任用各族首领担任省以下的基层行政职务,称为土司。土司通常世袭其职,但必须经过中央批准,还要按时缴纳贡赋。后来在一些条件成熟的地区废止了土司制度,改由朝廷任命不世袭、有任期、可以调动的"流官",称为"改土归流"。清雍正时,在西南大规模地推行改土归流措施,进而清查户口,丈量土地,统一征收赋税,建立城池学校。改土归流强化了中央在西南少数民族地区的统治,为当地经济发展和社会进步创造了条件。

清初郑成功收复台湾[②]后,台湾一直处在郑氏家族统治之下。1683年,康熙帝命大将施琅进取台湾,郑成功的孙子郑克塽(shuǎng)战败投降,台湾纳入清朝版图。清朝设台湾府,隶属于福建省。台湾府的设置,

① 佛教对死亡的一种美称。
② 参见第二十六章。

加强了台湾同大陆的联系，促进了台湾的开发，巩固了祖国的海防。

清朝的疆域　清朝前期，我国的疆域西跨葱岭（今帕米尔高原），西北达巴尔喀什湖，北接西伯利亚，东北至黑龙江以北的外兴安岭和库页岛，东临太平洋，东南到台湾及其附属岛屿钓鱼岛、赤尾屿等，南包南海诸岛，成为亚洲最大的国家。清朝将内地划分为18省，各设巡抚为长官，每两省（个别地方为一省或三省）又设总督一名，相当于大军区长官。在北部和西部边疆，分设若干将军辖区和办事大臣辖区。中央专设理藩院掌管少数民族事务，地位与六部相等。在辽阔的疆土上，生活着汉、满、蒙、回、藏等50多个民族，各族人民共同促进了祖国的巩固和发展。

知识链接

清朝内地18省（1662—1908）是指：直隶、山东、山西、河南、江苏、安徽、浙江、江西、福建、湖北、湖南、广东、广西、陕西、甘肃、四川、贵州、云南。乾隆时定制，全国总督共设8处：两江总督辖江苏、安徽、江西三省，闽浙总督辖浙江、福建二省，湖广总督辖湖北、湖南二省，两广总督辖广东、广西二省，云贵总督辖云南、贵州二省，陕甘总督辖陕西、甘肃二省，直隶总督、四川总督各管一省事，通常就兼任该省巡抚。山东、山西、河南三省无总督管辖。

思考题：

1. 清朝在维护国家统一和加强边疆管理方面有哪些重要贡献？

2. 谈谈清朝的疆域。

第二十六章
新形势下的对外关系

航海技术的发展和世界局势的变化给明清两朝对外关系带来了新的变化。这段时间的对外关系有哪些重要事件？产生了怎样的历史影响？

郑和下西洋 从1405年起，明成祖派遣宦官郑和率领船队7次远航海外[①]，到1433年为止，访问了亚非30多个国家和地区，最远到达红海沿岸和非洲东海岸，史称"郑和下西洋"。

知识链接

明人将海外诸国以婆罗洲(今文莱)为界分为两部分，以东称东洋，以西称西洋，郑和所到地区在当时都属于"西洋"的范围。郑和的船队规模巨大，船只上百，满载瓷器、丝绸、铁器等货物，被称为"宝船"。随行人员多达27,000余人，包括官员、水手、军士、工匠、翻译、医生等各类专业人员。船队在所到之处宣扬明朝国威，邀请各小国前往朝贡，并就地进行交易，用所载货物换取当地特产。

① 郑和下西洋前六次都是在明成祖时期，第七次是在明宣宗时期。

郑和下西洋是中国历史上前所未有的主动外交，其规模之大、历时之久、航程之远，在世界航海史上也是空前的。郑和的船队掌握了许多复杂的远洋航行知识，具有很高的航行精确度，开辟了多条新的航海路线，比欧洲航海家的远洋航行早了半个多世纪。但是，郑和下西洋主要出于“耀兵异域，示中国富强”的政治目的，不计经济效益，给明朝带来较大的财政负担。郑和死后，随着明朝国力衰退，远航的壮举悄然结束。

戚继光抗倭　从元朝末年起，日本海盗经常在我国沿海骚扰，被称为倭寇。明朝中期，朝廷希望通过经济封锁的办法打击倭寇，严厉禁止海外贸易。结果东南各省的民间海上走私活动日益严重，走私者与日本海盗相勾结，反而加剧了倭寇的声势。倭寇频繁出没于东南沿海，烧杀抢掠，给当地人民的生命和财产安全造成巨大威胁。

明廷派遣大将戚继光等人抗倭。戚继光在浙江招募农民、矿工等组成一支新军，严加训练，时称“戚家军”。他还针对倭寇的作战特点，在阵法、兵器等方面进行创设和改进。戚家军屡战告捷，名闻天下。经过近 10 年的战斗，东南沿海的倭寇基本肃清。

欧洲殖民者东来　明朝中期，欧洲殖民者开始在中国沿海活动，最早前来的是葡萄牙。16 世纪中叶，葡萄牙人以晾晒货物为名，贿赂明朝官员，在广东香山县境内的澳门登陆，长期盘踞不走。明朝政府认为让葡萄牙人住在澳门便于监管，因此允许其居留，每年征收税银 2 万两。

继葡萄牙之后东来的是西班牙和荷兰，它们分别占据了台湾岛的北部和南部。明朝末年，荷兰击败西班牙，独占台湾。1661—1662 年，在东南沿海坚持抗清的南明将领郑成功跨海远征，经过激烈战斗，打败荷兰殖民者，收复了台湾。郑成功及其子孙统治台湾 20 余年，保境安民，台湾的经济、文化有了很大发展。

清朝的对外关系　清朝在陆、海两方面面临西方列强的威胁，陆上的对手是沙皇俄国。17 世纪前期，沙俄的势力已扩展到黑龙江流域，以雅克萨城[1]为主要据点,四出劫掠。康熙帝在和平交涉未果之后,于 1685 年调集大军包围雅克萨,用大炮攻城,城中俄军投降。但清军没有留兵镇守,雅克萨又被俄军占领。不久清军再度围困雅克萨,俄国政府被迫同意清朝的要求,就边界问题进行外交谈判。1689 年,中俄两国代表签订了《尼布楚[2]条约》。条约从法律上肯定了黑龙江、乌苏里江流域包括库页岛在内的广大地区都是中国领土。

知识链接

《尼布楚条约》规定:1. 中俄两国东段边界以额尔古纳河、格尔必齐河,沿外兴安岭至海为界。清朝同意将额尔古纳河以西原属中国的尼布楚地区让给俄国。两国互不收纳逃亡者,居民不得擅自越界。2. 邻海的乌第河与外兴安岭之间的地区,搁置再议。3. 拆毁雅克萨城,俄国人迁回其境内。4. 两国商旅凭护照可以进行贸易往来。

"康乾盛世"时期,英国已经成为海上头号殖民强国,法国、美国也逐渐向东方发展。它们在中国东南沿海频繁活动,要求扩大对华贸易,开拓中国市场。清朝的态度则以闭关自守为主,尽可能控制贸易、隔绝交往。

康熙时,指定广州等 4 座城市为对外通商口岸。乾隆时加以缩减,仅保留广州一处,并且规定由官府特许的"十三行"[3]商人代为管理对外贸易一切事务。外商在广州的活动及其与商民的交往,都受到严格约束,目的主要是防范外国人与内地的反清力量发生联系。清政府以"天朝大国"自居,对进口货物关税税额定得很低,但税制混乱,附加税名目繁多,官

① 在今黑龙江漠河以东的江对岸,今属俄罗斯。

② 今俄罗斯涅尔琴斯克。

③ 十三行是清代广州经营洋货买卖商行的俗称。十三是习惯称呼的一个约数,并不一定只有十三家。

吏、行商借机牟利，弊端重重。清政府对华人出海贸易也进行严格限制，关于船只型制大小、货物品种数量、商贩水手人数、往返期限等，都有非常苛刻的规定。

对清朝来说，闭关政策虽有一定的自卫作用，但无法真正消除来自西方的潜在威胁，反而妨碍了中西之间的正常了解和顺利对话，加深了隔阂和矛盾。统治者妄自尊大的心态无法改变，中国逐渐落在世界潮流的后面。

思考题：

1. 应当如何评价清朝的对外政策？

2. 谈谈戚继光抗倭。

第二十七章
经济的繁荣与潜在问题

明清时期国家强盛,政局稳定,带来了经济的繁荣。这一时期经济的繁荣有怎样的表现?有哪些值得注意的新现象?又有哪些因素阻碍了经济的进一步发展?

赋役制度的改革 明清统治者在赋役制度方面实行过一些改革,农民负担有所减轻,促进了经济的发展。主要改革措施有一条鞭法和摊丁入亩。

一条鞭法是明朝后期内阁首辅张居正主持推行的。规定农民不用再为官府服役,改交役银。役银的多少根据每户人丁①、土地两项标准来决定,算出具体数目,再将该户的田赋也折算成银两,一并征收。这项改革合并了农民负担的名目,摊派更加合理,减轻了人身束缚。统一征银还有利于商品经济的发展。

清朝在一条鞭法的基础上,将役银中按人丁摊派的部分即"丁银"加以固定,并最终分摊进田赋。1712 年,康熙帝宣布以后每年的丁银都以此前一年的全国人丁总数②为标准征收,此外多生人丁,"永不加赋"。雍正时,将这笔数额固定的丁银完全分摊到田赋当中,这就是"摊丁入亩"。

---

① 人丁,指成年男子。
② 数字为 2,460 万。

这意味着废除了人头税，国家对百姓的人身束缚进一步放松了。

农业　明清农业发展最突出的表现，是农作物品种的增加和农民多种经营方式的推广。高产粮食作物玉米、红薯在明朝中叶由海外传入，它们不仅单位产量大，而且可以在一些不适宜生长稻麦的贫瘠土地上种植，从而使粮食总产量大幅度提高。这样，一方面养活了更多人口，同时还能腾出土地种植经济作物，推动了农业生产的商品化。新引进的农产品品种有马铃薯、花生、烟草等。

从明朝中叶到清朝，传统农业的单一经营方式在江南等经济发达地区已被打破，多种经营十分兴盛，经济作物品种繁多，种植广泛，产品大量流入市场。很多农民在种植经济作物时还进行了初级加工，或兼营相关副业，以获取更多的收入。

知识链接

明清时期，长江下游的稻作农业区由于多种经营的发展，开始转变为以经济作物种植为主。在松江、苏州占优势的是棉花种植，嘉兴、湖州则是蚕桑业兴盛。长江下游原为唐宋以来全国最大的粮食产区，这时却需要依赖邻近地区提供商品粮，湖广、江西等地成为新的粮食生产中心。宋代谚语“苏、湖熟，天下足”到明清已经变成了“湖广熟，天下足”。

手工业　明朝手工业的各行业都有不同程度的进步。一些工具得到革新，提高了产品质量和生产效率。丝织业改进了大型织机，提升了织品档次，出现了许多工艺复杂的特色产品。冶铸业采用功效更好的活塞式木风箱，并开始使用焦炭作为燃料。印刷业中利用套印技术，可以印出非常精美的彩色印刷品。一些行业的生产规模有显著扩大。明朝中后期广东佛山的冶铁业，一日可出铁六七千斤。

从明朝后期起，在若干手工业部门中可以时常看到一种新的经营手段,即开设工场,使用自由雇佣劳动进行较大规模的生产。苏州的丝织业经营者“机户”当中,有一批拥有织机数十张、雇佣“织工”数十甚至上百名的工场主。“织工”与工场主没有主奴、师徒一类人身依附关系,是靠出卖劳动力为生的自由人。类似的情况在当时南方一些地区的榨油、制瓷、矿冶、造纸等行业中均有出现,并在清朝继续发展。它近似于西方资本主义生产关系的早期形态,不少学者称之为“资本主义萌芽”。

商业和城市 自明朝中期起,商品经济空前繁荣,进入了继西汉、宋朝之后的第三个高峰。国内市场扩大,各类农产品和手工业品大量进入流通领域。商品交易普遍使用白银作为货币,促进了长途和大额贸易的发展,也有利于商业资本的集聚。一些地方的人以经商闻名,形成实力雄厚的商人群体,最主要的是安徽南部的徽商和山西的晋商。在工商业发达地区和交通要冲,兴起一大批以经济功能为主的工商业市镇,商业繁荣,人口密集,成为地区贸易网络的核心。

潜在的问题 尽管明清经济十分繁荣,某些方面对传统经济结构有所突破,但新的因素尚不足以成为整个社会经济发展的导向。正当欧洲国家大步迈入近代工业文明的时候,中国社会在总体上却显得迟滞不前,埋下了落后挨打的伏笔。

中国传统的小农经济以男耕女织、自给自足为主要特点。这种经济运行方式不仅在整个社会经济形态中占据着压倒优势,而且具有极强的韧性,很难从根本上打破。广大农民难以成为独立的商品生产者,商人也会将大量资本用于购买土地、放高利贷,或交结官府谋求特权保护。这样,就严重限制了商品生产的扩大,工商业很难得到充分的发展。

日益僵化的专制集权统治严重阻碍了新经济因素的成长。明清统治者坚持重农抑商方针,通过限制经营、强制摊派、低价征购、苛税盘剥等手段,不断对民间工商业进行压制和打击。海禁和闭关政策极大地约束了民间海外贸易的扩展。儒家思想提倡重义轻利,鄙视工商业,忽视科学技术,也不利于社会的进步和转型。

清朝中期，人口急剧膨胀。1741年，统计全国人口为1.4亿有余，到1840年已达到4.1亿，耕地面积的扩大远远赶不上人口增长的速度。在传统经济结构的约束下，过剩的农业人口无法顺利转入非农业领域，人口压力日益严重，蕴含着严重的社会危机。

思考题：

1. 怎样评价明清经济的历史地位？
2. 谈谈明清赋役制度的改革。

第二十八章
明清(鸦片战争以前)的文化

明清两朝社会发展总体迟滞,但又有若干新经济因素破土而出。在这样一个新旧交陈的时代,文化领域表现怎样?有哪些值得注意的成就?

思想界的变化 “程朱理学”成为官学后,日益僵化。明朝中期,王守仁[①]对南宋陆九渊的思想进行发挥,形成“陆王心学”,与“程朱理学”分庭抗礼。他继承了陆九渊“心即理”的观点,并进一步提出“致良知”。“良知”就是隐藏在每个人心中的“天理”,它往往被私欲遮蔽,需要重新发现、扩充、实行,这样就可以成为圣贤。“陆王心学”强调自我的主动作用,激励人们奋发立志;而以自己的内心为准则,又隐含着一定的平等和叛逆色彩。在此基础上,明朝后期以李贽为代表的一些思想家提倡个性自由,蔑视权威和教条,甚至否定传统的伦理道德标准,在社会上引起了很大震动。

明末清初社会的剧烈动荡,促进了思想界的活跃。这一时期重要的思想家有黄宗羲、顾炎武、王夫之等人。黄宗羲激烈抨击君主专制制度,称专制帝王为“天下之大害”,指出“天下之治乱,不在一姓之兴亡,而在万

① 王守仁号阳明,学者多称之为王阳明。

民之忧乐”。他还反对重农抑商观念,提出“工商皆本”的口号。顾炎武针对明朝八股取士造成的空疏学风,倡导将学术研究与现实相结合,解决国计民生的重大问题。他们的思想为传统儒学注入了崭新的时代气息。

大型典籍的编纂　明清两朝为标榜“文治”,多次组织学者进行大型典籍的编纂工作。

明成祖时,编成了中国古代最大的类书《永乐大典》。类书是古代起工具书作用的资料汇编,将不同书籍上的材料加以摘录,按照内容分门别类编排起来,便于学者查找。这部巨著已经散佚,今天保存下来的不足百分之四。

清乾隆后期,编成了中国古代最大的丛书《四库全书》。丛书是多部整体书籍的汇编。根据各书内容,分属经、史、子、集四大部,每部下面又分若干类。它对中国古代文献进行了一次系统和全面的整理,但在编纂时也按照清政府的政治标准销毁了不少“禁书”。

知识链接

《永乐大典》辑录了自上古到明初的书籍 8,000 多种,全书近 2.3 万卷,分装为 1.1 万余册。《四库全书》共收录古代重要典籍约 3,500 种,合计近 8 万卷,3.6 万余册,约 7.7 亿字。

经、史、子、集是中国古代最通行的图书分类体系。经,包括儒家经书和相关的注解、阐释性著作,以及对古代文字字形、读音、含义进行研究的著作。史,包括各种体裁的历史著作。子,包括思想、宗教、科技、艺术等方面的著作,以及笔记、札记、类书等。集,主要指古人撰写的诗词、散文等作品集。

小说与戏曲　小说创作是明清文学最重要的成就。其数量繁多,题材多样,表现手法丰富,在反映社会生活的深度和广度、人物性格的塑造、

细节的描绘、语言的运用等各个方面,都大大超过了前代。

元末明初,出现了我国最早的两部长篇白话小说。施耐庵著《水浒传》叙述北宋末年宋江起义故事,罗贯中著《三国志通俗演义》叙述三国时期的政治、军事斗争,都达到了很高的艺术水准。它们采用的章回体叙事方式,也成为明清长篇白话小说的固定体裁。明朝中期,吴承恩根据民间流传的唐僧取经的故事创作了《西游记》,这是一部具有浓郁浪漫主义气息的长篇神话小说。清朝吴敬梓的长篇讽刺小说《儒林外史》,辛辣地批判了科举制度的弊端和官僚政治的腐败黑暗。

清朝中期由曹雪芹创作的长篇小说《红楼梦》,以贵族家庭贾府的兴衰变迁和男女主人公贾宝玉、林黛玉的恋爱故事为主线,艺术地再现了当时政治、经济、文化和社会生活的多个侧面。全书结构宏大严谨,人物栩栩如生,文字生动优美,写作技巧纯熟,既是我国古典现实主义文学的高峰,也是享誉世界的名著。

知识链接

除长篇白话小说外,明清其他体裁的小说也有不少名作。明后期冯梦龙编辑、加工的《喻世明言》《警世通言》《醒世恒言》,以及凌濛初编著的《初刻拍案惊奇》《二刻拍案惊奇》,合称"三言二拍",共收录白话短篇小说约200篇,不少作品具有较高的思想价值和艺术价值。清朝前期蒲松龄撰写的《聊斋志异》以叙述鬼怪故事为主,是一部脍炙人口的文言短篇小说集。

明清戏曲创作也趋向长篇化,情节更加曲折复杂,称为"传奇",代表作有明朝汤显祖的《牡丹亭》、清朝孔尚任的《桃花扇》和洪升的《长生殿》。在舞台演出方面,明朝中叶在江苏昆山一带形成的昆曲长期占据统治地位。清朝乾隆以后,以安徽的徽调为基础,吸取昆曲和其他地方戏的一些

优点,在北京形成了京剧,并且逐渐成为全国最流行的剧种。

科技　明清是我国古典科学技术的总结阶段,明朝后期的几部科技巨著是这方面的突出代表。

医药学家李时珍历时30余年,写成190万字的《本草纲目》,记载药物近1,900种、方剂1万多个,是古代中药学的集大成著作。

徐光启著《农政全书》,系统地总结了此前历代的农业政策、制度以及农业生产技术,是一部实用性很强的农学典籍。书中还介绍了欧洲的水利技术和农业工具。

知识链接

从16世纪后期起,一些欧洲的天主教传教士前来中国传教,代表人物有意大利人利玛窦(Matteo Ricci)等。徐光启等开明士大夫与这些传教士合作翻译了不少西方科学书籍。清朝前期,传教士运用欧洲先进的测绘技术,帮助清政府绘制了全国地图。

宋应星著《天工开物》,总结当时的农业、手工业生产技术,对所载各项技术作出详细说明,并且附有插图。它被誉为"中国17世纪的工艺百科全书"。

徐宏祖(号霞客)是古代著名的探险家和地理学家,曾周游全国许多地方,深入考察各地的地理、地质状况,写成《徐霞客游记》。书中对石灰岩溶蚀地貌的观察和记述,早于欧洲约200年。

思考题:

1. 如何评价明清思想界的新变化?
2. 为什么说明清是我国古典科学技术的总结阶段?
3. 谈谈明清小说。

下　编

中国近现代史

第二十九章
鸦片战争

为什么说第一次鸦片战争的爆发标志着中国进入了近代？

一、鸦片战争前的中英贸易

中国的对外贸易由来已久，两宋时期对外贸易税收成为政府重要的财政来源。据比较可信的历史记载，中国至少从南宋开始已经设立专门的对外贸易管理机构。明朝时期由于沿海倭寇的侵扰，一度实行海禁政策。1723 年（雍正元年），因与罗马教廷发生礼仪之争，雍正帝不许外国传教士进入中国内地传教，并限制贸易。到 1757 年（乾隆二十二年），乾隆帝下令除广州十三行外，停止厦门、宁波等港口的西洋贸易，这就是清朝的“一口通商”政策。十三行是指清政府指定的十三家可以与外国人做买卖的机构。当时的“一口通商”政策对外国人有严格的限制，夏秋两季是买卖季，外国人可以住在十三行，买卖完了，他们必须到澳门去过冬。外国人在十三行住的时候，照法令不能随便出游，只有逢八的日子（农历初八、十八、二十八）可以由通事领导到河南（今广州珠江以南，今天的芳村）的“花地”去游玩一次。他们不能带武器进广州。外国女人不许进去，以防“盘踞之渐”。

外国人最初虽对中国的通商制度不满意,但觉得既是中国的定章,最终还是容忍了。但到18世纪末的时候,情况发生了变化。这时中国的海外贸易大部分在英国东印度公司手里。在广州的外国人中,英国人已占领袖地位。随着英国工业革命的开展,昔日的手工生产都慢慢变成了机械制造,海外市场对英国来说越来越重要。英国人认为,中国对通商的限制不利于英国商业的发展。

当时的欧洲人把乾隆帝视为开明君主,英国人认为在华通商所遇到的困难都是广州地方官吏造成的,如果有办法跟乾隆帝接洽上,相信乾隆帝必定愿意改革。1792年(乾隆五十七年)正值乾隆80岁大寿,英国派马戛尔尼为全权特使来华,并且带来了上等的礼品。乾隆十分高兴。但是,乾隆仅把马戛尔尼当作一个藩属的贡使看待,双方一开始就因跪拜礼问题闹得不开心。当英方提出中英平等并且扩大贸易时,乾隆帝傲慢地表示:我中华帝国都有,不需要。英国这次和平交涉完全失败了。

在清政府"一口通商"政策下,中国始终处于贸易顺差状态。中国的丝绸、茶叶、瓷器等成为欧洲宫廷的"最爱",风靡开来。

乾隆帝拒绝英国的贸易要求,也有传统中国社会结构的原因。传统中国,即前工业时代的农业中国,就是一个士农工商的"四民社会"。士大夫阶层是传统中国的统治阶层,人数不多。商人阶层也不大,因为政府采取"重农抑商"政策,商业资本受到遏制。至于手工业者,人数不少,但自生自灭,不在政府的考虑范围内。最后一个农民阶层,体量最大,地位最低,他们是自给自足的自然经济的主体。他们不需要工业品,一切用度来自农业。

问题很快出现了。自马戛尔尼访华之后不到半个世纪,英国不法商人找到了用鸦片抵消贸易失衡的办法,这被马克思斥为"罪恶的鸦片贸易"。鸦片输入中国有很久远的历史,至少唐代已有少量的输入,但那时主要是作为药用。英国东印度公司成立之后,开始向中国走私鸦片。清乾隆初年,鸦片输入每年约400箱,每箱约100斤。到了嘉庆初年,输入变为 10 倍,每年约 4,000 箱。道光时期,鸦片输入增长最快。道光元年(1821)输入 5,000 箱,道光十五年(1835)增加到 3 万箱,价值约 1,800 万元。

二、虎门销烟

鸦片贸易发展到此时,已不再仅仅是一个贸易问题,而是关系到中华民族存亡的大灾难。1835 年,全国吸食鸦片者已达到 200 万人以上。吸食者已不限于无业游民、士绅平民,而且包括达官贵人和军队官兵。针对这种情况,魏源指出,鸦片在整个中国的泛滥,不仅蛊惑人的心志,还会使中国人形骸枯槁,伤害人的性命,实在是比洪水猛兽还要厉害得多的大患。朝野有识之士疾呼,应该坚决禁止鸦片的走私和泛滥。

1838 年 6 月,鸿胪寺卿黄爵滋上书清政府,建议坚决禁止吸食和贩卖鸦片。道光皇帝将黄的奏折批转给直隶、盛京、吉林等省的总督、巡抚进行讨论。各省督抚虽不公开反对黄爵滋,但总觉得他的办法太过激进。他们说,吸食者只害自己,贩卖者则害了很多人,所以贩卖者的罪应重于吸食者的罪,广州是鸦片的总进口港口,大烟贩子都在那里,要禁烟应从广州开始。

唯独两湖总督林则徐完全赞成黄爵滋的主张,并提出各种实施办法。他在给皇帝的奏折中痛切地指出:鸦片已流毒于天下,倘若仍不予以正视,是使数十年后,中原几无可以御敌之兵,且无可以充饷之银。

1838 年 12 月,清政府任命林则徐为钦差大臣去广东查禁鸦片,并委派他节制广东水师。

1839 年 3 月,林则徐抵达广州。他首先下令查明烟馆以及中国的鸦片商人,然后决定没收外国商人的鸦片。3 月 18 日,林则徐宣布,中外商人必须把所存或藏在中国领海内船只上的全部鸦片上缴地方当局。作为补偿,林则徐同意凡上缴鸦片的外国商人,每一箱鸦片可以获得 5 斤茶叶的奖赏。同时,为了禁止鸦片走私贸易,林则徐要求所有外商必须具结保证不在中国贩卖鸦片,暂时中止对外贸易,禁止在广东的外国商人在交出全部鸦片之前离开广州。在林则徐强硬措施的打击下,英国驻华商务监督义律被迫同意英国商人将鸦片上缴广东当局。6 月 3 日,林则徐将收缴的鸦片在虎门公开销毁,至 6 月 25 日,外国商人先后上缴的 19,179 箱、共计 237 万余斤鸦片全部被销毁。在交出鸦片之后,在广州的所有英国人都跟随义律到了澳门。林则徐的禁烟运动在第一阶段取得了成功。

知识链接

林则徐(1785—1850),福建省侯官人,政治家、思想家和诗人,主张严禁鸦片。1839 年,林则徐于广东禁烟时,派人明察暗访,强迫外国鸦片商人交出鸦片,并将没收的鸦片于 1839 年 6 月 3 日在虎门销毁,史称"虎门销烟"。虎门销烟使中英关系陷入极度紧张状态,成为英国入侵中国的借口。林则徐一生力抗西方入侵,但对于西方的文化、科技和贸易则持开放态度,提出并着力翻译西方报刊和书籍,编有《四洲志》。

三、鸦片战争的经过

英国商人不甘心放弃鸦片贸易,他们一直在借机寻衅。1839 年 7 月 7 日,一群英国水手同中国人在九龙半岛发生冲突,打伤了一些中国人,其中一人很快死去。义律充当主审,判处五名水手少量罚款和几个月监禁。广东当局则要求英方将凶犯交给中国法庭,因为凶杀案发生在中国领土上,英国法律在当地没有任何效力。义律当然不会同意广东当局的要求,于是林则徐在 8 月 15 日下令抵制英国商品,并停止供应英国人粮食。8 月 25 日,英国人只好离开澳门,退回到他们的商船上。

恼怒的英国人开始蓄意挑起中英之间的冲突。9 月 4 日和 11 月 3 日，英国海船在九龙半岛附近和珠江口穿鼻洋附近两次与中国帆船发生武装冲突。鉴于这种状况，清政府于 11 月 26 日下令断绝对英国人的一切贸易。

林则徐严厉的禁烟措施，尤其是清政府断绝与英国一切贸易的决定，在英国引起了极大的反响。曼彻斯特、伦敦等地与中国有商业往来的数百家企业纷纷要求英国政府立即过问对华贸易问题，并要求政府派遣远征军去中国，企图以军事压力迫使中国政府就范，被没收鸦片的英国商人甚至力图说服政府要中国赔偿被销毁的价值两千万美元的鸦片。12 月 26 日，英国怡和洋行的主管查顿向英国外交大臣提交了一份对华制裁的计划，建议英国政府用武力封锁中国沿海的一些重要港口，并向清政府提出如下要求：1. 对英国臣民在广州受到的侮辱表示道歉；2. 赔偿林则徐从英商手中缴获的鸦片；3. 同英国签订通商条约；4. 为外商开放福州、宁波、上海和胶州等四个口岸，英国军队必须暂时占领舟山群岛和厦门。

针对英国的强硬要求，中国方面尤其是林则徐做好了最坏的打算。他采取了一整套措施加强广东的海防和提高军队的战斗力，从美国和葡萄牙等国购买了新式武器，检修了炮台和防御工事。在备战的同时，林则徐继续开展不妥协的禁止鸦片贸易的运动。1840 年 1 月，他下令将从事鸦片走私贸易的英国商人逐出中国国境，并要求英国及其附属国臣民立即将他们的所有商品运出中国港口。1 月 16 日，林则徐照会英国女王，强调英国如果想恢复对华贸易，就必须杜绝罪恶的鸦片贸易。

英国方面并没有接受中国方面的劝告。1840 年 1 月，英国女王公开宣称，英国政府支持义律在中国的行动。随后，英国政府下达向中国派出远征军的命令，要求远征军首先占领舟山群岛，然后派分舰队北上天津一带。英国政府还照会中国政府，要求中国政府在英国指定的条件下签订英中条约。如果中国拒绝英方的要求，那么英国的远征军将用武力封锁中国沿海的一些主要港口。

1840 年 6 月 9 日,在中国的领海上出现了英国的第一艘兵船。至 6 月底,抵达中国的英国军舰已有 17 艘,远征军共有三个团和工程部队,总数约 4000 人。他们在封锁了珠江口之后,立即派分舰队北上,7 月 4 日抵达舟山群岛,并很快占领了定海。8 月 9 日,英国远征军分舰队抵达离天津只有几公里之遥的白河口。8 月 16 日,英军向清政府提交照会:1. 赔偿在广东没收的英商鸦片;2. 赔还英国商人多年欠款;3. 对英政府驻华代表义律所受广东当局的侮辱赔礼道歉;4. 由英国方面选择,把中国沿海一岛或数岛割让给英国;5. 赔偿英国对华远征军军费。

英国兵临城下、直驱京师的举动和蛮横的要求终于吓坏了道光皇帝和清政府。清政府内部在鸦片问题上本来就意见不一。主张抵抗者大多数出于爱国义愤,但也有部分主张抵抗者内心并不纯净,如反对一切外国人的闽浙总督颜伯焘和主张中国保持闭关自守状态的两江总督裕谦等。而清政府中反对禁止鸦片和主张不抵抗的力量一直很强,如军机大臣穆璋阿,直隶总督琦善,满洲贵族奕山、奕经、耆英、伊里布等,他们或同鸦片走私多有关系,或担心汉族人会趁清政府抵抗英国的时机推翻满族人的政治统治。两害相权取其轻,清政府为了维护满洲贵族的统治,决定采纳穆璋阿的建议,对英国的要求不断退让和妥协。8 月 30 日,琦善同英军开始谈判,除了赔偿在广东销毁的鸦片烟价和把中国沿海数岛永远割给英国这两点之外,清政府被迫满足了英国照会中提出的各项要求。9 月 4 日,清政府下令恢复中英之间业已中断的贸易。17 日,清政府又指示沿海各省总督和巡抚,禁止向英国军舰开火。29 日,清政府下令免除林则徐的职务,任命琦善接替。11 月,清政府颁布上谕,开放烟禁。

清政府单方面的妥协并没有换来英国方面的退让,1841 年 1 月 7 日,英国军队攻占珠江口重要的防御地点。琦善与义律又进行了包括割让香港在内的所谓“穿鼻草约”谈判。但琦善此时已自身难保,不敢就签约一事进行谈判,谈判停止。

琦善没有将“穿鼻草约”的内容如实向清政府报告,而北京方面在获知英军1月7日向珠江口进攻的消息后，于29日正式向英国宣战。2月1日，清政府任命奕山为靖逆将军驻广州，广东境内重新开始了军事行动。2月25日，英军向珠江要塞发动进攻，虎门陷落，广东水师提督关天培壮烈殉国。3月20日，广东当局下令恢复外国在广东的贸易，鸦片走私活动在英国军舰的掩护下更加猖獗。5月21日晚，奕山命令清军用炮火袭击停在珠江江面上的英国军舰。24日，英军陆战队登陆作战，而奕山却下令广州外围要冲的全部守军撤到城里，关闭城门，遂使英军畅行无阻，迅速占领广州城外的军事据点，开始了对广州孤城的围困。26日，困境中的奕山向英军求和。27日，双方签订《广州和约》，规定：1. 协议签订后六天内，钦差大臣联同从外省调来广东的军队必须离开广州，退到离广州六十英里以外的地方；2. 从27日起，一周内中国人必须向英方赔款600万元，当天日落前须先付100万元；3. 为使中方执行上述两条，英军留驻广东各防地，其中包括虎门炮台。

广东当局的退让、妥协，以及英军的无恶不作，深深地激怒了广东人民。在一些爱国士绅的组织下，他们自发地成立了"平英团"，并于5月30—31日，在广州郊区三元里举行了声势浩大的武装行动，迫使英军退回军舰。

6月1日，停战协议期满，广东当局基本上履行了协议规定的条件，英国军队开始撤离广州。第一次鸦片战争在广东地区的战役基本结束。

清政府在广东战事结束之后以为中英之间的冲突也随之结束，遂下令从广东撤走外地援军，并命令恢复中英之间的贸易往来。然而英国方面对结果根本不满意，1841年8月，英国政府任命璞鼎查取代义律出任英国驻华代表和武装力量司令，他们计划把战事扩大到长江流域，重新占领舟山群岛，夺取长江战略要地，迫使清政府满足英国政府的全部要求。8月27日，英军占领厦门；10月1日，攻占定海；10月10日攻陷镇海；10月13日，攻占宁波。1842年3月15日，英军溯长江而上，5月18日攻占乍浦；6月19日，攻占上海。7月15日，英国军舰驶入长江北岸大运河入口处瓜洲。7月21日,英军占领通往南京的军事要地镇江,直接威胁南京城。8月8日,清政府全权代表耆英和伊里布奉命抵达南京与英军议和。8月29日,双方在英国军舰上签订了中国近代史上第一个不平等条约《南京条约》。

根据《南京条约》第二款规定,中国为英国贸易开放广州、厦门、福州、宁波、上海五处港口,英国人在这些港口享有不受限制的通商、居住等特权,从而建立起所谓"港口开放制度"。条约第三款规定,清政府将香港岛割给英国"常远据守"。条约第四款规定,中国向英方赔偿1839年在广州销毁的鸦片600万元。条约第五款宣布英商有权在中国自由贸易,从而取消了"公行"制度;根据该条款,中国应再付给英商300万元,以补偿公行对英商的欠款。条约第六款规定,中国向英国赔偿战争费用1,200万元。根据条约第十款的规定,中国丧失了关税自主权。

《南京条约》不过是战后新邦交及新通商制度的大纲,次年的《虎门条约》才规定细则。考量鸦片战争对中国的影响时,应当将《南京条约》及其附件合并一起思考。

第一,赔款2,100万元;第二,割让香港岛;第三,开放广州、厦门、福州、宁波、上海为通商口岸;第四,海关税收标准详细载明于条约,非经两国同意不能修改,即所谓协定关税;第五,在中国的英国人只受英国法律和英国法庭的约束,这就是治外法权;第六,中英官吏平等往来。当时人们最痛心的是五口通商。他们觉得外国人在广州一口通商的时候已经不易防范,现在有五口通商,外国人将来会横行天下,防不胜防。至于割让土地,国人当然也是反对的。但是,香港在割让以前毫无商业或国防上的重要性,英国人初提香港的时候,北京的当权者甚至还不知道香港在哪里。协定关税和治外法权是近些年来研究者认为不平等条约的核心,可是当时的人却不这样看治外法权。在道光时期的中国人眼里,这不过是"让夷人管夷人",协定关税也是如此。他们认为条约规定了关税率,可以防范广东地方的苛捐杂税引起的中外矛盾,对我们来说更方便、更省事。

以至于条约签订后，中国外交官还洋洋得意，认为他们的外交是成功的。这反映了在那个时代，中国人完全不懂国际公法和国际形势，所以他们放弃了不应放弃的。《南京条约》及其附件对中国后来的发展变化具有决定性的意义。它一方面为外国资本正式进入中国开通了道路，成为外国资本奴役中国的开端。另一方面，该条约彻底打破了中国长期以来闭关锁国的状态，用强力的手段迫使中国不得不卷入世界资本主义体系，中国开始了近代化的艰难历程。资本主义的因素在中国开始成长，但这种成长并不是通过中国国内的资本主义独立发展实现的，而是通过外国殖民者对中国的强行奴役达成的，从此中国开始沦为半殖民地半封建社会，中国的社会性质、革命任务、社会主要矛盾都发生了变化。因此我们把鸦片战争作为中国近代史的开端。

四、第二次鸦片战争

时隔 15 年后，战火再燃。随着英国等资本主义国家工业革命的深入开展，其对海外市场的需求越来越大，而自给自足的自然经济使中国市场始终无法满足资本主义快速发展的需求。1856 年，英国联络美法两国，向清政府提出修订条约、扩大侵略权益的要求，遭到拒绝后，决定采用武力解决问题，第二次鸦片战争爆发。1858 年，清政府被迫分别与英法两国签订《天津条约》。条约规定：允许外国公使进驻北京，增开沿海沿江十处通商口岸；赔偿英法巨额白银（对英赔款 400 万两，对法赔款 200 万两）；允许外国人到中国内地游历、经商和传教；外国军舰和商船可在长江各口岸通航等。不久，英法两国借口不满清政府指定的进京换约路线，再起冲突。英法联军攻陷天津、北京，洗劫并火烧圆明园，咸丰帝逃往热河。1860 年，清政府又被迫与英法两国分别签订《北京条约》。条约规定：承认《天津条约》有效；增开天津为商埠；割九龙司地方一区给英国；对英法赔款增至 800 万两白银。美俄两国也趁火打劫，强迫清政府与它们签订不平等条约。特别是沙皇俄国,通过《瑷珲条约》《北京条约》等,占领了中国 144 万多平方公里的领土。

第二次鸦片战争是第一次鸦片战争的继续,使中国丧失大片领土,主权受到更严重的侵害。中国半殖民地半封建社会程度进一步加深。

思考题:

1. 结合《南京条约》及其附件内容,谈谈如何理解第一次鸦片战争标志着中国近代史的开端。

2. 有人说,如果没有林则徐的虎门销烟,第一次鸦片战争就不会爆发,请谈谈你的看法。

第三十章
太平天国运动

太平天国运动与中国历史上的农民起义有何不同?

一、拜上帝会

西方列强通过第一次鸦片战争用大炮打开了中国市场,将中国强行拖入世界一体化的经济体系。它严重地破坏了中国固有的经济发展方式,极大地影响了中国下层民众的日常生活,使中国国内阶级矛盾和民族矛盾急剧尖锐化,并由此导致太平天国农民起义的爆发。正如马克思在《中国革命和欧洲革命》一文中分析的那样,推动太平天国农民起义的毫无疑问是英国的大炮,以及英国用大炮强行输入中国的鸦片。

根据《东华录》不完全记载,1841—1849 年,中国各省大约有 110 次自发性的农民暴动和武装起义。1848—1850 年,仅仅在广西一省,就先后爆发了几十次具有相当规模的武装起义。

在这些农民武装起义中,秘密会社起到过重要的作用。秘密会社在中国传统农业社会中具有悠久的历史,是根深蒂固的民族和乡土观念下的必然产物。秘密会社的规模大小不等,成员也比较复杂,但一般以下层社会的农民、手工业者、无业游民、乞丐以及那些在考场、官场失意的士绅为主。

太平天国运动的创始人洪秀全就是一位三进考场而没有获得秀才功名的小知识分子,但考试经历使他获得了其他机会。据记载,洪秀全在广州应试的时候,通过在那里的西方传教士了解到基督教的一般教义,尤其是对基督教人人皆平等的思想印象深刻。1843 年,洪秀全说服他的一些亲戚朋友加入基督教,开始组织“拜上帝会”。最早追随洪秀全的是他的堂兄弟洪仁玕和密友冯云山。冯也是一位乡村教师,才智过人、精力充沛,后来成为太平天国运动杰出的领导者之一。

知识链接

洪秀全(1814—1864),广东花县人、汉族客家人,太平天国运动的领袖。他在道光年间屡应科举不中,便吸取早期基督教教义中的平等思想,创立了影响深远的拜上帝会,发动了太平天国农民起义。洪秀全 1851 年建立太平天国,称天王,1853 年以南京作为首都,改名天京。1864 年洪秀全在天京自尽,太平天国运动失败。洪秀全领导的太平天国运动席卷了大半个中国,对清王朝乃至中国近代历史的发展产生了深远的影响。

经过几年坚持不懈的宣传、鼓动和组织,至 1847 年年底,拜上帝会的领导核心已基本确立。除了作为思想领袖和指导者的洪秀全及负责实际组织工作的冯云山以外,农民出身的杨秀清、萧朝贵、石达开,矿工出身的秦日纲以及小地主出身的韦昌辉等后来一些重要的领导人,都已聚集在洪秀全的周围。

二、定都天京

1850 年 6 月,广西许多县发生农民骚动或暴动,拜上帝会的主要活动区域紫荆山一带也极不安宁。洪秀全等人认为形势对他们起事极为有利，于是命令广西、广东两省凡信奉真上帝的人立即组织起来，向紫荆山南面的金田村集结，很快就组织起大约 2 万名武装男女。11 月，他们在金田村建立军营，按军事编制建立了一支队伍。经过一番周密的部署和整编，1851 年 1 月 11 日，洪秀全在金田村率众起义，建号太平天国。3 月，洪秀全自称天王。

在此后的几个月里，太平军与清军开始发生直接冲突，并接连取得几个战役的胜利。但到了 9 月，更多的清军包围了紫荆山，太平军被迫离开自己的基地，占领了紫荆山东北 100 多公里处的永安。

在永安的日子里，太平天国建立起自己的官制、组织系统，并制定了一些必需的政纪和军纪。1852 年 2 月，在永安的太平军被数量上和装备上占优势的清军包围。不得已，太平军于 4 月初自永安突围，入湖南，攻长沙，是役，太平军南王冯云山和西王萧朝贵牺牲。随后太平军由岳州进入湖北，连克湖北重镇汉阳、汉口，围攻武昌。1853 年 1 月，太平军攻克武昌，水陆并进，蔽江东下，连克九江、安庆、芜湖等地。3 月，太平军占领南京。洪秀全像皇帝一样乘坐 36 人扛抬的大轿入城，东王杨秀清的乘轿则由 16 人抬着。洪秀全将南京定为都城，并将其改名为天京。

知识链接

唐德刚在《从晚清到民国》一书中，描述了当时洪秀全乘“龙船”在下关江边登陆时的情景：洪秀全坐船上，船首雕一龙头，饰以金彩；舵间雕一龙尾，伪称王船。遍插黄旗。两旁排列炮位十余尊，钲鼓各一，朱漆龙棍大小各二。船上点灯三十六盏。关于洪秀全初入天京是怎样一种气派呢？下面继续引用当时一位围观者的描述：某日，东王杨秀清躬率诸王百官及圣兵恭迎天王于龙舟中。东王衣红袍，戴貂帽，如宰相服饰。其余各首领或戴官帽，或插竖鸡毛，带兵十数万，簇拥跪迎。是日天色晴明，旌旗蔽空;各官皆骑马,带兵勇前驱。其次则各王皆坐黄轿,轿顶一鹤,后皆有王娘及大脚妇数十人骑马从焉。天王之帽如演剧长生殿唐明皇之帽,黄绣龙袍、黄绣龙鞋、不穿靴,坐一黄色大轿,轿顶五鹤朝天,用十六人舁之。舆夫皆黄马褂、黄帽。前队旗帜兵卫数百对。次锣鼓手若干对,次吹鼓手八人,各穿制服。太子(皇子)二人,一骑马,一抱在乳媪手中。天王轿后,妇人三十六人从,皆大脚短衣长裤,不穿裙,骑马,手执日照伞。最后拥兵卫者,亦不计其数。盖驱策万众,喧阗数十里,居然万乘之尊。

太平天国定都之后不久,便颁布《天朝田亩制度》,阐明重新分配全部土地的一般原则,确立农村中的乡官制度,实行独立自主、反对外来侵略的对外政策。1853 年 5 月,太平军举行北伐和西征,各地天地会、捻军纷纷响应,发动起义或配合太平军的军事行动。

《天朝田亩制度》是太平天国颁发的一部纲领性文件,是洪秀全等人根据《原道救世歌》《原道醒世训》等著作中阐述的平等思想而提出来的。他们希望通过这样的方案,建立“有田同耕,有饭同食,有衣同穿,有钱同使,无处不均匀,无人不饱暖”的理想社会。主要内容:1. 宣布一切土地和财富都归皇上帝所有。确定“凡天下田,天下人同耕”的原则,规定“凡田分九等”“凡分田:照人口,不论男女好坏各一半”的分田办法。2. 规定县以下行政制度,设立各级乡官,并规定乡官的保举、升贬、奖惩办法。凡居民 25 家为一“两”,设“两司马”负责管理生产、分配、教育、宗教、司法以及地方武装等工作。3. 规定余粮、余钱缴“国库”的办法,每家农副业收获后,扣除口粮外,其余送缴“国库”按制发给。4. 废除封建买卖婚姻,规定“凡天下婚姻,不论财”。太平天国在其占领区虽多次颁布该文件,但未实施平分土地的规定。《天朝田亩制度》反映了农民要求获得土地的强烈愿望,是几千年来农民反封建斗争的思想结晶。但是,它体现的绝对平均主义思想,严重脱离实际,根本无法实现。

1853 年 5 月,太平军分兵北伐和西征。太平军的北伐震动京师,而西征则先后占领了安庆、九江、武昌等军事重镇。1856 年春夏，太平军连破清军江北、江南大营，将太平军的军事成就推向辉煌，清政府对之极为恐惧。

三、天京变乱

战争状态的太平军比较容易维系内部的团结，而当他们进城建立起相对稳定的政权之后，其内部的矛盾便很快显现出来。东王杨秀清居功自傲，独揽大权，挟制天王，压制同僚。待清军江南大营被攻破之后，杨秀清更加专横，竟然逼洪秀全封他为万岁，这不仅引起诸王的不满，也引起天王洪秀全的高度猜疑。1856 年秋，洪秀全密诏北王韦昌辉、翼王石达开等回天京解除杨秀清的威逼。韦昌辉在进京残杀了杨秀清之后乘机扩大事态，诛杀杨氏家属及其部众数万人。

一个月后，石达开回到天京，得知韦昌辉的暴行及天王洪秀全的意图后，对韦的行为深为不满，抱怨杀戮太过，表示罪责止在东王一人，不应殃及他的从人。北王此时竟也想杀掉翼王。虽然翼王设法乘黑夜脱了险，但他的家人和亲戚全被杀害了。

返回军营的石达开立即调集亲信部队 4 万余人于 11 月初围困天京，要求洪秀全处决韦昌辉及其他残杀无辜的祸首。韦昌辉在天京的暴行不仅引起军队和一般民众的不满，实际上洪秀全对韦昌辉也已失去信任。于是洪秀全利用石达开大兵压境的机会，下令逮捕并处决了韦昌辉及其追随者。11 月 28 日，洪秀全委托石达开主持朝政。

石达开在太平军中很有威望，但是他在主持朝政期间不仅无法弥合太平军高层的内讧和不信任，而且自己也很快受到洪秀全的猜忌。不得已，石达开于 1857 年 5 月离京出走，后带领 20 万大军单独行动，在随后七年中转战数省，最终于 1863 年在四川被杀。

四、天京陷落

杨韦事变和石达开分军出走,使太平军遭受了无法弥补的重大损失,太平天国运动由此出现从盛到衰的根本转折,武昌、镇江、九江相继失守,天京也被清军团团围住。1859 年,洪秀全的堂弟,也是其最早的信徒洪仁玕在蛰居香港多年后来到南京,太平军士气才稍为振作。洪仁玕被封为干王及总理,借鉴在香港的所见所闻,提出振兴天国的《资政新篇》。

《资政新篇》,由洪仁玕撰写,1859 年刊行。洪仁玕 1859 年 4 月被封为干王,总理太平天国政事。他向洪秀全提出了一个改革内政和建设国家的新方案——《资政新篇》。《资政新篇》经洪秀全批准后,作为官方的文书正式颁行,是太平天国后期的重要文献。它的主要内容有:向西方学习,以法治国,官吏由公众选举;发展工商业,奖励技术发明;开设新式学堂等。《资政新篇》具有鲜明的资本主义色彩,是近代中国的先进人士最早提出的发展资本主义的近代化纲领,集中反映了当时思想先进的中国人向西方寻找真理和探索救国救民道路的迫切愿望。但由于农民阶级自身的局限性以及没有付诸实施的客观环境和条件,《资政新篇》对太平天国运动的发展未产生显著作用。

在军事上,虽然洪秀全提拔年轻将领陈玉成、李秀成重整军威,并相继再破清军江南、江北大营,获三河大捷,攻克常州、苏州,但实际上太平军已经无法再与清军相持下去。尤其是第二次鸦片战争后,西方列强公开支持清政府镇压太平天国,于是在中外势力的联合镇压下,苏州、杭州相继失守。1864 年 7 月,天京也被曾国藩的湘军攻陷。长达 14 年与清政府南北对峙、纵横南方 18 个省区的太平天国运动就此失败。

知识链接

曾国藩(1811—1872),湘军创立者。曾国藩是一位极具争议的历史人物,作为官员,他血腥镇压了太平天国运动;作为实业家,他是洋务运动的代表性人物,中国工业近代化的先驱。作为理学家,他的思想对后世影响甚大。曾国藩与胡林翼并称曾胡,与李鸿章、左宗棠、张之洞并称"晚清四大名臣"。曾国藩作为一个严肃的儒士和忠臣,深知一个汉人只要权名稍稍过大,便会招来满族统治者的猜忌。故他在攻克南京仅17天后,便提议遣散湘军。

思考题:

1. 谈谈太平天国运动与以往农民起义的不同在哪里?

2. 评价《天朝田亩制度》的历史进步性和局限性。

第三十一章
洋务运动

清政府发动洋务运动的直接原因是什么?

一、开眼看世界

太平天国运动失败之后,近代中国的农民革命运动转入低潮,清朝的政治统治进入一段相对稳定的时期。在这一时期,清朝的政治家、思想家有机会重新认识世界,重新考虑中国在世界舞台上的地位。

早在鸦片战争前夕,林则徐就已经开始留意外国的情况。他到广州查禁鸦片时,就曾组织专门的机构系统翻译西方的书报,并将其中有关西方国家历史、地理和政治状况的资料编辑成《四洲志》,开启了中国人重新认识世界的艰难历程。

知识链接

《四洲志》是由林则徐主持编译的一部世界地理著作,成书于清朝末年,书中简要叙述了世界四大洲(亚洲、欧洲、非洲、美洲)30 多个国家的地理、历史和政治状况,是近代中国第一部相对完整、比较系统的世界地理志书。

鸦片战争的失败，给中国知识界带来空前的震动，长期盘桓于士大夫头脑中的“天朝上国”的迷梦开始破灭。他们面对随之而来的一系列“可骇可耻之事”，不得不思索这样的问题：为什么久负天朝上国盛名的大帝国竟然被来自海天万里之外的英吉利小国战胜？他们从这一失败的事实中深刻地体会到，为了中国的未来，为了“筹制夷之策”，中国必须了解西方，知彼虚实。于是中国近代最早一批研究西方国家的著作，如魏源在林则徐《四洲志》基础上扩充完成的《海国图志》、徐继畲的《瀛环志略》等在19世纪40年代相继出版。魏源还在《海国图志》中提出向西方学习的思想，主张“师夷长技以制夷”，强调中国应该学习西方国家在科学技术方面的长处，建议在广东设置造船厂和火器厂，延聘西方国家的工程技术人员来中国传授知识和技术，从而使中国“风气日开，智慧日出，方见东海之民，犹西海之民”。

知识链接

《海国图志》是中国著名思想家魏源的作品。《海国图志》的全部内容都围绕“夷”这个中心展开，正如序言中述及“是书何以作？曰：为以夷攻夷而作，为以夷款夷而作，为师夷长技以制夷而作”。该书全方位地介绍了世界各国的地理、历史、政治、经济、军事、科技，乃至宗教、文化、教育、风土等情况。《海国图志》的主旨是“师夷长技以制夷”，所以如何造西洋炮、西洋船等近代军事科技资料，但凡能搜集到的，无不汇聚于书中。这是中国有史以来未曾有之书，后来传播到日本，对明治维新也产生了一定的影响。

太平天国运动失败之后，国内稳定的政治局势为魏源的主张由理想变成现实提供了必要的条件。1858年，年老的兵部左侍郎王茂荫将《海国图志》奏请御览，盛赞该书为“守之法、战之法、款之法”。李鸿章的幕僚

冯桂芬在1861年出版的《校邠庐抗议》中明确地表达了“以中国之伦常名教为原本,辅以诸国富强之术”的思想。这一思想成为后来张之洞“中学为体,西学为用”主张的基础和源头。

知识链接

《校邠庐抗议》是一部政论集,也是近代思想家冯桂芬的代表作。作者针对清咸丰朝以后的社会大变动,以及当时科技水平落后于西方国家的状况,向当权者提出了一系列改革方案。此书共收政论47篇,内容涉及政治、军事、文化、生产、经济等领域,指出了中国向西方学习的时代方向,集中体现了作者的开放思想。其中采西学、制洋器、改科举等多项建议被洋务派采纳,进而成为洋务政策。其处理中西学关系的原则“以中国之伦常名教为原本,辅以诸国富强之术”被概括为“中学为本,西学为用”,成为变法图强的理论根据,对清末政治、经济演变的影响甚大。

二、洋务运动

在镇压太平天国运动和两次鸦片战争的过程中,清朝统治者已经深深地感到,西方的军事技术与装备比中国的军事技术与装备要厉害得多。因此,在第二次鸦片战争期间,清政府内部就出现了一批主张筹办夷务即洋务的人。他们在清政府高层中的最显赫的代表人物是恭亲王奕䜣,还有内阁大臣桂良、军机大臣文祥。因镇压太平天国运动而崛起的汉族高官如曾国藩、李鸿章、左宗棠等也持相同的观点。他们的兴趣首先在于西方列强先进的射击武器和大炮、轮船、弹药的制造工艺。他们主张对中国长期以来的闭关锁国政策进行调整,与英、法媾和,按照近代西方国家的常规互设使馆、缔结条约,建立与西方国家正常的外交关系。1861年1

月,恭亲王奕䜣等人正式提出在京师设立总理各国事务衙门,在南北两地设立管理各通商口岸事务的两个钦差大臣(后来演化为南北洋大臣)等建议,长达30年之久的洋务运动正式启动。

知识链接

总理各国事务衙门,简称"总理衙门""总署""译署",是清政府为办洋务及外交事务而特设的中央机构,于1861年1月20日由咸丰帝批准成立。总理衙门最初主管外交及通商、关税等事务,后来也管理修筑铁路、开矿、制造枪炮军火等事务,总揽全部洋务事宜。总理衙门存在了40年,直到光绪二十七年(1901年),据清政府与列强签订的《辛丑条约》第12款规定,才改为外务部,但仍位列六部之上。

根据重点的变化和理念的变迁,洋务运动可分为三个阶段。第一阶段大致从1861年到1972年,强调建立翻译馆、新式学堂及派遣留学生去学习西洋的火器、机器、科学知识,并培养技术和外交的专业人才;推行一些维护与西方良好关系的外交措施,使中国能够获取这些国家制造舰船和军火装备的秘诀。随着洋务运动的推进,中国人越来越认识到,财富是权力的基础——一个国家要强大就必须富有。新式国防远比传统国防花费大,它必须有更好的交通体系、工业和企业作支撑。

1861年,曾国藩在刚刚从太平天国手中夺得的安庆建立了第一个现代化的军械所,并生产出子弹、炮弹等。1862年,李鸿章在上海开设洋炮局,聘请英国人马格里等负责管理。待从太平天国手中夺回苏州后,上海洋炮局迁往苏州,进口了一批外国设备,在生产军火的同时,也开始修理一些从国外购买的军舰。苏州洋炮局后来迁到南京,更名为金陵制造局。随后,天津、西安、广州、吉林、兰州和成都等地也相继建立了兵工厂和机器制造局等。

1864年,左宗棠在杭州设立造船厂。1865年之后,中国政局较为稳定,中外关系也较为缓和,于是机器制造即真正意义上的近代工业发展开始提上日程。1865年,李鸿章在上海创办江南制造总局。1866年,杭州造船厂迁往福州马尾,左宗棠大力扩展使之成为福州船政局,这是当时由中国人管理的最大的造船厂。1868年9月,江南造船厂制造的第一艘大型轮船下水,表明中国已经在一定程度上掌握了西方的科学技术,是中国由贫弱走向富强的转机。

知识链接

江南制造总局,是清朝洋务运动中成立的近代军事工业生产机构,为晚清中国最重要的军工厂,也是清政府洋务派开设的规模最大的近代军事企业。江南制造总局是近代中国最早的新式工厂之一,为江南造船厂的前身,同时也是近代中国最大的军火工厂。

洋务运动发展的军工企业具有鲜明的特点:其一,它们均为"官办"企业,带着官僚机构常见的无能及裙带作风,即使从事新式生产,仍保留着老式的行政管理程序。其二,它们在企业运作和材料方面依赖于洋人,其时似乎存在一种对洋人能力的盲目信赖。其三,这些军工企业成了创办它们的外省督抚们的权力根基,因而带有一种强烈的地方和"封建"气息。李鸿章的金陵制造局、左宗棠的福州船政局,以及各个区域性集团之间,几乎没有什么合作与协调。

李鸿章在1876年9月宣称:"中国之积弱不振,皆因贫穷之故。"因此,在1872—1885年洋务运动的第二阶段中,虽然国防工业仍然是主要的着眼点,但更多的关注投向了一些追求利润的企业,如轮船、铁路、开矿和电报等。

洋务运动对中国的一个重要影响是西方近代科学技术的引进和传

播。1861 年 1 月，清政府批准恭亲王奕䜣和军机大臣文祥等人在北京设立京师同文馆的建议，聘请外国教习讲授外语。1866 年以后，京师同文馆又增设天文和数学等科目。这标志着清政府开始主动培养学习西方近代科学技术的专门人才。1863 年 3 月，李鸿章建议仿照京师同文馆的体制，在上海和广州开设类似于京师同文馆的机构。1866 年 6 月，左宗棠建议在福州开设船政局及学习造船和轮船驾驶的学堂。1877 年，李鸿章建议在通商口岸城市普遍建立西学学堂，以便人们学习物理、化学、制图、机械、轮船驾驶、电工技术、军事学等学科，并建议将这些新式学科列入国家考试的科目，成绩优异者可以像科举考试一样获取功名。这些建议经过激烈的争论之后大都获得批准，从而为西方科学技术在近代中国的传播提供了基本的条件。

知识链接

京师同文馆是清末第一所官办外语专门学校，由恭亲王奕䜣和军机大臣文祥于 1861 年 1 月奏请开办，并于 1862 年 8 月 24 日正式开办。初以培养外语翻译、洋务人才为目的，以外国人为教习，专门培养外文译员，属总理各国事务衙门。该馆附设印书处、翻译处，曾先后编译、出版自然科学及国际法、经济学书籍二十余种。此外，还设有化学实验室、博物馆、天文台等。1902 年 1 月，并入京师大学堂。

建立同文馆、船政学堂等机构是为了引进西方科学技术，而更直接地掌握西方科学技术的精髓无疑需要派出自己的青年学子去西方学习。根据这一原则，清政府在 1872—1875 年先后派遣四批共 120 名青少年到美国去学习，开创了近代中国人留学的先河。1877 年，福州船政局船政学堂的一批毕业生也被派遣到欧洲各国见习 3 年，学习西方科学技术乃至社会科学方面的内容，其中就有严复等人。不过，派遣留学生的工作在当时并没有持续进行下去。1881年,留学美国的这些学生被突然召回国内,原因是清政府害怕他们在接受了西方文化的影响之后会怀疑中国文化相对于其他文明的优越性。

知识链接

严复(1854—1921),福建侯官县人,近代极具影响力的资产阶级启蒙思想家,著名翻译家、教育家。他先后毕业于福建船政学堂和英国皇家海军学院,曾担任京师大学堂译局总办、上海复旦公学校长、安庆高等师范学堂校长、清朝学部名辞馆总编辑。在李鸿章创办的北洋水师学堂任教期间,严复培养了中国近代第一批海军人才,并翻译了《天演论》、创办了《国闻报》,系统地介绍西方民主和科学,宣传维新变法思想,将西方的社会学、政治学、政治经济学、哲学和自然科学介绍到中国。

1879年,李鸿章在天津创办水雷学堂,1880年开办电报学堂,1881年创办水师学堂,1885年创办武备学堂。仅从这些学堂的名称来看,就不难发现西方近代的各类科学技术都或多或少地被引进中国,掌握近代科学技术知识的新知识分子阶层很快形成。

在重视培养自己的科技人才队伍的同时,洋务运动的主持者还格外注意西方科学技术著作乃至政治、法律等著作的翻译和出版。尤其是上海的江南制造总局翻译馆在这方面作出了极大的贡献,有力地促进了西方近代思想文化、科学技术在中国的传播。

洋务运动的第三阶段为1885—1895年,对陆海军建设的重视延续了下去。1885年组建海军衙门,1888年正式成立北洋水师。

1894年甲午战争中北洋舰队的全军覆没标志着轰轰烈烈地展开了30多年的洋务运动彻底破产。以"自强""求富"为目的的洋务运动虽然最终未能挽救清王朝,却标志着中国工业化的开始,并在中国播下了现代化的种子。它具有许多深远的影响：第一，大多数制造局、船政局、学堂和新派企业都开办在条约口岸及沿海和长江沿岸的城市，因为在那里最有可能获取洋人的帮助。这些有助于上海、南京、天津、福州、广州和汉口等大都市的发展。第二，周围农业地区的务农人口被吸引到这些城市中成为产业工人或劳工，促使这些城市的规模飞速膨胀，并逐渐形成一个新的工人阶级。第三，这些新型的工业和企业造就了新型的职业人士，如工程师、经理和实业家等。而那些留洋人士归国后，也逐渐成长为陆军、海军、学堂和外交机构中的领头人，他们促成了中国新的管理和实业阶层之诞生。

思考题：

1. 洋务运动在哪些方面进行了有益的尝试？
2. 洋务运动为什么以失败而告终？

第三十二章
19 世纪七八十年代列强的侵华活动

进入 19 世纪 70 年代,中国所面临的国际局势有哪些新动向?

一、日本侵略台湾

19 世纪 60—90 年代,随着早期资本主义垄断组织的发展及其逐步向帝国主义过渡,西方列强瓜分殖民地的活动趋于活跃。1869 年,苏伊士运河通航,中国与欧洲之间的航程大大缩短。1871 年,上海和外界建立了电报联系。这些都促使西方列强从 19 世纪 70 年代起开始改变对中国的政策。其中突出的一点就是从过去巩固不平等条约的方针,转变为对中国进行积极的商业和政治渗透,并加紧掠夺殖民地,采用卑劣的手段侵占中国周边的国家如缅甸、越南和朝鲜,以此作为渗透或占据中国边远各省的跳板。

1871 年之前,中日之间的官方往来已中断了 300 年之久。日本在明代(1368—1643 年)曾做过中国的朝贡国。那时,日本幕府为了通过经商增加国库的收入,接受了朝贡国的地位。从 1433 年至 1549 年,日本共有 11 个朝贡与通商使团浮海来华。但在 16 世纪中叶以后,具有民族主义情绪的日本政治家发觉这种关系很不体面,于是中断了朝贡的惯例,结束了与中国的官方往来。但那些被称为“倭寇”(意指矮小的海盗)的日本海盗,仍不断骚扰中国沿海,令明王朝恼怒不已。1644 年清王朝建立后,官方关系仍未恢复。直到 1870 年,日本明治政府决定与清王朝建立官方关系,派使节来北京,谋求订约,在李鸿章等官员的主张下,中日之间缔结了通商章程。

1871 年年底,54 名航海遇险的琉球(台湾北部的岛屿)水手被台湾原住民误杀,12 名生存者由中国政府送回琉球。此事与日本毫不相干,但日本竟以此为对外侵略的借口。1873 年,日本外务大臣来到北京,表面上是为了交换条约批准书,实际上是试探中国在台湾事件上的立场。

自 1372 年以来,琉球一直是中国的正式朝贡国。在清代,它每两年纳贡一次,与朝鲜和安南同为最重要的朝贡国。1609 年,日本的萨摩藩背着中国征服了琉球,将琉球北部置于它的直接管辖之下,而南部则仍由琉球国王治理。萨摩藩为了能从与中国的贸易中获利,指使琉球继续与中国保持关系。萨摩藩决定琉球的王位继承,但又允许中国派使册封,确认琉球国王的合法统治。当中国政府派使册封时,萨摩藩小心翼翼地不让岛上的日本官员和物品被发现,并教导居民如何回答中国政府的提问。虽然册封使者觉察到了岛上有日本人影响的痕迹,但清政府对琉球双重管辖的模式却一无所知。

因此,当 1873 年日本外务大臣到北京,提出为琉球代言的要求时,总理衙门直截了当地告诉他:台湾是中国领土的一部分,所以一方水手遭到另一方原住民杀害一事,与日本毫无关系。随后,日本效仿西方帝国主义,在亚洲推行扩张。1874 年 4 月,日本政府成立了远征台湾统帅部,发兵台湾。当时,清政府责令福建船政大臣沈葆桢防守台湾,但是,由金陵制造局铸造的大炮只能鸣放礼炮,如果实弹射击就会使炮身爆炸。不得已,在国际社会的几经调停下,清政府与日本签订条约,同意“赔偿”日本兵费 50 万两白银。此外,清政府还同意对日本的行为不加谴责,这一让步暗示着清政府承认了日本对琉球的主权。1879 年当清政府在新疆陷入同俄国的伊犁危机时,日本吞并了琉球,并更名为冲绳县。英国驻日公使巴夏礼爵士对此事作了讽刺性的描述:中国心甘情愿地为所受的侵略花钱付账,这不啻是邀请外国作进一步的侵略。

二、英国侵略中国西南边境

1874 年,为了勘察从缅甸到中国云南的通商道路,英国政府派遣了一支武装考察队到云南边境活动,引起了当地民众的恐慌,双方发生了冲突,考察队翻译、英国驻华使馆官员马嘉理于 1875 年 2 月被云南当地的民众杀害。马嘉理案为英国政府向清政府施压提供了借口,1876 年 9 月,李鸿章就此案与英国驻华公使在烟台达成一些协议,清政府除了向英国进行赔偿外,被迫同意英国有权在缅甸和云南省边境进行贸易,同意外国商品免交厘金,同意在各对外通商口岸设立特别司法机关会审公堂,以保护在华外国人的利益。

知识链接

李鸿章(1823—1901),晚清重臣,洋务运动的领袖,安徽省合肥人,淮军、北洋水师的创始人和统帅,建立了中国第一支西式海军北洋水师。其一生参与了一系列重大历史事件,包括镇压太平天国运动、镇压捻军起义、洋务运动、甲午战争等,代表清政府签订了《越南条约》《马关条约》《中法简明条约》《辛丑条约》等一系列不平等条约。

三、俄国侵占伊犁

英国从西南边境威逼中国,而刚刚于 1861 年废除农奴制的俄国也从中国的西北地区侵略中国。1871 年 7 月，俄国军队乘伊犁人民反抗清政府的机会占领伊犁，并乘机向中国提出割让领土的要求。1881 年 2 月，中俄双方在彼得堡达成协议，签订了《伊犁条约》。中国部分恢复对伊犁的主权，而俄国则保留伊犁西部的一块土地，并对中俄的部分边境进行了调整。清政府为了补偿俄国暂时占领伊犁所用的军费，同意向俄国赔偿 900 万卢布（白银 500 万两）。根据这个条约及同时修订的通商章程，俄国还获得了在新疆通商等一系列重要特惠条件。

四、法国侵略越南

1883 年 8 月，原本属于中国“保护国”的越南沦为法国的“保护国”，中法关系顿趋紧张。1884 年年初，包括黑旗军在内的 5 万清军在北宁与法国军队交战时惨败。8 月 23 日，法国军舰突袭福州马江内的中国海军，并炮轰马尾船厂，中国 11 艘军舰、19 艘商船全被击沉，马尾船厂也遭到毁灭。8 月 26 日，清政府下令桂滇各军进攻法军，前方将士屡挫敌锋，给法军以很大的打击。1885 年 3 月，中国军队收复谅山。但中国军队并没有乘机继续扩大战果，而是于 4 月接受了议和的协议。6 月 9 日，中法两国代表在天津签订《中法新约》，确认越南沦为法国的殖民地，进一步加深了中国西南边疆的危机。

知识链接

刘永福（1837—1917），反清黑旗军将领，1883 年率黑旗军参加中法战争，屡次大败法军。甲午战争期间，奉命赴台抗日，但最终失败。1895 年 5 月 25 日台湾割让后，台湾民众公推巡抚唐景崧为“台湾民主国总统”，刘永福为大将军。唐景崧内渡后，同年 6 月刘永福被公推为“台湾民主国总统”，但他三拒总统印，以抗日盟主的身份继续领导台湾民众抗日。

中法战争是由于法国侵略越南并进而侵略中国引发的一次战争。第一阶段战场在越南北部,第二阶段扩大到中国东南沿海。战争过程中,法海陆两军虽于多数战役占上风,但均无法取得底定全局的战略性大胜:法国远东舰队虽于海战赢得全胜,并一度攻占基隆,却因沪尾(今台北县淡水镇)一役受挫及疫病流行,无法达成拿下台湾岛的战略目的。而清军虽于初期海陆两军皆遭惨败,导致由恭亲王奕䜣领班的军机处被全面撤换(甲申易枢),但后期台湾及杭州湾防卫成功,且冯子材统率各部于镇南关之役给法国陆军带来较重伤亡,法军统帅尼格里也身受重伤。战争的失败直接导致法国总理茹费理内阁集体垮台。两国以此为契机,重启和谈,签订《中法新约》。受此战的影响,清政府于台湾设省,以刘铭传为巡抚,大力开展现代化防务及新政,并积极筹建北洋水师。

思考题:

1. 简述中法战争的过程与影响。
2. 列举19世纪七八十年代清政府边疆危机的表现。

第三十三章
改良思潮与戊戌维新

在反思30年洋务运动和甲午战争失败的基础上，思考戊戌维新是怎样一步步兴起的。

一、改良思潮

1885年中国在中法战争中的失败使持续20多年的洋务运动开始受到保守主义清流派和激进主义新兴思想家两方面的质疑。19世纪70年代以来，中国进入到一场围绕制度变革的旋涡中：皇帝和太后之间的权力斗争、保守派和激进派之间的争执、温和的改革者与激进的改革者之间的冲突，以及满汉之间的民族仇恨，等等，矛盾丛生、危机四伏。

制度性变革的缘起可以追溯到冯桂芬。他认为，强加给中国的新世界迥异于古代，中国应当采用西方优秀的数学、物理学、化学和几何学，而且也应该采取措施改革教育和科举制度、废除八股文、强化地方政治组织、鼓励工业制造、开发荒地、开矿和改进农业工具。但这些在1861年首次发表的远见卓识，对于冯所处的时代而言太超前了。

提倡保守改革的帝师翁同龢(1830—1904)是北京的强势人物。他是一位内阁大学士的儿子，1856年殿试中了状元，之后担任同治皇帝的师傅,并负责给两位皇太后讲读古籍和史书。1876年,他被任命为光绪皇帝的师傅,时间长达20年之久,他可以影响皇帝。翁作为传统学者,深为清王朝面临的瓜分危机担忧,并得出结论:中国不改革就无以为继。他也看到了,通过改革可以夺得更多实权。他小心谨慎地推行着有限的行政改革,不认为改革应当深入。

翁的对手张之洞也是一位温和的改革者。1852年,张之洞取得直隶乡试的第一名,1863年殿试中了探花。他创办了许多实业,但他从不提倡改变中国的政治制度和道德教化。张采用了外国的装置和机械,因为他认为这些东西使西方国家变得富强。他提倡"中体西用",即复兴儒家为国家的道德基础,采用西方的器械以备实用。张认为,一些行政改革对于提高效率是必要的,但基本的旧秩序不应改动。他的做法仍然是强化原有的体制。

中国的出路何在?思想家们都在思考。1890年汤震出版的《危言》主张将西方国家的国会制度移植到中国来,强调统治者应该向人民征询意见。1893年,陈虬发表一系列有关中国政治体制改革的文章,主张将全国各省、府、州、县都变成分封的、以世袭贵族为首的公国,各公国设立由官员组成的具有谘议性质的议会,这样,各个公国在按照严格的等级服从中央统治、维护中国统一的前提下,实行高度的自治,各个公国都应该是自给自足的经济和政治单位。同一年,郑观应的《盛世危言》出版,在这部著作里,郑观应呼吁清政府效仿西方实行温和的资产阶级政治体制改革,按照英国的方式实行君主立宪制。

知识链接

郑观应(1842—1922),近代中国最早具有完整维新思想体系的理论家、启蒙思想家,也是实业家、教育家、文学家、慈善家和热忱的爱国者。著有《盛世危言》一书,全书贯穿着"富强救国"的主题,对中国政治、经济、军事、外交、文化诸方面的改革提出了切实可行的方案,给甲午战败以后沮丧、迷茫的晚清开出了一剂拯危于安的良药。

此外,马建忠、王韬等也曾发表了一些拥护“欧化”或进行政治改革的言论。

知识链接

王韬(1828—1897),清末杰出的思想家、政论家。王韬游历欧洲多年,见证了西方日新月异的资本主义文明,于1874年在香港创办了中国报刊史上第一份以政论为主的报纸——《循环日报》。王韬是中国第一位报刊政论家,《弢园文录外编》是我国最早的一部报刊政论文集。

改良主义的政治思潮在中法战争失败后获得了空前的发展,取得了官僚、士大夫阶层的同情和支持,如果不发生大的意外,相信中国在经过一段时间的调适之后也必将踏上缓慢的、渐进的政治变革的轨道。然而,1894年爆发的中日甲午战争打乱了中国的政治日程表,中国被迫急速步入政治变革的快车道。

二、中日甲午战争

日本在明治维新之后一直觊觎朝鲜,力图变朝鲜为自己的保护国。1894年4月,日本借朝鲜秘密会社东学党起义的机会乘机出兵朝鲜,与驻朝鲜的清军发生冲突。7月25日,日本巡洋舰在朝鲜海岸击沉中国的高升号轮船,船上的700余名将士遇难。29日,日军向朝鲜牙山的中国驻军发动进攻,中国军队被迫向平壤撤退。8月1日,中日两国政府同时宣战,中日甲午战争全面爆发。

9 月 13 日,平壤战役爆发,中国军队不敌,全军溃退。9 月 17 日,丁汝昌率领的北洋舰队在黄海海面与日本舰队遭遇,致远舰管带邓世昌在座舰受伤后欲与日舰同归于尽,不幸中敌方鱼雷而壮烈殉国。是役,中国军舰沉没五艘,日本军舰沉没一艘。

知识链接

邓世昌(1849—1894),清末北洋水师将领,民族英雄,中国最早的一批海军军官之一。1894 年中日甲午战争时为致远号巡洋舰管带,在黄海海战中壮烈牺牲。

1894 年 10 月 24 日,日本军队四万余人在辽东半岛登陆,经过将近一个月的战斗,日军连下数城,11 月 7 日破金州,8 日占大连,21 日据旅顺,12 月 13 日陷海城。各地清军望风披靡,不战而溃,形势岌岌可危。而日军所到之处,实行惨无人性的大屠杀。12 月 22 日,清政府任命湖南巡抚邵友濂赴日议和,遭日方拒绝。1895 年 2 月 12 日,邵友濂等人被逐回国。而同一日,驻守在刘公岛的北洋海军残余船舰在洋员的鼓动下向日军投降,提督丁汝昌服毒自杀,北洋舰队至此全军覆没。3 月初,辽东半岛全部被日军占领。

在中日甲午战争的后期,北洋舰队被日本打得几乎全军覆没。剩下的几艘战舰由海军提督丁汝昌率领退守威海卫,被日舰重重包围,走投无路。此时,丁汝昌收到一封敌军主将的劝降书,其中说道:“至清国而有今日之败者,固非君相一己之罪,盖其墨守常经不谙通变之所由致也。”十天后,丁汝昌自杀殉国。

1895 年 2 月 13 日,清政府任命李鸿章为议和全权大臣。3 月 19 日,李鸿章等抵达日本马关。经过一系列谈判,3 月 30 日,双方签订停战协定。4 月 17 日，签订《马关条约》，主要内容为：1. 承认朝鲜国独立，实际上是承认日本对朝鲜的控制权。2. 割让辽东半岛、台湾和澎湖列岛。3. 中国向日本赔偿军费二万万两白银。4. 中国同意增设沙市、重庆、苏州、杭州四处口岸，日本可在各通商口岸设厂制造，并享有各种优惠待遇。

《马关条约》的签订大大加深了中国社会半殖民地化程度。影响之一是帝国主义加紧扩张，将整个中国分割为各自的租借地与势力范围。在这些地域内，它们修建铁路、开采矿山、设立工厂、开办银行，并设立各种各样的剥削机构。这些扩张行为使中国陷入更深重的半殖民地状态。影响之二是中国民族工业受到压制。日本在条约中获得了在华设厂的权力，其他各国因享有最惠国待遇也拥有了这项权力。这使得帝国主义国家可以在中国从事生产，避免了关税，并降低了运输费用。与那些萌芽中的中国工商业相比，外国投资者和开发商拥有大量资金、工艺技艺和特权地位，因而占据着明显的优势。外来资本主义阻碍了中国民族资本主义的成长，并将中国的工业降低到依从、附属地位。影响之三是促进日本进一步崛起，为它以后在第二次世界大战中侵占东南亚打下了基础。影响之四是引发了中国的新政治运动。

知识链接

三国干涉还辽，发生于甲午战争后。1895 年 4 月 17 日，清政府与日本明治政府签署《马关条约》，割让辽东半岛予日本。六日后，俄国、德国和法国为了自身利益，以提供“友善劝告”为借口，迫使日本把辽东还给清政府。日本为此深感屈辱，三国干涉还辽也是日俄战争爆发的原因。

三、戊戌变法

中日甲午战争的惨败使中国思想界认识到,只有一场激进的改革甚或革命才可拯救中国。一部分进步人士倡导效法彼得大帝与明治天皇,进行体制重组;另一部分则主张革命,以中华民国代替清王朝。在战后中国,政治运动主要由这两股思潮构成。

割地赔款的《马关条约》激起国内民众的激烈反对,台湾民众呼吁清政府毁约再战,正在京师参加会试的 18 省举人 1,300 余人联名上书,提出毁约、迁都、变法的主张。此后各地各阶层的民众都以不同的方式向清政府表达对《马关条约》的不满,维新运动在各地逐步开展起来。康有为、梁启超、麦孟华等人在京师创办《万国公报》,后更名为《强学报》,进行变法维新的宣传。1895 年 8 月,康有为等人在京师成立变法维新团体强学会,组织京城的开明官僚、士绅讨论强国的道路和办法,以及改造经济、政治、文化的措施。11 月,康有为征得署理两江总督张之洞的同意,筹组上海强学会,组织南方知识分子参加。梁启超于 1896 年创办《时务报》,对推动后来的维新变法运动起到了重要作用。

知识链接

康有为(1858—1927),中国晚清时期重要的政治家、思想家、教育家,资产阶级改良主义的代表人物。他出生于广东南海一个富裕的家庭,七岁能文,被称为神童。18 岁时成为广东理学大师朱次琦的学生。1887 年,康有为开始写作《大同书》,期望找到一条将人类从苦难、贫困和社会不平等中解救出来的道路。1888 年,康有为向皇帝上书,赞扬日本仿效西方列强走向了现代化道路,主张中国亦应效仿,并对与日俱增的外国入侵的威胁提出警告。这封上书送到国子监,国子监的官员怀疑康精神不正常，拒绝转呈皇帝。康意识到，要成功推进改革就必须：第一，取得知识界的学术领导权；第二，争取皇帝的支持。1895 年，得知《马关条约》签订，康有为联合 1300 多名举人上万言书，此即“公车上书”。1898 年，康有为等人开始进行戊戌变法，变法失败后逃往日本，自称持有皇帝的衣带诏，组织保皇会，鼓吹开明专制，反对革命。辛亥革命后反对共和制，谋划溥仪复位，1917 年又拥立溥仪登基，均告失败。

在强学会和《时务报》的影响下，各地维新报刊纷纷创办，各地自主的局部性的维新试验也开始出现。尤其是湖南，在开明士绅的推动下，湖南新政在陈宝箴、黄遵宪等人的主持下顺利进行。在不长的时间里，湖南创办了自己的现代化学校，组织各种学会、社团，创办了一些具有明显近代特征的实业，并进行了一些行政体制方面的改革。

知识链接

梁启超(1873—1929)，中国近代思想家、政治家、教育家、史学家、文学家，戊戌变法领袖之一，中国近代维新派、新法家代表人物。戊戌变法前，与康有为一起联合各省举人发动“公车上书”。此后，先后领导北京和上海的强学会，又与黄遵宪一起办《时务报》，任长沙时务学堂中文总教习，并著《变法通议》为变法做宣传。戊戌变法失败后，与康有为一起流亡日本，政治思想上渐趋保守。他还是近代文学革命运动的理论倡导者。逃亡日本后，继续推广“诗界革命”。

1897 年 11 月，两名德国传教士在山东被杀，德国以此为借口出兵强占胶州湾，要求清政府给予德国在山东半岛修筑铁路、开采矿产资源以及建立军事基地的特权。1898 年 3 月，清政府同意了德国的要求。

德国在山东半岛的特权激起了西方列强在中国的竞争。1898 年 3 月,清政府被迫同意将辽东半岛的一部分,包括大连、旅顺“租借”给俄国。5 月,清政府被迫同意将广州湾沿岸“租借”给法国。与此同时,英国获得了九龙半岛的大部分,以及山东半岛东北端的威海卫。

胶州湾事件以及后来的一系列事件激起中国进步社会人士的极大愤慨。1898 年 4 月,康有为、梁启超等人在京组织成立保国会,号召人们起来参加变法维新,以拯救中国免遭列强瓜分。保国会成立不久,保滇会、保浙会等类似的爱国组织在京相继成立,它们的宗旨都是保护本省和中国的领土完整以及发展民族经济。

知识链接

戊戌变法时期的政治团体——保国会,亦称强国会。1897 年 11 月,德国强占胶州湾事起,中国面临严重的瓜分危机,康有为“既上书求变法于上,复思开会振士气于下”,结合各省旅京人士立会,粤学会、蜀学会、闽学会、关学会(又称陕学会)先后成立,遂决定再“成一大会,以伸国愤”。1898 年 4 月 12 日,保国会在北京成立,并拟定《保国会章程》30 条。

在胶州湾事件的刺激以及爱国运动的影响下,年轻的光绪皇帝决心变法。在慈禧太后的默许下,1898 年 6 月 11 日,光绪皇帝颁布“明定国是”的谕旨,标志着戊戌变法正式开始。在此后的 100 多天里,光绪皇帝顶住守旧势力的压力,相继颁布了各种有关变法的上谕,其目的在于使中国变为强盛独立的近代国家。最主要的措施有:奖励促进中国工商业、农业发展的发明和科学发现,设立矿务、农业、工商业以及铁路总局等专门的管理机构;废止科举考试中的八股文考试,筹办京师大学堂,培养符合中国未来发展需要的人才;整顿军队,建设一支现代化的武装力量;精简官僚机构,建立一个高效、廉洁的行政体制。

知识链接

京师大学堂,是北京大学在1912年5月之前使用的旧名。作为戊戌变法的“新政”之一,学校创办于1898年7月3日,是中国近代第一所国立大学,其成立标志着中国近代国立高等教育的开端。京师大学堂是当时国家最高学府,最初也是国家最高教育行政机关,行使教育部职能,统管全国教育。《京师大学堂章程》中提到其办学方针是“中学为体,西学为用”。后历经戊戌政变、义和团运动、八国联军侵占北京等变故,京师大学堂屡遭摧残,以致停办。1912年5月4日,京师大学堂更名为北京大学。

在短短的100多天里,改革诏书如雪片般地飞往全国各地,如此急剧、激烈的变革,似乎已远远超出当时社会的实际承受力。特别是到了1898年8月下旬以后,光绪皇帝在康有为等人的帮助下,开始试图改造政府机构。9月13日,光绪皇帝宣布,准备开懋勤殿以议制度,一些中央政府的衙门和几个督抚所管辖的地方衙门都将随之废除,政府部门的一些旧例也将随之删改。这引起了旧官僚的激烈反对,一时间京城谣言四起,特别是关于康有为等包围颐和园、捕杀慈禧太后的传言更是令人不安。9月21日,慈禧太后发动政变,剥夺了光绪皇帝的权力,宣布由她重新当权“训政”。康有为、梁启超等被迫流亡海外,谭嗣同等六君子血洒菜市口,除了京师大学堂得以保留外,维新运动中其他方面的举措基本上都被慈禧太后废除。史称戊戌政变。

戊戌政变时,以慈禧太后为首的保守派大肆捕杀维新党人,维新志士谭嗣同、康广仁、林旭、杨深秀、刘光第、杨锐六人于1898年9月28日在北京惨遭杀害,史称“戊戌六君子”。

1898年戊戌变法失败所造成的影响是广泛而深远的。首先,它证明了晚清时期从上而下的进步改革是不可能的。其次,在皇太后和重返政坛的顽固保守派的控制下,朝廷根本不具备领导能力。当义和团运动爆发时,清政府企图借刀杀人,对义和团予以合法化。义和团在清政府的默许和支持下,大举入京津。义和团运动的极端排外,最终成为1900年八国联军侵华的理由。最后,清政府的措施导致阶级矛盾加剧,使得人们认识到,中国的前途在于彻底地推翻清王朝。这样的事业无法通过和平的变革、只有通过来自下层的流血革命才有可能实现。

思考题:

1. 试分析戊戌变法失败的原因。
2. 谈谈戊戌变法的历史意义。
3. 谈谈《马关条约》的内容及其影响。

第三十四章
清末新政和预备立宪

在内忧外患的形势下，清政府试图通过实施清末新政来挽救危局。清政府在政治、经济、军事、教育等方面都采取了哪些改革措施？产生了何种影响？

一、《辛丑条约》的签订

慈禧太后发动的戊戌政变，在国内引起排外的新浪潮。就在慈禧太后下令杀害六君子的第二天，京城出现了排外骚动。惊恐不安的驻华外交官员很快从华北各港口调来本国兵舰，这更加剧了中外之间的冲突。

在此之前很长一段时间，中国各地反对传教士的斗争越演越烈，至1899年，终于演化成规模宏大的义和团运动。义和团运动又引发了八国联军的入侵，清政府被迫流亡西安。南方各省督抚则与英美等国达成“东南互保”协议，避免南方遭受外国入侵。

义和团运动是1900年在华北兴起的一场以“扶清灭洋”为宗旨的民众爱国运动，并一度得到清政府的支持。义和团成员成分复杂，盲目排外，组织松散，有浓厚的愚昧迷信色彩，大肆杀害在华的洋人，特别是外国传教士，并围攻外国驻华使馆，后在中外势力的联合绞杀下失败。

八国联军的入侵以及由此签订的《辛丑条约》在清政府高层引起了极大的震动,统治层中荣禄等人认为,要保持政权的稳定,不做一定的让步和改革来缓解国内外各种势力对政府施政方针的不满是肯定不行的。

《辛丑条约》为清政府在 1901 年 9 月 7 日同英、美、法、德、俄、日、意、奥、西、荷、比 11 国公使在京签订的不平等条约。该条约规定清政府向 11 国赔偿 4.5 亿两白银;将北京东交民巷划为使馆区,由各国驻兵保护;拆除大沽口炮台及有碍京师至海通道之各炮台,各国可以在北京至山海关铁路沿线 12 处据点驻军;严惩排外官员,要求官员严厉镇压人民的反帝斗争;将总理衙门改为外务部。该条约的签订,标志着中国完全沦为半殖民地半封建社会。

二、清末新政

义和团运动被镇压后,慈禧太后意识到,除非自己表露出后悔的样子并制定改革的措施,否则就难以重新得到外国的“尊敬”和国人的“敬仰”。1900 年 8 月 20 日,她还在逃亡的时候,就发布了“罪己诏”。朝廷在西安重建以后,她表示要实施一场由自己主导的改革。

1900 年 8 月 30 日,清政府以光绪皇帝的名义发布诏书,重申改革的必要性,呼吁臣民向政府陈述自己的改革建议,以便废除弊政。1901 年 1 月 29 日,清政府再以光绪皇帝的名义宣布实行新政,声称“举凡朝章国故、吏治民生、学校科举、军政财政”等,都应“参酌中西政要”,或取诸人,或求诸己。1901 年 2 月 14 日,朝廷再次表示了实行改革的决心。4 月,清政府创设政务处,搜集和审查各地官员报送来的改革建议,然后将改革草案和实行程序呈请政府批准,政务处实际上成了新政的指挥部。庆亲王奕劻、荣禄、李鸿章和其他三个人被任命为主管,而张之洞和刘坤一则获协同办理的任命。张之洞和刘坤一在 1901 年 7 月三次联名上奏,回应朝廷的号召。在第一份奏折中,他们强调忠于现有体制,但指出需要改革教育，为国家培养人才。第二份奏折继续讨论立国之道，研究实现富强的方法，建议崇尚节俭、招募异才等。第三份奏折总结了他们的倡议书，建议采用“西法”。慈禧太后主要以他们的建议为基础，开始了一场在内容上与1898年的改革几乎雷同的改革。这次改革从1901年开始，持续到1905年。

清政府试图通过新政改革使已渐崩溃的国家机构有所强化和现代化，在一系列行政管理方面的改革中，第一个实际步骤是改组主管与外国交涉的国家机关，废除陈旧的总理衙门，责成组建欧洲式的外务部。裁减中央和地方机构，废除詹事府和通政司，清除各级官吏队伍中营私舞弊者，力图建立一个高效、廉洁的现代政府。为了尽快整顿国内秩序和确保安定，清政府建立了近代警察制度，1905年设立巡警部，第二年改组为内务部，并在各大城市组建警务机构。在法律方面，清政府委托一批法律专家对陈旧的法律法规、诉讼程序进行了修订和改革，废止了那些野蛮、陈腐的审讯方式和特别残忍的刑讯；在司法体制上将大理院设为中央最高审判机关，县、府、省各设置初级、地方及高等审判厅，实行四级三审制度。同时，还从1909年起推行地方自治。

清末新政的法律改革由沈家本、伍廷芳主导进行，从1902年起，制定并颁布了《奖励公司章程》《商会简明章程》《商标注册实办章程》《商人通例》《公司律》《破产律》《大清刑事民事诉讼法草案》《大清新刑律》《大清民律草案》等许多新式章程与法律，中国法律现代化进程由此真正起步。

在军事方面，清政府从1901年起下令裁减各地驻军中缺乏战斗力的部分，然后按照欧洲和日本的方式，重新组建新式军队，设立新式军事学堂。1904年，在中央政府内部设立练兵处，计划在未来的几年时间里训练新式陆军36镇。清政府的练兵由袁世凯实际负责，他在早年天津小站练兵的基础上，又于1905年练成6镇北洋军共6万余人，分为步兵、骑兵、工兵、炮兵等不同兵种，配备新式武器。后清政府又在各省推广新式练兵，成立多支新军，到1911年已练成16镇新军，具备了现代军队的雏形。清政府在注意新式军队建设的同时,也注意近代警察制度的建立及建设。1901年,清政府令袁世凯从新建陆军中抽调年龄较大、理应退伍的兵士维护京津治安;1902年,袁世凯又正式招募数千人,进驻天津等地,在津正式设立警务学堂;与此同时,张之洞也在武昌创办警察队伍,训练警军,并派警官数十人赴日本学习。是为清政府设立近代警察制度的开始。

在工商业方面,清政府在新政中考虑到中国民族工商业者的利益,推广奖励工商业者的办法,1903年组建商部,并在各省会城市和比较发达的城市成立工商厅局,制定出一系列有利于工商业发展的规章制度,如股份公司和商会章程等,鼓励民间资本向工商业流动。1904年,清政府颁布举办银行业务章程草案,第二年正式开办户部银行,1908年改称大清银行。

在教育方面,清政府于1901年命令各省设立小学、中学和大学三级学堂,鼓励和有计划地组织接受过新式教育的青年出国留学。1902年起修改省县考试内容,废除八股文考试制度。各地掀起了兴建新式学堂的热潮,到1904年已有4,000多所学堂。在留学热中,留日学生尤多,1906年达到8,000余人。1905年,清政府又宣布科举考试制度"无定期"地停办,新式教育体制完全取代了旧的教育体制。

知识链接

1905年,袁世凯、赵尔巽、张之洞等上奏清政府,请求停止科举,设立新式学堂。在此基础上,光绪帝在9月2日的上谕中明令废除科举,宣布自1906年开始,所有乡试、会试一律停止。这标志着在中国推行了1,000多年的科举制度正式结束。这一举措对广大读书人的前途产生了重大影响,同时也推动了各地兴办新式学堂的热潮。

三、预备立宪

19世纪末，国内民主革命运动蓬勃发展，影响了清政府内部一些开明人物的立场，如张之洞、孙宝琦等人鉴于革命势力的发展，都建议慈禧太后作出必要的政治让步，以避免（至少延缓）革命的爆发，从而安抚国内的政治反对派。1905年7月，清政府根据袁世凯的建议，决定派遣五大臣赴东西洋各国考察宪政。11月，设立考察政治馆，负责研究国体方面的改革。1906年9月1日，清政府正式宣布“预备立宪”，但原则是“大权统于朝廷，庶政公诸舆论”，因此预备立宪在当时被革命党方面认为是一场骗局。

知识链接

1905年12月，戴鸿慈、端方、载泽、李盛铎、尚其亨等五大臣分两批正式从北京出发，赴日本、美国、欧洲各国考察宪政。五大臣于1906年陆续回国，编译了大量有关欧美政治制度、宪法等的书籍，写成考察报告及奏折，建议清政府实行立宪，认为有“皇位永固”“外患减轻”“内乱可弭”的好处，这直接推动了清政府预备立宪国策的确定。史称“五大臣出洋考察”。

预备立宪运动虽然没有唤起革命党方面的同情和支持，却唤醒了国内立宪党人的高度热情。1906年年底，张謇等在上海发起成立预备立宪公会，其很快成为自由资产阶级立宪运动的中心。江苏、浙江、福建、安徽、湖北、湖南以及广东等省的立宪党人很快凝聚在一起，以期形成敦促清政府尽快实行立宪的压力集团。在他们极富效率的组织下，国内的立宪党人于1907—1910年间发动了几次具有重大影响的国会请愿运动，要

求缩短原先规定的预备立宪 9 年期限,迅速召开国会,成立责任内阁。1908 年 8 月,清政府颁布了《钦定宪法大纲》,规定了皇帝的 14 条大权与臣民的 9 项权利和义务,实际上是进一步强化了君主的权力,遭到了普遍的反对与非议。该大纲是既带有浓厚的封建色彩,又具有西方资产阶级民主色彩的宪法性文件,初步确立了君主立宪制的政治改革方向。

1908 年 11 月,慈禧太后、光绪皇帝先后去世。年仅 3 岁的溥仪即位,隆裕太后与载沣摄政。在立宪党人的压力下,清政府于 1909 年在各省成立谘议局作为议事机构,1910 年成立作为中央议政机关的资政院。后又在 1910 年 11 月被迫让步,宣布放弃先前的立宪预备年限,从 9 年改为 6 年,承诺先行成立责任内阁,于 1913 年开设议院。武昌起义爆发后,清政府又于 1911 年 11 月 3 日颁布《宪法重大信条十九条》,宣布实行责任内阁制,国会有权制定宪法,削弱了皇帝的权力,但仍未能挽救其灭亡的命运。

然而满洲贵族无论如何也不会自动放弃自己的权力,1911 年 5 月,清政府宣布废除军机处,实行责任内阁制,颁布了设立新内阁的命令。内阁名单:总理大臣奕劻(宗室)、协理大臣那桐(满)和徐世昌(汉)、外务大臣梁敦彦(汉)、民政大臣肃亲王善耆(宗室)、度支大臣载泽(宗室)、学务大臣唐景崇(汉)、陆军大臣荫昌(满)、海军大臣载洵(宗室)、司法大臣绍昌(宗室)、农工商大臣溥伦(宗室)、邮传大臣盛宣怀(汉)、理藩大臣寿耆(宗室)。让立宪党人失望的是,内阁总共 13 人,满族即占 9 人,其中皇族 7 人,汉族竟然只有 4 人。更令立宪党人失望的是,这届被称为"皇族内阁"的政府出台的第一个经济政策竟然是宣布铁路国有,并与四国银行团签订川汉、粤汉铁路借款合同,实际上是将本已赎回自办的铁路筑路权又让与西方国家。这就不仅从政治上剥夺了立宪党人参与政治的权利,而且在经济上严重侵害了立宪党人、民族资产阶级的利益,也严重打击了为修筑铁路交纳捐税或握有各种小的铁路股票的广大农民、手工业者。于是立宪党人、民族资产阶级很快从清政府的同情者、支持者变为反对者,他们在各地迅速掀起轰轰烈烈的保路运动，为清王朝的最终灭亡敲响了丧钟。

思考题：

1. 谈谈清末新政的具体举措及作用。
2. 为何说预备立宪是一场骗局？
3. 谈谈《辛丑条约》的内容及其影响。

第三十五章
辛亥革命与清王朝的覆灭

清政府的新政改革效果不佳,立宪派、革命党人通过不同方式进行抗议或革命,那么他们具体是如何活动的?清政府又是如何被辛亥革命推翻的?

一、民主革命思想的宣传

1901—1905年的新政虽然获得了巨大的进展,但对清政府自身来说,似乎已经为时过晚。在国内,由于偿付列强的新赔款、"补偿"受损失的传教士的款项,以及新政所引起的税额负担的急剧增加,人民不堪重负。在新政施行的那些年,各地抗捐抗税的起义不断,几乎与新政同始终。与此同时,随着新式学堂和出国留学的发展,革命知识分子的队伍不断壮大,他们把西方资产阶级革命时期的天赋人权、自由平等学说作为民主革命的思想武器,进行大力宣传。当时,上海和日本东京成为宣传民主革命思想的两大主要阵地。留学日本的陈天华在其作品《警世钟》《猛回头》中揭露帝国主义列强瓜分中国的阴谋,指出清政府已成为"洋人的朝廷",号召全国各阶层民众团结起来。邹容于1903年,以"革命军中马前卒"之名写成《革命军》一书,旗帜鲜明、通俗易懂地回答了中国民主革命的基本问题,系统地阐发了孙中山"建立民国"的设想。章炳麟(章太炎)

为邹容的《革命军》作序，使之流传甚广。章后任同盟会机关报《民报》主编，贯彻了同盟会的纲领，较全面地宣传了孙中山的三民主义思想。1894年11月24日，兴中会成立于美国檀香山，宗旨是“驱除鞑虏，恢复中华，创立合众政府”。兴中会是近代中国资产阶级成立的第一个革命团体，由孙中山领导。华兴会是近代中国资产阶级革命团体，于1904年2月15日在湖南长沙正式成立。会长为黄兴，副会长为宋教仁、刘揆一、秦毓鎏等人。光复会是清末著名的革命团体，1903年冬由王嘉伟、蒋尊簋、陶成章、魏兰、鲁迅、龚宝铨等人在东京酝酿协商，次年初又经陶成章、魏兰回上海与蔡元培商议，至同年11月在上海正式成立。在国外，由孙中山领导的革命力量在1901—1905年也获得了空前的发展。孙中山于1905年在国内革命团体基础上建立了同盟会，确立了三民主义政治纲领，造就了一批职业革命家，并组织了一系列武装起义，与立宪派、保皇派展开了多次论战，不断瓦解清政府统治的政治基础。

知识链接

同盟会1905年8月在东京成立，孙中山被推举为总理，其在宣言中提出“驱除鞑虏，恢复中华，创立民国，平均地权”十六字纲领，后演变为“民族、民权、民生”三民主义。同盟会下设执行部、评议部、司法部，并将《民报》作为机关报；以东京为总部，在国内外设立多个支部，各省设有分会，开展革命反清活动。自1906年起，同盟会在国内组织多次武装起义。1911年在上海成立了中国同盟会中部总会。武昌起义后，同盟会总部先迁上海，后迁南京。1912年在宋教仁的组织下，同盟会同其他团体合并改组为国民党，但在1913年11月被袁世凯下令强行解散。

二、武昌起义

19世纪七八十年代，中国人曾强烈地反对在华修筑铁路，而至甲午战争后,却出现了修建铁路的热潮。由于政府和私人无力出很多资金,从而使筑路资金主要来自外国人。由于修建川汉、粤汉铁路资金不足,清政府将铁路干线国有化,盛宣怀与四国银行团签订了一个四十年的年息五厘贷款协议。四省的士绅与民众强烈抗议国有化政策与外资入侵,因此组建"保路会"以捍卫自己的既得利益,并动员各省谘议局来争取应有的权利。他们派代表团前往北京向朝廷请愿,并要求解除盛宣怀的职务,因为他向外国出卖了中国的利益。中国人的不公平感非常强烈。保路运动主要发生在参与集股兴建川汉、粤汉铁路的省份。湖北、湖南最先发生风潮,很快扩大到广东、四川等省份,尤以四川的运动最为激烈,并很快发展成由社会各个阶层参加的武装暴动。为了尽快平息四川的武装起义,清政府从湖北调集军队前往四川镇压,武昌由此成为清政府统治相对薄弱的地区。革命党人迅即利用这一机会,决定在武昌发动武装起义。

武昌起义原定 1911 年 10 月 26 日举行,但 10 月 9 日,一枚炸弹在位于汉口俄租界内的革命指挥部中意外爆炸,巡捕随后突击搜查,并逮捕了 32 名革命分子,查获了一些武器、弹药及部分重要文件,其中包括已投向革命的新军人员名单。为了保护自己,新军工程营与炮兵营决定翌日起事。10 月 10 日晚,武昌新军在革命党人的领导下发动起义,经过一番激烈的战斗,很快占领总督衙门、警察署等重要地点。11 日,驻汉口的新军发动起义,并迅速控制了汉口。12 日,清政府在汉阳的权力机构也被推翻,中国最大的兵工厂——汉阳兵工厂未经战斗就转入了起义者的手中。

军事上的迅速成功为新政权的建立提供了必要的前提,但革命党人并没有自主地建立自己的革命政权,而是邀请立宪党人和留在武昌三镇的汉族高级官员帮助他们,于是黎元洪出任湖北军政府都督,汤化龙为新政府的民政总长。

武昌起义的迅速胜利极大地鼓舞了各地的革命党人。在此后不到两个月的时间里，全国绝大多数省份或通过起义建立了新政权，或由旧官僚的反正而摆脱了与清政府的关系，清政府事实上已经被推翻。经过讨价还价之后，清朝在位的宣统帝溥仪终于在1912年2月12日宣布退位。

因1911年为中国农历辛亥年，所以历史上把这场以武昌起义为标志的、席卷全国的以推翻清朝为目的的革命，称为辛亥革命。

知识链接

爱新觉罗·溥仪（1906—1967），1908年12月成为清朝末代皇帝，次年改年号为宣统。1912年2月退位后，仍在紫禁城生活；1917年7月张勋复辟时，短暂登基12天；1925年，移居天津；1934年，被日本扶持出任“伪满洲国”皇帝；1945年被苏军俘虏并关押在苏联；1950年被引渡回中国抚顺继续关押；1959年12月，被特赦出狱；1967年因病在北京去世。著有自传《我的前半生》。

辛亥革命具有伟大的历史意义：它是一次伟大的反帝反封建的资产阶级民主革命；它推翻了清王朝的统治，结束了两千多年的封建帝制；资产阶级共和国的旗帜第一次飘扬在中国上空，有利于资本主义的发展和社会的进步。但是由于资产阶级的软弱性，这也是一场不彻底的资产阶级民主革命，辛亥革命没有改变中国半殖民地半封建的社会性质和人民的悲惨境遇，辛亥革命的胜利果实最终落入军阀袁世凯之手。

思考题：

1. 简述辛亥革命爆发的条件和意义。
2. 简述武昌起义的过程及影响。

第三十六章

中华民国的成立及其政权变化

武昌起义后,各省纷纷独立,中华民国应运而生,那么中华民国又是如何成立的?成立后其政权有何新变化?

一、中华民国的成立

各省独立运动之后,重新建立一个统一的中央政府很快成为独立各省面临的迫切问题。1911 年 11 月 7 日,湖北军政府都督黎元洪就此问题向各地军政府征询意见,要求各省速派代表到武昌筹组临时政府。11 月 30 日,各省代表在汉口英租界召开第一次会议,决议在临时政府成立之前,由湖北军政府代行中央军政府之权。12 月 3 日,会议通过《中华民国临时政府组织大纲》,决定了临时大总统、临时参议院、中央政府各部门的职权及产生办法。

12 月 2 日,南京被江浙联军攻克。在汉口的各省代表遂决议设临时政府于南京。

几乎与汉口各省代表会议召开的同时,江浙方面的代表尤其是同盟会方面也在上海谋设新政府。他们担心一旦新的中央政府设在武昌,或许会对同盟会不利。于是当南京被攻克之后,沪督陈其美等乘机鼓动在上海的各省代表于 12 月 4 日集会，公举黄兴为“假定大元帅”，即以大元帅组织临时政府；又举黎元洪为副元帅，兼任鄂督，仍驻武昌。黄兴坚辞不就，以待孙中山回国。

知识链接

黄兴(1874—1916)，湖南长沙人，中国近代民主革命家，1898 年入武昌两湖书院就读，1902 年赴日留学，在日积极从事革命活动。1903 年，组织拒俄义勇队，成立华兴会，任会长；1905 年，任同盟会庶务，1907 年参与和指挥了多次反清起义，均告失败；1911 年 4 月，组织广州的黄花岗起义，同年出任战时总司令指挥武昌起义。1912 年就任南京临时政府陆军总长，次年参与反袁的二次革命，1915 年参与反袁的护国战争，1916 年在上海病逝。

1911 年 12 月 25 日，孙中山(图 4)从海外回到上海，立即和同盟会的其他领导人讨论组建临时政府的问题。29 日，在南京的 17 省 45 名代表公举孙中山为南京临时政府大总统。1912 年 1 月 1 日夜 11 时，南京总统府举行孙中山就职典礼，各省代表齐集，欢呼万岁之声震天动地。军乐奏毕，各省代表报告选举情况说：“今日之举，为五千年历史所未有。我国民所希望者，在共和政府之成立及推倒满清专制政府，使人人得享自由幸福。孙先生为近代革命创始者，富有政治学识，各省公民选定后，今日任职，愿孙先生始终爱护国民自由，勿负国民期望。”随即，孙中山大声宣读就职誓词：“颠覆满洲专制之政府，巩固中华民国，图谋民生幸福，此国民之公意，文实遵之，以忠于国，为众服务。至专制政府既倒，国内无变乱，民国卓立于世界，为列邦公认，斯时文当解除临时大总统之职，谨以此誓于国民。”宣告中华民国南京临时政府成立，定国号为中华民国，改用阳历。《中华民国临时政府组织大纲》规定，除了总统、副总统外，临时参议

院为最高立法机关,并设有行政各部。1月3日,各省代表会选举黎元洪为中华民国副总统,并通过孙中山提出的中央行政设立各部及其权限案,委任中央各部部长及次长。11日,各省代表会决议以五色旗为中华民国国旗,其红黄蓝白黑五种颜色分别代表汉满蒙回藏五个民族,即所谓"五族共和"。

知识链接

孙中山(1866—1925),中国近代伟大的民主革命先行者。广东香山人。早年从医。1894年上书李鸿章建言改革,同年创办兴中会,组织发动反清起义;1905年出任同盟会总理,继续组织反清革命。1912年于南京出任中华民国临时大总统,后辞职,出任全国铁路督办。1913年,发动讨袁的二次革命。1914年,在东京组织中华革命党,进行反袁斗争。1917年在广州建立军政府,被推为陆海军大元帅,进行护法战争。1919

图4　孙中山

年将中华革命党改组为中国国民党。1920 年再次发起护法战争，克广州。1921 年在广州就任非常大总统，收复广西。1922 年指挥北伐，出师江西未果，平定广东陈炯明叛乱。1923 年在广州就任陆海军大元帅，改组国民党。1924 年，带领国民党实行联俄、联共、扶助农工的三大政策，进行国共合作，创办黄埔学校。1925 年 3 月，在北京病逝。

新成立的中华民国南京临时政府进行了一系列除旧布新的改革。如颁布了相当于宪法的《中华民国临时约法》，废除刑讯，革除体罚；革除旧有官厅的“大人”“老爷”称谓，通令政府官员皆“人民公仆”；政府选用官员一律采取考试制度；提倡男女平等，禁止买卖华工与人口，废除“贱民”身份；严禁鸦片，禁止赌博、缠足，限期剪辫，废止跪拜，宗教信仰自由等；在经济上则鼓励民间兴办实业、减免厘金，保护工商业与私人财产等。

知识链接

《中华民国临时约法》1912 年 3 月 8 日由临时参议院通过，3 月 12 日正式实施，为中国第一部资产阶级宪法性文件。该法规定中华民国之主权属于国民全体，参议院、临时大总统、国务院、法院行使其统治权，在政治上实行三权分立的责任内阁制，限制了总统的权力；规定人民享有言论、著作、集会、考试、选举等各种权利，并有纳税、服兵役之义务。

南京临时政府的成立，标志着中国资产阶级领导的民主主义革命的胜利，这是中国历史上的大事。南京临时政府颁布的一系列新的法令，促进了民族资本主义经济的发展，改变了中国封建社会的不良习俗，更重要的是，它在中国政治近代化过程中，起到了极大的推动和促进作用。但遗

憾的是南京临时政府仅仅存在 3 个月,后随着袁世凯在北京就任临时大总统而在 1912 年 4 月初结束其使命。

二、袁世凯篡夺政权

南京临时政府成立时,武汉前线的战斗并没有完全结束;起义军与北京清政府的所谓"南北和谈"也没有谈出最后结果;清王朝虽然已土崩瓦解,但其在全国的统治象征——皇帝的权威依然存在,一些外国政府虽然表面上宣布中立,但实际上也只是在观望,整个形势对革命党人来说非常严峻。武昌起义的枪炮声震惊了清政府,但真正从这一事件中获得最大好处的则是袁世凯。

此前,袁世凯本已被载沣罢官为民,蛰居老家河南项城。武昌起义爆发时,清朝各方势力都期望由袁世凯再度出山收拾局面,外国列强也向清政府表达了这一要求。1911 年 10 月 11 日,清政府皇族内阁举行会议,决定起用袁世凯。14 日,清政府下诏任命袁世凯为湖广总督,负责"剿抚"事宜。

对于清政府的心态,袁世凯心中相当明白,他知道若此时出山,权力将极为有限,于是他开始讨价还价,先是声称自己"足疾未愈",无法胜任"剿抚"事宜;继而向清政府提出六大条件:1. 明年即开国会;2. 组织责任内阁;3. 宽容参与此次事变诸人;4. 解除党禁;5. 须授予其指挥水陆各军及关于军队编制的全权;6. 须予以其十分充足的军费。袁世凯的要价显然过高,清政府一时还难以接受。但是,革命党人相继举兵,全国各地纷纷脱离清政府,外国列强再度向清政府施压。27 日,清政府任命袁世凯为钦差大臣,并下令湖北的海陆各军及长江水师均由袁世凯调遣。11 月 1 日,皇族内阁辞职,清政府任命袁世凯为内阁总理大臣,并授权他来组阁。

袁世凯就职后,对武汉前线的战事一方面采取军事强攻的手段,迫使湖北军政府让步，另一方面则采取诱降的和平手段，控制局面。其要旨是实行君主立宪制，并在此基础上实现两军息战，“恢复和平，建设一坚固之政府”。12 月 7 日，清政府任命袁世凯为全权代表，命其委派代表赴南方讨论大局。翌日，袁世凯任命唐绍仪为北方代表，与南方代表伍廷芳正式开始南北和谈。

中华民国南京临时政府成立后，南北和谈实际上陷入困境，袁世凯利用他与外国列强及立宪党人的关系，竭力在政治、经济、军事上封锁南方政权，企图使南京临时政府不战而败。而此时的南京临时政府由于革命党人内部的分化及立宪党人的破坏，特别是由于缺少掌握政权的经验，财政状况日趋恶化，整个形势也越来越不利。正是由于这样一种形势，孙中山在就职之际就没有彻底关闭与袁世凯谈判的大门，而是一再重申只要袁世凯能让清帝退位，他就将大总统的位置让给袁世凯。1912 年 1 月 3 日，袁世凯致电孙中山说：“君主、共和问题现方付之国民公决，所决如何，无从预揣。临时政府之说，未敢与闻。”对此，孙中山复电表示：“文不忍南北战争，生灵涂炭，故于议和之举，并不反对。虽然民主、君主不待再计，而君之苦心，自有人谅之。倘由君之力，不劳战争，达国民之志愿，保民族之调和，清室亦得安乐，一举所善，推功让能，自是公论。文承各省推举，誓词俱在，区区之心，天日鉴之。若以文为有诱致之意，则误会矣。”孙中山依然承诺如果袁世凯劝说清帝退位，并实行共和体制，就让位于他。

有了孙中山和南方革命党人的再三承诺，袁世凯便开始了他的“逼宫”活动。他一面煽动舆论劝清帝让位，一面亲自出场劝说清帝自动让位。1 月 16 日，他与内阁诸大臣联名密奏，极力渲染清政府山穷水尽的困境，要求清政府尽快召开皇族会议，速定方针，“以息兵祸而顺民心”。

第二天，御前会议在一片悲凉的气氛中召开，被袁世凯收买的皇族成员率先提出清帝自行“逊位”而让袁世凯为总统的主张，以为“事若果成，岂但中国之幸，抑亦皇室之福”。迫于袁世凯及其党羽的步步紧逼，清帝在 1 月 30 日的御前会议上终于同意让袁世凯准备宣布共和的诏旨。2 月 3

日,隆裕太后授袁世凯以全权与南京临时政府商谈清帝退位的优待条件。

经过与南京临时政府的一番讨价还价,2 月 11 日,清帝认可了优待条件,决定退位。第二天,即 1912 年 2 月 12 日,中国历史上的最后一个王朝便草草收场,成为历史的陈迹。清帝退位后,南方革命党人信守诺言,13 日,孙中山即向南京临时参议院提出辞职咨文,并推举袁世凯继任临时大总统。15 日,南京临时参议院举行大总统选举,袁世凯以 17 票全票当选。辛亥革命的胜利果实被袁世凯攫取。

知识链接

袁世凯(1859—1916),河南项城人,北洋军阀代表人物。1882 年随吴长庆部赴朝鲜平叛,后驻朝鲜。1894 年回国后,在甲午战争中参与清军后勤事务。1895 年在天津小站练兵。1899 年由工部侍郎升为山东巡抚,率部镇压山东义和团。1901 年任直隶总督,1903 年兼任练兵处会办大臣,负责北洋新军训练,并在直隶大力推行新政改革。1907 年回京任军机大臣。1909 年年初被清政府解职。1911 年出任内阁总理大臣,次年逼清帝退位,出任中华民国临时大总统,1913 年就任正式大总统,1915 年年底称帝,1916 年 6 月去世。

思考题:

1. 谈谈南京临时政府建立的历史意义。

2. 分析辛亥革命的果实为何会落入袁世凯手中。

第三十七章
民国初年的教育改革

中华民国成立后，对传统的旧式教育进行了一系列改革，那么这些改革是如何开展的？新式教育有何表现？

一、中国近代教育的起步

洋务运动期间，洋务派创办京师同文馆、船政学堂、矿务学堂、机械学堂、电报学堂、武备学堂等一批新式学堂，培养翻译、军事和科技人才，同时选派留学生出国深造，开近代教育的先河。

中日甲午战争后，面对严峻的民族危机，康有为、梁启超、严复、张之洞等社会各界有识之士纷纷表达发展教育的强烈愿望，出现私人办学的现象。1898年戊戌变法中，光绪帝批准设立京师大学堂，同时颁布一系列文化教育改革措施，促进了社会风气的变化。戊戌变法虽然以失败告终，但京师大学堂被保留了下来。

20世纪初，清政府在内忧外患的形势下，实施改革试图挽救危局，其中就包括教育改革。1902年，制定《钦定学堂章程》，即“壬寅学制”，详细规定了各级各类学堂的目标、性质、年限、入学条件、课程设置及相互衔接关系，是中国近代由国家颁布的第一个规定学制系统的文件。但“壬寅学制”因制定过于急促,其本身有若干不足和局限,加上清政府内部的权力竞逐,未能付诸实行。1903 年,制定并颁布《奏定学堂章程》,即“癸卯学制”。该学制规定学堂的立学宗旨是“以忠孝为本,以中国经史之学为基,俾学生心术壹归于纯正,而后以西学瀹其知识,练其艺能,务期他日成才,各适实用”,还规定了各级各类学堂的性质任务、入学条件、修业年限及相互衔接关系。这是中国由国家颁布的第一个在全国范围内推行的系统学制。1905 年 9 月,清政府下令废除科举制。与此同时,留学日本成为一种热潮。

为了培养自由独立的国民,资产阶级革命派倡导革命教育,反对传统的封建教育,要求推翻清政府的封建统治,冲破封建礼教的束缚。1902 年蔡元培、叶瀚等革命人士在上海创立“中国教育会”,并特设“爱国学社”,影响了一大批学校。孙中山非常重视教育,认为革命成功“宣传要占九成,武力只可用一成”“教育便是宣传”。革命成功以后,教育年青一代继承革命未竟之功更是紧急任务。

二、南京临时政府的教育改革

中华民国南京临时政府成立之后,各个方面都呈现出新的气象,特别是其与之后的北洋政府在教育方面的改革,更是影响深远,意义重大。

1912 年 1 月,南京临时政府任命蔡元培(图 5)为教育总长,由他执掌教育部统筹全国教育事业。教育部成立之初颁布了《普通教育暂行办法通令》,共 14 条,按照新式教育的模式对中国旧的教育体制进行根本性改造:从前的各种学堂一律改成学校;所有学校使用的教科书,凡违背共和宗旨、尊崇满清朝廷及旧时官制、军制的,一律禁用,由各书局自行修改,呈送样本由教育部及各省民政司、教育总会存查;旧时的出身奖励一律废止,提出应注重小学手工科,中学不必实行分科教育。蔡元培在 1912 年 2 月发表的《对于新教育之意见》中批判了清政府“尊孔”“忠君”的教育宗旨，提出民国教育的总方针为军国民教育、实利主义教育、公民道德教育、世界观教育、美感教育五个方面。根据这些原则，蔡元培在民国之初极端困难的条件下，以“自由、平等、博爱”为宗旨，采取了一些必要的措施，改进教育制度，革新教育内容，为民国时期的教育发展奠定了基础。

知识链接

图5　蔡元培

蔡元培（1868—1940），著名教育家、政治家，浙江绍兴人。1892年中进士，1894年任翰林院编修。1898年出任绍兴中西学堂监督，1902年参与创办中国教育会并任会长。1904年创办光复会，从事革命活动，次年加入同盟会。1912年相继出任南京临时政府、北洋政府的教育总长。1916年年底担任北京大学校长。1920年在北京参与创办中法大学。1927年任南京国民政府大学院院长，后任中央研究院院长。1932年参与发起中国民权保障同盟，任副主席，积极从事抗日救亡活动。1940年病逝于香港。

1912年1月，南京临时政府教育部为各级各类学校制定并颁布了《普通教育暂行课程标准》，其中规定小学读经一科一律废止，初等小学的科目为修身、国文、算术、游戏、体操等，师范学校的科目为修身、教育、国文、外国语、历史、地理、数学、博物、理化、法制、经济、习字、图画、手工、音乐、体操等，并规定了各科目每周的教学时数。为女子增加家政及裁缝课程，个别地方还可因地制宜地增加合乎本地实际需要的诸如农、工、商等科目。总之,教育应该与社会发展的实际需要相结合。在内部机构上,1912 年 3 月颁布的《民国教育部官职令》则规定教育部设普通、专门、实业、社会、礼教、蒙藏六个司。

在高等教育方面,南京临时政府教育部要求各高等院校必须参照共和国的原则,对旧的教育内容进行根本改造;旧时代的教科书,凡有碍民国精神及非各学校应授之科目的,都应一律废止,并且要求高等以上学校一律禁止读《大清会典》《大清律例》《皇朝掌故》等书。3 月 5 日,南京临时政府教育部还通告各省速令高等学校、专门学校开学,以维持正常的教育秩序。

对于女子教育,南京临时政府教育部也曾给予高度重视,在其公布的暂行办法中,明确规定小学可以男女同校,并鼓励和支持各地创办不同形式的诸如看护、师范、法政类的女校,尽最大可能增加女子的入学率。

三、北洋政府时期的教育改革

北洋政府成立后,蔡元培继续出任教育总长,推行新式教育,直到 1912 年 7 月因不满袁世凯统治而主动辞职。北洋政府教育部在学制方面进行改革,于 1912 年 9 月颁布《学校系统令》,也称为"壬子学制"。次年北洋政府教育部继续完善相关学校法令,形成了"壬子癸丑学制"。这个学制在纵向上将整个教育期限分为小学二级,中学、大学各一级,共 17—18 年,在横向上则分为普通教育、师范教育及实业教育三种,并规定可设立各级女校。在小学之前有蒙养院,大学之上有大学院,且不设年限,这已接近现代西方教育的学制。北洋政府教育部在 1912 年还制定了《小学校令》《中学校令》《专门学校令》《大学令》《师范教育令》,次年又颁布了《实业学校令》等,对各类学校的目的、任务及课程设置等办学要素进行了详细的规定。此外,北洋政府教育部还批准新办了一些工业、法律、商业专门学校和蒙回藏师范学校。

1912年7—8月，第一次全国临时教育会议召开，对学校法令、教育方针等各种教育政策问题进行讨论。根据会议达成的共识，1912年9月2日，北洋政府教育部正式颁布新的教育宗旨："注重道德教育，以实利教育、军国民教育辅之，更以美感教育完成其道德。"这体现了资产阶级的德、智、体、美四大教育理念，与蔡元培提倡的主张保持一致。

在南京临时政府教育部以及后来的北洋政府教育部的指导下，民国初年的教育事业获得了很大的发展。据不完全统计，1912年全国学校总数达到8.7万多所，各级各类学校在校学生总数接近300万人，其中高等学校达到122所。

思考题：

1. 民国初年的教育改革有何具体措施？
2. 概述中国近代学制的演变过程。

第三十八章
五四新文化运动

民国初期,面对北洋政府在文化上的复古,一批知识分子发起了新文化运动。该运动的主要内容有哪些?它对近代中国思想解放有着怎样的影响?它与1919年发生的五四运动又有何关系?

一、《新青年》的创办

1911年爆发的辛亥革命是一场伟大的资产阶级民主革命。它推翻了清朝的封建统治,使民主、自由、平等、博爱的思想得到进一步传播。但由于中国帝王专制的历史太长,加之这次革命来得太快,而社会经济基础并没有因这次革命发生根本变化,所以民国成立之后不久,除了中华民国这块招牌外,似乎一切都归复旧有的秩序。特别是1912年3月,袁世凯接替孙中山出任中华民国临时大总统,继而任正式大总统之后,先是在思想文化领域提倡旧道德和旧文化,掀起尊孔复古的逆流,后在1916年宣布称帝。在外交领域,日本对中国步步紧逼,甚至公然在1915年提出足以灭亡中国的“二十一条”。资产阶级强烈要求冲破封建思想牢笼,实行民主制度。而以陈独秀为代表的中国先进分子奋起反抗,力图从根本上改造国民的思想,以挽救民族危亡,于是发起了新文化运动。

知识链接

第一次世界大战爆发后，日本利用西方列强无暇东顾之机，企图独占中国，于1915年1月18日向袁世凯秘密提出灭亡中国的“二十一条”。后经交涉，双方在1915年5月9日正式签署《中日民四条约》。该条约落实了“二十一条”的大部分条款：将德国在山东的权益转让给日本；汉冶萍公司改为中日合办；中央政府聘用日本人充当政治、经济、军事顾问；日本人在南满洲、内蒙古东部有居住、经商、开矿等特权；所有中国沿岸港湾及岛屿一概不让与或租与他国。该条约对中国的政治、经济造成严重损害，也被称为“五九国耻”。

在反对日本侵略的爱国运动和反对帝制复辟的斗争中，新一代的青年知识分子脱颖而出，成为争取民族独立、政治民主的先锋。其中杰出的代表人物有李大钊、陈独秀、胡适、钱玄同、吴虞、蔡元培以及鲁迅等。

知识链接

李大钊(1889—1927)，河北乐亭人，伟大的马克思主义者，中国共产党的主要创始人之一。1907年入天津北洋法政专门学校学习。1913年赴日本早稻田大学学习。1916年回国后，任北京大学图书馆主任，积极投身新文化运动，参与编辑《新青年》。1919年与胡适展开“问题与主义”之争，并参与领导了五四运动。1920年在北京大学组织中国第一个马克思学说研究会，同年在北京参与建立了共产主义小组。1921年中国共产党成立后，曾任第二、三、四届中央委员会委员，参与指导中国共产党在北方的工作。1924年参与第一次国共合作，曾任国民党第一届中央执委会委员。1927年4月，被张作霖在北京逮捕并杀害。

1915年9月,陈独秀在上海创办《青年杂志》,并在创刊号上发表《敬告青年》一文,提倡民主与科学,反对封建文化,揭开了新文化运动的序幕。《青年杂志》从第2卷起改名为《新青年》。它是由人们对辛亥革命失败原因的痛苦反思而来的,他们认识到共和制度之所以不能真正得到巩固,中国的状况依然黑暗,根本原因在于缺乏对旧思想、旧文化、旧礼教的彻底批判,大多数国民的头脑仍被专制和愚昧牢牢地束缚着。

1917年1月,蔡元培就任北京大学校长,随即聘请陈独秀为文科学长,并延揽许多具有新思想的学者来北大任教。北京大学和迁往北京的《新青年》杂志,成为新文化运动的主要阵地。

二、新文化运动

新文化运动的主要内容是提倡民主与科学,反对专制和愚昧,即以现代自然科学反对无知、迷信和神秘主义,争取民权和民主自由以反对专制独裁,提倡资产阶级民主思想和民主制度,反对一切封建旧思想和旧制度;提倡个性自由和个人发展,反对封建礼教;提倡新文学,反对旧文学,推行文学革命,发起白话文运动,即主张以白话文作为新文学的语言,为文章注入新内容、新思想,建设平易、通俗的新文学。

知识链接

1917年胡适在《新青年》杂志第2卷第5号发表了《文学改良刍议》一文,拉开了白话文运动的序幕。该文提出了文学改良的八点建议:须言之有物,不摹仿古人;须讲求文法,不作无病之呻吟;务去滥调套语,不用典,不讲求对仗,不避俗字俗语。紧接着在下一号的《新青年》中,陈独秀发表《文学革命论》,树起文学革命的旗帜,提出了“革命军三大主义”:推倒雕琢的、阿谀的贵族文学,建设平易的、抒情的国民文学;推倒陈腐的、铺张的古典文学,建设新鲜的、立诚的写实文学;推倒迂晦的、艰涩的山林文学,建设明了的、通俗的社会文学。1918 年 5 月《新青年》第 4 卷第 5 号出刊时,全部改用白话文,鲁迅在该号发表白话文小说《狂人日记》。

以白话文取代文言文,有助于新知识、新思想的传播,使人们的思想从传统束缚下解放出来接受新知识,是新文化运动最突出的一面,产生了深远的影响。

在《新青年》的影响下,各地拥护新文化运动的刊物纷纷出版。妇女解放、婚姻自由、家庭革命等口号的提出,也使这场运动所涉及的内容远比辛亥革命时期更为广泛和深刻。新文化运动高举民主与科学的旗帜,猛烈地冲击了封建思想的统治地位,使人们的思想,尤其是青年人的思想得到空前的解放,为马克思主义在中国的传播创造了条件。

知识链接

陈独秀(1879—1942),安徽怀宁人。新文化运动的主要倡导者,中国共产党的主要创始人。1897 年入杭州中西求是书院学习。1901 年赴日本东京学习。1905 年组织岳王会进行反清活动。1909 年赴浙江陆军学堂任教。1913 年参加反袁的"二次革命"。1917 年正式就任北京大学文科学长,1918 年年底,与李大钊等创办《每周评论》并任主编。1920 年在上海创办共产主义小组。1921 年在中共"一大"上被选为中央局书记,后又出任第四、五届中央委员会总书记。1927 年被罢免总书记后,投身中国"托派"(托洛茨基主义派)的活动。1932 年被国民党逮捕。1937 年 8 月出狱,参与抗日救亡运动。1942 年在四川病逝。

当新文化运动开展得如火如荼之时,俄国十月革命一声炮响,给中国送来了马克思主义。李大钊率先举起社会主义的大旗。1918年,李大钊发表《法俄革命之比较》《庶民的胜利》《布尔什维主义的胜利》等文章,指出:1917年的俄国革命,"是立于社会主义之上的革命""是20世纪中世界革命之先声";"须知今后的世界,变成劳工的世界"。他主张学习俄国,改造中国,号召知识分子到工农群众中去做宣传和组织工作,培植革命力量。1917年后,《每周评论》《星期评论》《湘江评论》也刊发了大量宣传马克思主义的文章。到新文化运动后期,传播马克思主义成为运动的主流。

三、五四运动

新文化运动唤醒了中国新一代年轻知识分子。1919年年初,中国在巴黎和会上的外交即将失败、德国在山东的特权将被转交给日本等消息传来之后,新一代年轻知识分子迅速行动起来,掀起了规模宏大、震惊中外的五四爱国运动,将新文化运动推向高潮。1919年5月4日下午,北京各校学生3,000多人在天安门前举行聚会和示威游行,提出"外争国权,内除国贼""废除二十一条""拒绝在和约上签字""誓死争回青岛"等口号,要求惩办曹汝霖、陆宗舆、章宗祥三个卖国贼。随后天津、上海、广州等地的学生纷纷游行响应。6月3日和4日,北京大批学生被捕,消息传到上海。6月5日,上海爆发了有数十万工人参加的大罢工和游行,支持学生运动,并于6月6日成立上海各界联合会,五四运动中心由北京转向上海,这标志着中国工人阶级登上政治舞台,成为运动的主力,这场爱国运动发展到了一个新阶段。在各方施加的巨大压力下,北洋政府释放了被捕学生,罢免了曹、陆、章三人的职务。参加巴黎和会的中国代表最终拒签和约。五四运动取得了初步胜利。

五四运动的爆发,大大促进了马克思主义在中国的传播。1919年,李大钊为《新青年》主编《马克思研究专号》,刊登了一批介绍马克思主义和俄国革命的文章。其中，李大钊的《我的马克思主义观》比较全面地介绍了马克思主义。从 1920 年 3 月开始，一批研究马克思主义的社团出现，如北京的“马克思学说研究会”、湖南的“俄罗斯研究会”、上海的“马克思主义研究会”等。从日本留学回国的李达、陈望道、李汉俊等人投身于马克思主义学说的翻译和宣传。陈独秀、毛泽东、邓中夏、蔡和森、瞿秋白、周恩来等一批先进的中国知识分子成为马克思主义者。他们开始用马克思主义指导中国革命，并纷纷建立中国共产党早期组织。这些组织创办工人补习学校，向工人宣传马克思主义，还出版面向工人的刊物——《劳动界》《劳动者》《劳动音》，深受工人欢迎。在五四运动的推动下，一批具有初步共产主义思想的知识分子走上了与工人运动相结合的道路，马克思主义发展为新思潮的主流。

五四运动爆发于民族危难之际，是一场以先进青年知识分子为先锋、广大人民群众参加的彻底的反帝反封建的伟大爱国革命运动，是一场中国人民为拯救民族危亡、捍卫民族尊严、凝聚民族力量而掀起的伟大社会革命运动，是一场传播新思想、新文化、新知识的伟大思想启蒙运动和新文化运动，以磅礴之力鼓动了中国人民和中华民族实现民族复兴的志向和信心(图 6)。

五四运动具有深远的历史意义。它以彻底反帝反封建的革命性、追求救国强国真理的进步性、各族各界群众积极参与的广泛性，推动了民众在思想上的解放，推动了中国社会的进步，促进了马克思主义在中国的传播，促进了马克思主义与中国工人运动的结合，为 1921 年中国共产党的成立做了思想上、干部上的准备，为新的革命力量、革命文化、革命斗争登上历史舞台创造了条件，标志着新民主主义革命的开端，在近代以来中华民族追求民族独立和发展进步的历史进程中具有里程碑意义。

图 6　五四运动中的青年学生

五四新文化运动是指陈独秀于 1915 年创办《青年杂志》,猛烈抨击旧文化,大力提倡新文化所形成的思想文化启蒙运动。五四运动是五四新文化运动的重要组成部分,是思想文化启蒙运动在政治领域取得的成果。五四运动特指在新文化运动影响下,政治上觉醒了的青年学生于 1919 年 5 月 4 日带头发起的“外争主权,内除国贼”的爱国政治运动。由于这是整个新文化运动中规模与影响最大的一场运动,是思想启蒙最具标志性的成果,所以“五四”成为具有标识意义的一个概念。在新文化运动之前冠以“五四”两个字,是指整个新文化运动并强调其思想启蒙的意义与作用。

思考题:

1. 五四新文化运动的主要内容有哪些?这对推动中国思想文化的革新有何意义?

2. 概括李大钊在五四新文化运动期间的主要贡献。

第三十九章
近代中国民族资本主义的产生与发展

辛亥革命后，中国民族资本主义为什么能迎来“黄金时期”？近代中国民族资本主义的发展在哪些领域有突出的表现？

一、民族资本主义的产生

中国民族资本主义是在外国资本主义入侵中国以后，中国开始沦为半殖民地半封建社会的情况下产生的。两次鸦片战争以后，外国的生产方式传入中国，中国传统的封建经济结构日趋瓦解，外国资本主义的商品市场和劳动力市场不断扩大。19 世纪 60 年代，清政府的一部分洋务派官僚创办了一些近代工业企业，采用西方的先进技术，引进西方的设备和自然科学，对民族资本主义的产生和发展起到了一定的推动和促进作用。60—70 年代，一部分华侨、地主、官僚、商人、买办开始投资近代工矿企业。当时的民族资本主义工业主要以机器缫丝业为主，其次是食品、火柴、印刷等，但发展困难。到甲午战争时期，早期创办的 100 多家民族资本主义企业只剩下 74 家。

二、民族资本主义的初步发展

甲午战争后,帝国主义掀起了瓜分中国的狂潮,民族危机空前严重。一些爱国人士发出了实业救国的呼声，出现了一个兴办工矿企业的浪潮，中国民族资本主义工业有了初步的发展。据不完全统计,1895—1911 年,资本在万元以上的工矿企业共有 462 家。这个阶段民族资本主义工业仍然以缫丝业为主,其次是面粉、纺织、日用消费品、食品等轻工业。

但整体来说,甲午战争后，外国在华直接经营企业,并向中国大量输入商品,控制中国市场,因而民族资本主义处境十分困难。在外国资本的排挤下,民族资本主义企业常常亏损乃至破产,难以获得充分发展。

知识链接

1894 年以前，中国民族资本总额仅 772.5 万银圆,而同一时期的外国资本则达 5433.5 万银圆。对于刚刚诞生的中国民族资本主义工业,外国资本主义列强百般挤压,欲除之而后快。它们一方面通过商品倾销和原料掠夺,使得中国民族资本主义工业发展困难重重;另一方面,又利用资金、技术等方面的优势,在竞争中挤垮、吞并中国民族资本主义企业,使中国民族资本主义的发展受到阻碍,生存受到威胁,许多企业创办不久就失败了。如上海、厦门等地的火柴制造厂,因无法与外国输入的火柴竞争,相继倒闭,仅燮昌火柴厂还勉强维持,但经营也十分困难。1875 年福州成立的三个砖茶厂,在俄商竞争下,仅一年时间就倒闭了两个。1882 年成立的上海玻璃制造厂,1888 年被英商福利公司吞并。

三、民族资本主义发展的短暂春天

尽管辛亥革命具有明显的不彻底性，但它推翻了清朝统治，建立了中华民国，在制度上为中国民族资本主义的发展创造了有利的条件。中华民国临时政府奖励发展实业，激发了民族资产阶级投资近代企业的热情。各种实业团体如雨后春笋纷纷涌现，较为著名的有中华民国工业建设会、中国实业团等。海外华侨也竞相投资国内工商业。那时，群众性的反帝爱国运动此起彼伏。如1915年，为反对袁世凯与日本签订“二十一条”掀起的抵制日货、提倡国货的群众运动，有力地推动了民族资本主义的发展(图7)。特别是1914年第一次世界大战的爆发，更为中国民族资本主义的发展提供了一次难得的机遇，使处于帝国主义和封建主义夹缝中的民族工业得到迅速发展，速度和规模甚至超过以往半个世纪所取得的成绩，民族资本主义获得了一个迅速发展的短暂春天。

图7　清华学校学生抵制、焚烧日货

由于第一次世界大战的进行，欧洲列强暂时放缓了在中国的经济扩张步伐，中国进口的外国商品明显减少，1913年进口总额5.7亿两白银，到1915年已减少到4.5亿两，对外贸易逆差明显缩小。过去严重依赖从西方国家进口的某些工业品由于得不到充分的供应，在中国市场上供不应求,国内市场的需求为民族工业的发展提供了契机。同时,由于西方主要国家忙于战争,其国内的商品需求也无法获得充分的满足,这在某种程度上为中国的某些轻工业商品进入世界市场提供了客观条件。中国出口货物的数量和机会不断增加,进而推动了中国民族工业的加速发展。例如,1900年中国只有两家面粉工厂,而1916年增加到67家,至1918年第一次世界大战结束时竟达到86家之多,1921年更是增加到123家。由于世界市场对面粉需求的增加,中国由面粉入超国变为出超国。1914年的面粉进口量超过出口量203万担,而1915年的情况则刚好相反,出口量超过进口量1.9万多担,1918年达到200.7万多担。

知识链接

荣宗敬、荣德生两兄弟创办的荣氏企业以面粉业起家,借助第一次世界大战爆发得到飞速发展,其下属的福新面粉厂、茂新面粉厂不断扩张,逐渐在全国市场取得主导地位,荣氏兄弟因而被称为“面粉大王”。1915年,荣氏兄弟还涉足纺织业,创办申新纱厂,后不断扩建。到1922年,荣氏企业已拥有12家面粉厂、4家纱厂。此外,1913—1921年,民族资本家共开设105家面粉厂,由此可见当时面粉业的发达程度。

1913—1920年,中国民族资本在23个轻工业部门中建成675个企业,其中,纺织工业的发展速度最快,这显然与战争期间棉纱进口量的减少有关。1914—1922年,中国新设纱厂49家、布厂5家,布机由最初的2,300台增加到6,760台。烟草、火柴、染料等轻工业部门都是类似的情况。如外国火柴的进口量大幅减少,特别是受到抵制日货运动的影响,日本火柴的进口量下降得最多,同时兴建了一批中国火柴厂。全国民办的火柴厂从1913年的52家、资本额294万元,到1921年增长到129家、资本额746万元。有“中国火柴大王”之称的刘鸿生,于1920年在苏州创办的鸿生火柴厂后发展成中国最大的民族资本火柴企业。在机器制造业方面，上海的民办机器工厂从 1913 年的 91 家，增长到 1920 年的 222 家。此外，因战时西方国家对钨、锑矿需求的增加，中国在这一时期矿石的出口量迅猛增加。

知识链接

中国的卷烟业也在第一次世界大战期间得到快速发展，尤以简照南、简玉阶兄弟在香港创办的广东南洋兄弟烟草公司最为著名。1916 年，该公司在上海设立分厂，每年盈利达到百余万元。1918 年该企业改为股份公司，并改上海工厂为总厂，香港工厂为分厂。1919 年进行招股扩大，并在上海、香港两地建成 5 个厂，工人达万余人。同时，该公司还在武汉、广州、北京设立分公司，在各省设立代销处，在山东、河南等地设立烤烟厂，迅速发展成最大的中国烟草公司。

在现代工业企业方面，企业数量由 1913 年的 698 家增长到 1920 年的 1,759 家。1914 年在中国新注册的企业投资额为 6,200 万元，1920 年增加到 1.55 亿元。1914 年，有 50 万元及以上资本的企业只占企业总数的 4%，到 1920 年已经达到 14%。受国内经济繁荣及北洋政府发行公债的影响，中国的银行资本在这一时期也有很大的发展。1912 年，中国有 7 家银行，资本总额为 7,500 万元。1913—1920 年，银行总数剧增，另行成立了 43 家银行，资本总额为 1 亿多元，其中商业银行成为金融业发展的主流。

知识链接

北洋政府时期形成了“北四行”和“南三行”的著名金融集团分布格局。北四行由盐业银行、金城银行、大陆银行、中南银行等位于北方的四大银行组成;南三行则由浙江兴业银行、浙江实业银行、上海商业储蓄银行等位于南方的三家银行组成。

不过,在第一次世界大战期间,所谓民族工业的发展,主要是指轻工业方面,特别是棉纺织业、火柴业、面粉业、卷烟业发展迅猛。发展过程中,也出现了盲目扩张、不重视资本积累、经营管理不善、科技含量较低等问题。而工业的其他门类,尤其是交通、制造、矿产开采、钢铁冶炼等重工业方面在这一时期并没有多大发展,中国经济并没有从根本上摆脱对外国资本和技术的依赖。第一次世界大战结束后,欧洲列强卷土重来,不断在华进行经济扩张,对中国民族资本主义的发展造成了严重影响,尤以面粉业、棉纺织业受到的冲击最大,整个中国民族工业又迅速萧条。

知识链接

张謇(1853—1926),江苏南通人,近代实业家,立宪派领袖。1876 年入吴长庆军中任幕僚,1882 年曾随军赴朝鲜,1894 年高中状元。他不热心官场,而是以极大的热忱倡导“实业救国”,1899 年在南通建成大生纱厂。张謇认为,发展实业应该“听之民办”,重点要放在纺织和钢铁工业上。他提倡在不损害民族权益的前提下,引进外资。第一次世界大战期间,张謇创办的南通大生纱厂等企业发展很快,仅大生纱厂一厂、二厂到 1921 年就获利白银 1,600 多万两,其中三分之二是在第一次世界大战期间获得的。但到 20 年代中期,张謇的企业就开始每况愈下了。张謇还热心教育事业和立宪事业,1903 年在南通创办通州师范学校,1905 年参与创办复旦公学，并积极呼吁清政府实行立宪制，1909 年任江苏谘议局议长，1910 年发起国会请愿运动。1912 年任南京临时政府实业总长，后任北洋政府农商总长兼水利总长，1915 年辞职后回南通专心实业、教育活动。1926 年，张謇病逝。

在近代中国经济结构多元化的格局中，民族资本主义经济代表着中国经济近代化的进步方向。作为一种新的经济因素，其产生和发展有利于社会进步。它直接促进了民族资产阶级的产生，为维新变法和辛亥革命提供了社会基础。辛亥革命后，民族资本主义工业的迅速发展使得中国产业工人的人数急剧增加，成为不可忽视的社会力量，为后来新民主主义革命的到来和中国共产党的成立准备了阶级条件。

近代民族资本主义尽管具有顽强的生命力，但因面临国内外各种因素的干扰而发展艰难，始终没有成为近代中国社会经济的主导形式，其发展的最大障碍是列强的侵略。因此，民族独立是国家富强的政治前提。

思考题：

1. 第一次世界大战期间中国经济发展的表现有哪些？
2. 谈谈张謇的主要贡献。

第四十章

中国共产党的诞生与国民大革命

中国共产党的诞生具有怎样的重大意义？面对北洋军阀混战的局面，国共两党合作发起了国民大革命，并最终取得胜利。国民大革命中，两党合作取得了哪些成果？

一、中国共产党的诞生

随着马克思主义的广泛传播以及中国工人运动的持续发展，创建工人阶级政党的问题提到日程上来。1920 年年初，陈独秀和李大钊最早提出并推动在中国建立共产党。同年 4 月，共产国际派代表来到中国，先后与李大钊、陈独秀商议建党事宜；8 月，他们在上海发起成立了中国共产党早期组织；10 月，在北京建立了共产党小组。武汉、长沙、济南、广州等地也相继建立了共产党的早期组织。

1921 年 7 月 23 日，中国共产党第一次全国代表大会在上海召开(图 8)。出席会议的有毛泽东、董必武、李达等 13 名代表，此外，还有共产国际代表。大会在最后一天转移到浙江嘉兴南湖游船上举行。大会通过了党纲，确定党的名称为“中国共产党”，规定党的纲领是：革命军队必须与无产阶级一起推翻资产阶级政权，承认无产阶级专政，直到阶级斗争结束;消灭资本家私有制;联合共产国际。大会决定今后党的中心工作是组织工人阶级,领导工人运动。大会还成立了党的中央机构——中央局,选举陈独秀为书记。

中国共产党的诞生,是一个开天辟地的大事,给灾难深重的中国人民带来了光明和希望。中国共产党的诞生,使中国革命有了坚强的领导力量。自从有了中国共产党,中国革命有了正确的前进方向,中国人民有了强大的凝聚力量,中国命运有了光明的发展前景。从此,中国革命的面貌焕然一新。

图 8　中国共产党第一次全国代表大会会址

知识链接

1922 年 7 月 16 日至 23 日,中国共产党第二次全国代表大会在上海举行。大会通过的宣言实际上制定了中国共产党的最低纲领和最高纲领。党的最低纲领,即党在民主革命阶段的纲领是:消除内乱,打倒军阀,建设国内和平;推翻国际帝国主义的压迫,达到中华民族完全独立;统一中国为真正的民主共和国。党的最高纲领是:组织无产阶级,用阶级斗争的手段,建立劳农专政的政治,铲除私有财产制度,渐次达到一个共产主义社会。

二、国民大革命

中国共产党成立后,深感要战胜强大的敌人,必须建立革命统一战线。1923年,中国共产党第三次全国代表大会通过中国共产党与中国国民党合作的决定。1924年,孙中山在广州主持召开有共产党员参加的中国国民党第一次全国代表大会,重新解释了三民主义,称之为新三民主义。大会实际上通过了联俄、联共、扶助农工三大政策,这标志着第一次国共两党合作正式形成,也标志着以国共合作为特征的革命统一战线的建立,加速了中国革命的进程,轰轰烈烈、席卷全国的以"打倒列强,除军阀"为目标的国民大革命开始了。

国共合作后,国民大革命席卷全国。1924年,黄埔军校在广州成立,为国民革命训练军官。1925年,国民政府在广州成立,通过两次东征消灭了陈炯明的势力,广东革命根据地得到巩固和统一。1926年,国民政府决定北伐,消灭帝国主义支持的北洋军阀吴佩孚、孙传芳和张作霖三派势力。北伐军势如破竹,革命势力从珠江流域发展到长江流域。1927年初,国民政府由广州迁往武汉。

北伐战争的胜利进军和工农运动的蓬勃发展,极大地动摇了帝国主义在中国的统治基础。为了维护自己的在华利益,帝国主义开始对中国革命进行蓄意破坏。早在1925年5月30日,英国就在上海制造了"五卅惨案",镇压爱国学生运动。1926年9月,当北伐军兵临武昌时,英国预感到它在长江流域的势力范围必将受到威胁,于是公然援助吴佩孚,并派军舰驶入珠江,占领码头,逮捕工人纠察队成员,截获民船,袭击北伐军后方,与北伐军为敌。9月5日,英国以川军扣留英国轮船为由,调军舰炮轰万县县城,蓄意制造"万县惨案"。1927年年初,当北伐军沿江东下,分兵直逼上海时,英、美、法、日等国纷纷增兵来华,3月24日,北伐军占领南京,英美等国借口保护侨民和领事馆,命令停泊在下关江面上的军舰向南京市区狂轰滥炸，杀伤中国军民数千人，史称“南京惨案”。

帝国主义在武力破坏中国革命的同时，还采取种种手段分化革命阵营，寻找新的在华利益代理人。1926 年年底，英国政府提出所谓“对华新政策”，声称承认中国关税自主权。1927 年 1 月 27 日，美国政府发表对华政策声明，声称准备尽早放弃在华关税控制和治外法权，但又同时宣布美国海军将继续留在中国水域，一旦中国政府不能有效地保护美国侨民的生命财产，美国政府有权动用海军保护侨民。日本政府将对华政策调整为怂恿蒋介石反对中国共产党，认为实行这种怀柔政策比进行露骨的武力干涉更有效。

在帝国主义的威胁利诱下，蒋介石加紧同国内外反共势力进行勾结。1926 年年底，他明确宣布实行对美友好政策，要求美国给予援助，并派员赴日活动，以争取日本的支持。与此同时，蒋介石与奉系军阀之间的信使往来也日趋频繁，奉系方面不断向蒋介石方面暗示：一旦蒋介石对中国共产党进行彻底的镇压，南北之间就有可能不战而和，按照蒋介石的期待用三民主义和平统一中国。

面对蒋介石制造的一系列反共事件，中国共产党的领导人陈独秀一味妥协退让，甚至于 1927 年 4 月 5 日与汪精卫发表联合宣言，称蒋介石绝无驱逐友党、摧残工会之事，要求中共各级组织的领导人和群众不要听信任何谣言，期望国共两党继续精诚合作，如兄弟般亲密。这个宣言在思想上解除了中共的武装，实际上纵容了蒋介石后来发动反共政变。

蒋介石加快了反共的准备。1927 年 4 月 6 日，蒋介石发布命令，要求一切武装纠察队和工会必须无条件地接受他的总司令部的领导，否则以违法叛变论处。8 日，蒋介石指使吴稚晖、陈果夫组织成立上海市临时政治委员会，取代原有的上海市政府，规定该委员会以会议方式在上海行使一切军事、政治、财政之权，并指导当地党务。9 日，蒋介石成立“淞沪戒严司令部”，发布禁止罢工、集会和游行的戒严条例。当一切都安排妥当之后，蒋介石于 11 日发布密令，要求“已克复的各省一致实行清党”。

当日下午,驻沪军队与上海公界联合会人员布防上海街头。是日夜,帝国主义军队越过租界拘捕共产党人及工人群众千余人,将他们送交设在龙华的蒋介石司令部。12 日晨,大批冒充工人纠察队的青洪帮流氓在整个上海市区向工人纠察队发起全面进攻,双方发生激战。后蒋介石的军队借口调解工人内讧,用武力和欺骗的手段强行收缴工人纠察队的武器,占领了上海总工会,史称“四一二反革命政变”。

为抗议蒋介石的暴行,上海总工会于 12 日晚发布总同盟罢工的命令。13 日,数十万工人举行罢工游行和集会,遭到蒋介石军队的残酷镇压。据统计,在政变之后的三日内,有 300 多人被杀、500 多人被捕、近 6,000人失踪。

继上海之后,国民党右派在广东、江苏、浙江、福建、四川、江西、广西等省也相继进行了反共清党和屠杀。在北方,奉系军阀张作霖也与蒋介石密切配合,逮捕了著名的共产党人李大钊和苏联外交人员,中国革命陷入低潮。

四一二反革命政变后,蒋介石立即重组国民党中央和国民政府。4 月 18 日,南京国民政府正式成立,胡汉民为主席,蒋介石、吴稚晖等 12 人为常务委员会委员,实权在蒋介石手中。南京国民政府是高度集权的专制政府。

知识链接

蒋介石(1887—1975),浙江奉化人。曾两次赴日本留学。早年追随孙中山参与革命活动。1924 年担任黄埔军校校长。1926 年率军北伐。1927 年 4 月成立南京国民政府,次年 10 月就任国民政府主席。1931 年出任军事委员会委员长,先后对中国共产党领导的革命根据地发动五次围剿。在 1936 年西安事变中被短暂扣留。1937 年抗战全面爆发后,领导国民党在正面战场进行抗战。1939 年任国防最高委员会委员长。

1943 年再任国民政府主席，并出席开罗会议。抗战胜利后，撕毁双十协定，发动内战。1948 年当选为中华民国总统。1949 年败退台湾。1975 年病逝。

南京国民政府成立的同时，1927 年 3 月成立的武汉国民政府同样在运转，实际上形成了宁（南京）汉（武汉）分裂的局面。1927 年 7 月 15 日，汪精卫在武汉发动七一五反革命政变，大肆反共，第一次国共合作正式破裂，轰轰烈烈的国民革命失败。

1927 年 9 月，武汉国民政府迁往南京，国民党内部完成统一，史称“宁汉合流”。1928 年 4 月，蒋介石继续领导北伐，攻克河北、河南、山东等地。同年 5 月 3 日，日本为阻止北伐军进入济南，制造了五三惨案。同年 6 月，北伐军攻入北京，北洋政府宣告结束，南京国民政府宣布北伐告成。同年 12 月，张学良宣布东北易帜，服从国民政府领导，南京国民政府在形式上统一了全国。

思考题：

1. 中国共产党的诞生有何重大意义？
2. 国民大革命失败的原因有哪些？

第四十一章
近代科学研究事业的发展

在西方文明的强烈冲击下,中国近代的科学研究事业发生了哪些新变化?取得了哪些成就?中央研究院是如何成立的?

一、西方书籍的翻译

早在明末清初,西方传教士就将西方中世纪的一些科学文化成果带入了中国,遗憾的是,这些科技文化除了获得了个别知识分子如徐光启等人的赞赏外,并没有在中国生根。在清朝鼎盛时期,一些西方传教士也曾在中国传播过西方科学,有些传教士还利用自己的知识参加清政府组织的一些大型科学活动,如《康熙永年历》的制定、《皇览全舆图》的绘制等,但这些都很难算得上近代意义上的科学研究事业。

中国古代科学技术曾在世界文明史上写下了光辉灿烂的篇章,但当西方经过文艺复兴的洗礼,近代科技开始生机勃勃地迅速发展之际,中国的发展却越来越迟缓,越来越落后于西方。严格意义上的近代科学研究事业是西方文化刺激的产物。

西方科技的引进开始于对西方书籍的翻译。对西方书籍的大规模翻译从 19 世纪 60 年代的洋务运动开始,此后种类日渐丰富,科学书籍也被大量翻译和出版。广学会、京师同文馆、江南制造总局翻译馆等都是当时重要的出版机构。但由于引进的意图不同，各家翻译的内容差别甚大。广学会侧重于宗教、医学，京师同文馆侧重于外交、历史，都缺乏价值较高的科学译著。江南制造总局翻译馆对近代西方科技的引进具有举足轻重的作用，它集中了一批近代科学造诣颇深的科学家，集中翻译出版了几十种西方科学著作，如李善兰翻译的《几何原本》《代数学》《代微积拾级》，徐寿翻译的《化学鉴原》《西艺新知》，华蘅芳翻译的《代数术》《微积溯源》《决疑数学》等，在一定程度上促进了中国近代科学的进步和发展，开阔了国人的眼界。

知识链接

华蘅芳（1833—1902），江苏无锡人，字若汀，中国清末数学家、机械工程专家、翻译家和教育家，中国早期掌握和传播近代科技的代表人物。华蘅芳出生于世宦门第，自小在祖父、父亲的教育下，攻读经书，研习时文。少年时酷爱数学，遍览当时的各种数学书籍。青年时游学上海，与著名数学家李善兰交往，并学习西方的代数学和微积分。1861 年为曾国藩擢用，和徐寿等人试制出中国最早的蒸汽轮船“黄鹄”号。在数学研究领域，取得了开方术、积较术、数根术等方面的成就，翻译了多种近代科技书籍，较早地将近代矿物学、生物进化论、概率论等介绍到中国。近代数学中的许多名词，如代数、几何、三角、微分、积分、函数、对数等，基本上都来自华蘅芳的译本，这些译名甚至流传到了日本。华蘅芳为近代中国科技的发展作出了重要贡献。

在中国人翻译西书的过程中，李善兰、徐寿、华蘅芳等人作出了重要贡献。而仅靠有限的几位翻译家，肯定无法满足当时社会对科技的需要。在引入西方科学技术的过程中，传教士和教会学校也是一股不可忽视的

力量。传教士不仅是西方思想文化的传播者,也是西方科技的传播者,如英国传教士合信编译的《全体新论》就是最早的西医西药书籍。

知识链接

晚清时期为西学东渐的高峰期,据《中国科学技术史稿》记载,1853—1911 年,中国共翻译西方科技著作 468 部,其中总论和杂著 44 部、天文气象 12 部、数学 164 部、理化 98 部、博物 92 部、地理 58 部。值得注意的是,这些书籍的译者不仅有中国人,还有许多在华的传教士。

二、科研机构的建立

戊戌维新运动之后,西学成了当时最时髦的学问,留学也成为新一代知识分子重要的出路。出于强烈的危机感和民族意识,留学东西洋的青年学子除了注意自身的科学研究之外,更具有一种团体精神,更注意科学研究机构的组织与管理。这些留学生学成回国,对西方科学技术的引进起到了积极作用。1907 年,留学欧洲的李景镐、曹志在巴黎成立中国化学会欧洲支部,是目前为止所知的成立最早的中国科学团体。

1909 年,张相文等在天津发起成立专业的地理学术团体——中国地学会,次年出版《地学杂志》。值得一提的是,留美归国的著名铁路专家詹天佑在 1905 年主持了京张铁路的修建。1909 年该铁路建成通车,成为中国人自行设计的第一条铁路。著名飞机设计师冯如于 1908 年在美国研发飞机并试飞成功,1909 年在广州成立了广东飞行器公司。

知识链接

詹天佑(1861—1919),广东南海人,近代著名铁路工程专家,被誉为"中国铁路之父""中国近代工程之父"。1872 年赴美留学,1881 年从耶鲁大学毕业后回国,在福州船政学堂学习,后任教习。1884 年赴广东实学馆任教,1888 年到天津的中国铁路工程公司任工程师,1895 年任北洋铁路局工程师,率队修建津芦铁路,1902 年主持修建新易铁路。1905 年主持修建京张铁路,后参与修建川汉、粤汉铁路。1913 年任交通部技监,同年出任中华工程师学会会长,1914 年任汉粤川铁路督办,1917 年任交通部铁路技术委员会会长,1919 年病逝。

中华民国成立后,中国科学家按照不同的专业相继成立了不少专门性的研究机构,如中国科学社、中国工程师学会、中国工程学会、中国化学会、中国物理学会、中国生物学会、中国植物学会及地质研究所等。1914 年 6 月,留学美国的任鸿隽、胡适、赵元任、杨铨、周仁、胡明复、秉志、章元善等在美国发起成立中国科学社,并集资出版《科学》月刊。这是中国第一本自然科学刊物,对后来中国科学研究事业的发展起到了重要的作用。中国科学社于 1918 年迁回国内,先落脚上海,后迁至南京。会员不断扩充,除了继续出版《科学》月刊外,还先后创办了《科学画报》《论文专刊》《科学丛书》《科学译丛》等刊物,并开展科学活动,推动了中国科学的进步。1922 年,中国科学社成立生物研究所,这是中国民间学术团体创办的第一个研究所。

北洋政府教育部在 1912 年设立了中央观象台,这是官方的天文机构。1916 年,农商部成立地质调查所,标志着民国时期政府组织有计划的科学研究的开始。

知识链接

中央观象台于1912年年底在北京成立,高鲁为首任台长。最初只设历书一科,主要负责每年历书的编纂,推广使用公历。1913年设立气象科,开始气象观测,并在1916年正式发布天气预报。1921年又成立天文、磁力二科。该台主办《气象月刊》,后将其扩大为《气象丛报》。高鲁等于1922年在北京发起成立中国天文学会。南京国民政府成立后,于1928年将中央观象台改为国立天文陈列馆与北平气象测候所。

三、新式教育的推动

政府和社会各界创办的各种新式书院或学校,对西方科技的引进起到了直接的推动作用。华蘅芳、徐寿等人在格致书院进行了大量的科学实验,陈列和展示了大量科技书籍和仪器,推动了西方科技的引进。1924年冬,孙中山有意创设中央学术院,委托汪精卫、杨铨草拟方案,后因故未果。南京国民政府成立后,1927年5月,国民党中央政治会议第90次会议决议设立中央研究院筹备处,由蔡元培、李石曾、张人杰等人负责。7月,国民政府公布中华民国大学院组织条例,规定大学院之下设立中央研究院。10月,大学院下属的中央研究院正式成立筹备委员会。11月,筹备委员会通过中央研究院组织条例,确定中央研究院为全国最高科学研究机构,并议决下设理化实业研究所、地质研究所、观象台及社会科学研究所等。大学院院长蔡元培兼任中央研究院院长。

1928年,中央研究院脱离与大学院的隶属关系,改为国立中央研究院;国民政府颁布《修正国立中央研究院组织条例》,同年4月继续聘任蔡元培为院长。其研究机构的设置也有所调整,原先成立的理化实业研究所改组为物理、化学、工程三个研究所,观象台改为天文、气象两个研究所，另有地质、历史语言、教育、心理、社会科学、动物及植物等12个研究所及博物馆。中央研究院还设立院评议会作为全国最高学术评议机关，负责联络国内各研究机构，讨论重要科研问题，组织中外学术交流与合作。1928年6月，中央研究院在南京正式成立。

中央研究院成立后，在蔡元培的主持下，多方网罗人才，并根据需要与可能适时增设新的研究所，广泛联系国内各研究机构和大学，努力加强与国外的学术交流，推动中国科学研究事业健康、稳步地发展，提高了中国在国际科学界的地位。此外，北平研究院也于1929年成立，下设物理、化学、生物、动物、植物、地质等6个研究所，成为北方的科学研究重镇。

中国古代的科学技术对现象描述得细致入微，但很难实验验证，重视现实技艺，而少科学理论探索。而西方的科学技术很大程度上有别于中国古代科技，引进西方科技并将中国科技方法纳入世界轨道，能让中国科技走向更为广阔、更加开放的道路。近代中国科技的发展冲击了国人的传统思维，不断瓦解着中国传统的价值观念，有利于解放国人的思想，从而对中国社会产生深远的影响。

思考题：

1. 近代中国引进西方科技的途径有哪些？
2. 中央研究院的组织机构是如何设置的？

第四十二章
废除不平等条约运动

面对清政府遗留下来的大量不平等条约,北洋政府与南京国民政府虽然表示承认,但也在努力与外国交涉,试图进行修订或废除。它们与苏联、英国、美国等是如何交涉的?改订新约运动取得了哪些成绩?

一、废除不平等条约运动

1917年俄国十月社会主义革命胜利之后,列宁领导的苏维埃政府实行社会主义的外交政策,于1919年7月25日郑重发表《俄罗斯苏维埃联邦社会主义共和国政府对中国人民和中国南北政府的宣言》:宣布废除沙俄与中国签订的一切不平等条约;放弃沙俄在中国攫取的东北及其他地区;放弃庚子赔款中的沙俄部分;放弃沙俄在中国的领事裁判权等一切特权;完全无条件地把中东铁路交还给中国;建议两国建立正式的外交关系。

苏俄政府的对华宣言体现了列宁领导的社会主义国家对半殖民地中国的基本政策,得到了中国人民的热烈欢迎和赞许,但是此时的段祺瑞北洋政府正在追随西方列强对苏俄进行干涉,因此北洋政府对苏俄政府的友好态度置之不理，中国丧失了与苏俄就其放弃沙俄从中国攫取的权益进行坦诚对话的一次绝好机会。

1920年年初，中俄关系出现转机。4月，北洋政府与苏俄远东共和国决定互派使团。6月，双方互派特使进行考察，准备通过谈判解决中俄之间历史上遗留下来的一些悬案。但是，由于北洋政府深受法、日等国的影响，对苏俄采取与协约国一致的态度，故当8月底远东代表团抵达北京的时候，北洋政府故意冷淡和拖延，从而使中俄之间一系列历史遗留问题继续悬而未决。

1920年9月，苏俄政府第二次发表对中国政府宣言，重申苏俄政府解决中俄历史遗留问题的诚意，并表示将废除沙俄与中国签订的一切条约，放弃以前夺取的一切中国领土和中国境内的俄国租界，并将沙俄政府从中国夺得的一切无偿地永久地交还给中国；声明建议两国政府采取一切必要的措施，迅速建立两国正常的贸易和经济关系，随后根据缔约双方遵照最惠国原则，另行缔结有关贸易条约。关于中东铁路的条款，此次声明较前次声明略有倒退，取消了前次声明中关于将中东铁路无条件归还给中国的条款，要求重新取得中东铁路的使用权。这个微妙的变化引起了北洋政府的不满，于是北洋政府决定单方面结束与苏俄的交涉。

1922年9月，苏俄政府在第三次对华宣言中称，关于苏俄使用中东铁路一事，由中俄两国重新签订条约。1922年12月30日，由俄罗斯、乌克兰等组成的苏维埃社会主义共和国联盟成立，简称“苏联”。1923年1月，苏联政府代表越飞在上海与孙中山联合发表《孙文越飞宣言》，其中关于中东铁路的内容为：“孙逸仙博士以为现在中东铁路之管理，事实上现在只能维持现状；且与越飞同意，现行铁路管理法，只能由中俄两国政府不加成见，以双方实际之利益与权利为据，暂时改组。”

1923年9月，苏联政府派出的以加拉罕为代表的外交使团抵达北京，与中国政府代表王正廷谈判。几经波折，两国政府于1924年5月31日签订《中俄解决悬案大纲协定》及《暂定管理中东铁路协定》，确认凡沙俄与第三者所订立的一切条约、协定等有妨碍中国主权及利益者，一概无效；苏联政府承认外蒙古为完全中华民国之一部分，及尊重该领土内中国之主权；中苏两国政府将彼此疆界重新划定，在疆界未行划定前，允仍维持现有疆界；苏联政府抛弃沙俄在中国境内任何地方根据各种公约、条约、协定等所得的一切租界等特权；苏联政府放弃沙俄部分的庚子赔款；苏联政府取消治外法权及领事裁判权；中东铁路纯系商业性质，除该路本身营业事务直辖于该路外，所有关系中国主权的各项事务如司法、民政、军务、警务、市政、税务、地亩等概由中国政府办理。苏联政府同意中国赎回中东铁路及其所属一切财产，并将该路一切股票、债票移归中国。中东铁路的前途，只取决于中苏两国，不许第三者干涉。

此后，苏联政府还与实际控制东北的张作霖签署了奉俄协定，再次确认了上述有关中东铁路的协定。

知识链接

中东铁路，是清末沙俄为了控制中国东北而修建的铁路，初名大清东省铁路。1898 年正式动工兴建，1903 年通车。1905 年日俄战争后，沙俄被迫将该铁路从长春到大连的南满支线运营权转让给日本。1924 年中苏签订协定后，由中苏合营铁路。1929 年 7 月，因张学良驱逐中东铁路的苏联职员，中苏发生武装冲突，后东北军作战失利，苏联继续占据中东铁路。1935 年，苏联将中东铁路卖给日本控制的“伪满洲国”。抗战胜利后，中东铁路继续由中苏共管，1952 年完全交由中国管理。

中苏两国政府就历史悬案所达成的协议与谅解，虽然没有完全解决中苏两国全部的历史遗留问题，但毫无疑问，这些协议与谅解严重地打击了西方列强强加给中国的整个不平等条约体系，极大地鼓舞了中国人民彻底废除西方列强强加给中国的一切不平等条约的斗志。

对于中苏协定的签订，中国社会各界在深表欢迎与欣慰的同时，也一直要求中国政府根据与苏联政府谈判的原则，从西方列强手中收回治外法权，废除庚子赔款和一切不平等条约，撤退驻在内地之外兵，重新建构国际关系，使中华民族享有人类应有之权利，谋求中国之独立完整与富强。北京、上海、武汉、天津、广州、杭州及湖南、山东等地的各界人士分别组织反帝同盟，用各种方式表达中国人民坚决废除一切不平等条约的决心。1924 年 9 月 3 日，反帝运动大同盟发起全国范围的反帝爱国运动周，全国许多大中城市分别开展了不同形式的活动，从而使废除不平等条约的口号深入人心，使废除不平等条约的运动成为全国人民自觉参加的爱国运动。1926 年三一八惨案后，运动停止。

二、收回租界运动

通过谈判废除西方列强强加给中国的不平等条约，并没有如中国人民所期望的、像与苏联政府谈判那样顺利。西方列强不愿自动放弃特权是一个原因，而中国内部的分裂则是另外一个重要原因。随着北伐战争的顺利进行，工农运动空前高涨，要求废除不平等条约的呼声越来越高。在这种情况下，西方列强为了维护自己的利益，为在未来的政治变局中寻找新的代理人，也为了分化革命阵营，试探性地抛出一些诱饵。1926 年年底，英国政府提出所谓对华新政策，声称承认中国关税自主权。美国政府也于 1927 年 1 月发表对华政策声明，声称美国准备尽早放弃在华关税控制和治外法权，只是这些诱饵并没有变成现实。

英美的诱饵并没有阻止北伐军前进的步伐。1927 年年初，北伐军顺利挺进，国民政府北迁武汉。武汉数十万人连日举行庆祝胜利的活动，1 月 3 日下午，中央军事政治学校宣传队在汉口英租界附近江汉关码头举行演讲，却遭到了英国水兵的粗暴干涉，英兵强行驱赶宣传队员及听讲群众，并冲入华界，当场刺死一名海员，刺伤群众数十人。

事件发生的当晚,广州国民政府外交部部长陈友仁紧急召见英国总领事,告以英人苟不检束,则民众将使英租界成为无价值之物,并责令英国从速撤退水兵,由中国政府派军队进驻英租界。国民政府的强硬态度得到了人民的支持,4 日,武汉各界代表举行联席会议,提出惩凶、道歉等条件,要求国民政府继续与英国进行交涉,并议定如英国领事对于所提条件无圆满答复,中国政府应自动实行如下四条:1. 立即收回英租界;2. 立即收回海关;3. 立即撤销英国领事裁判权;4. 立即取消英国享有的在中国内河航行的权利。

知识链接

广州国民政府于 1925 年 7 月成立,前身为在广州的陆海军大元帅大本营。国民政府实行委员制,汪精卫、胡汉民、廖仲恺等 16 人为委员,汪精卫任主席,初设军事、外交、财政三部,后又增设教育、司法、交通、侨务等机构,苏联的鲍罗廷被聘为政府高等顾问。在国共合作大背景下,部分共产党员也在国民政府任职。广州国民政府大力倡导废除不平等条约,召开国民会议,并支持民众开展运动。1925 年下半年,组织进行第二次东征、南征,消灭广东军阀势力,统一了广东的军政、财政及民政。1926 年 7 月又组织国民革命军发起北伐战争。1926 年 12 月停止在广州办公,迁往武汉。

广州国民政府完全支持社会各界的正当要求。1927 年 1 月 9 日,武汉工人和市民举行声势浩大的示威游行,游行群众冲入英租界,驱逐英巡捕,解除了租界内的一切武装。同日,中央临时联席会议决定设立汉口英租界临时管理委员会,以外交、财政、交通三部部长为委员,外交部部长为主席,正式接管了租界。

汉口事件之后,九江社会各界群众也因英人随意枪杀中国人而冲入英租界，驱逐英巡捕。10 日，国民政府下令设立九江英租界临时管理委员会，接管了租界。

汉口、九江英租界的相继收回，极大地促进了全国反帝运动的开展。南昌、长沙、上海、广州等地纷纷举行声势浩大的群众集会，要求政府尽快收回各地租界。在中国人民施加的强大压力下，1 月 12 日，英国政府命其驻北京公使参赞欧玛丽为全权代表，在武汉与国民政府外交部部长陈友仁进行谈判。2 月 19 日，双方签订中国收回汉口英租界的协定，第二天又签订了中国收回九江英租界的协定。英国政府正式将汉口、九江英租界交还给中国。

三、改订新约运动

南京国民政府成立之后，其外交政策的基点是依赖英、美等国共同对付第三国际。1927 年，蒋介石宣布与苏联断交。1928 年，南京国民政府为了制造对外“自主”的形象，同时扩大税源，围绕实现关税自主和废除领事裁判权，发起了“改订新约运动”。1928 年 6 月 15 日，南京国民政府发表对外宣言，要求各国遵照正当的手续，本着平等及相互尊重主权的宗旨，通过谈判重订新约。7 月初，南京国民政府外交部发布《关于重订新条约之宣言》称，中华民国与各国间的条约，已届期满者，废除旧约，另订新约；尚未期满者，以正当之手续解除另订；旧约已满新约未订者，另订临时办法处理一切。

根据这些原则，中国政府与西方列强进行了相关谈判。1928 年 7 月 25 日，财政部部长宋子文与美国驻华公使马克谟在北平[①]首先签订了《中美关税条约》，随后中国政府又与挪威、比利时、意大利、丹麦、葡萄牙、荷兰、英国、瑞典、法国、西班牙、日本等国缔结了“友好通商条约”或新的关

① 1928 年国民政府迁都南京，改北京为北平。

税条约。这些国家都在条约中承认中国关税自主权,这样就为统一税则创造了条件。

在当时与中国有不平等条约关系的十几个国家中,西班牙、意大利、葡萄牙、丹麦、比利时、日本等六国的约期已满,除日本外,其余五国都在与中国订立的新约中取消了在中国的领事裁判权,但也有所保留,甚至规定应于现享有领事裁判权之国半数以上放弃特权时,方得废除。1929 年 4 月,中国政府照会约期未满的英、法、美等国,要求其废除领事裁判权,各国协商后在口头上表示同意,实际上一直借故拖延,交涉未取得实质性进展。12 月 23 日,外交部公布外交政策大纲,除取消各国在华领事裁判权外,拟收回内河航权、租界,所有外国驻军均须撤退。同时,国民政府又发布命令称,自 1930 年元旦起,所有在华居住的外国人都应遵守中央政府及地方政府颁布的法令规章。但各大国都置之不理,同意放弃领事裁判权的只有荷兰、挪威、丹麦、比利时等小国。面对各国的拖延,1931 年 5 月 4 日,国民政府还单方面公布了《管辖在华外国人实施条例》,其中有些条文较过去有很大改进,但仍为外国人保留了一些特权。国民政府规定这个条例于 1932 年元旦开始施行。不久,九一八事变发生,国民政府通令暂缓执行,废除领事裁判权的问题也就不了了之了。

三年多的改订新约运动,除收回关税自主权外,实际做到的只有 1929 年收回天津租界、1930 年收回英国威海卫租借地及英国退还庚子赔款余额。

知识链接

《管辖在华外国人实施条例》共十二条,规定外国人受中国司法管辖,若其犯罪,由中国法院进行审判。中国可对违法的外国人进行监禁、羁押及拘留,警察可对违法的外国人进行处罚。条例还规定沈阳、上海、天津、汉口等地的十多处地方法院可受理以外国人为被告的民、刑诉讼案件。该条例对享有领事裁判权的在华外国人造成严重冲击。

思考题：

1. 中国与苏俄(苏联)是如何处理不平等条约的？
2. 南京国民政府是如何开展改订新约运动的？

第四十三章
中国共产党开辟革命新道路

国民革命失败后，中国共产党开始认识到掌握武装力量的重要性，发动了一系列武装起义，开辟了中国革命的新道路。

这条革命道路是一条什么样的道路？“新”在哪里呢？

一、工农武装起义

国民革命失败后，革命形势极端危急。为了反抗国民党反动派的屠杀政策、挽救革命，中国共产党决定发动武装起义。

1927 年 8 月 1 日，在以周恩来为书记的中共中央前敌委员会的领导下，贺龙、叶挺、朱德、刘伯承等率领革命军在南昌起义，并迅速占领南昌城。随后，起义军撤离南昌，南下广东，途经广东潮州、汕头地区时遭到敌人封堵，损失严重。起义军一部分由朱德、陈毅率领转战湘南；另一部分转移到海陆丰地区，与当地农民军汇合。

南昌起义打响了武装反抗国民党反动派的第一枪，是中国共产党独立领导武装斗争和创建人民军队的开始。

8 月 7 日，中共中央在湖北汉口召开紧急会议，即八七会议。会议纠正了国民革命后期陈独秀的右倾机会主义错误，确定了开展土地革命和武装反抗国民党反动派的总方针，决定发动秋收起义。针对国民革命失败的惨痛教训，毛泽东在会上提出“以后要非常注意军事。须知政权是由枪杆子中取得的”重要论断。八七会议给中国共产党和中国革命指明了新的出路，使中国革命开始走向土地革命阶段。

八七会议后，中共派出许多干部分赴各地，组织发动武装起义。毛泽东回到湖南，整编工农革命军第一师，组织领导湘赣边秋收起义。起义军以攻打中心城市长沙为目标，但由于敌人势力强大，起义军损失严重。毛泽东命令起义军退到文家市，他根据敌强我弱的形势，决定放弃夺取长沙的计划，改向敌人统治力量薄弱的山区进军。之后，毛泽东带领部队，转战井冈山。

12 月 11 日，张太雷、叶挺、恽代英、叶剑英等领导发动了广州起义。起义军一度占领广州，成立苏维埃政府，颁布维护工农权益的法令，但由于敌我力量对比悬殊，起义最终失败。

二、创建农村革命根据地

1927 年 10 月，毛泽东率领工农革命军到达井冈山地区。他领导井冈山军民开展游击战争，进行土地革命，建立工农民主政权。经过近半年的艰苦努力，创建了第一个农村革命根据地。1928 年 4 月，朱德、陈毅率领南昌起义部队和湘南的工农武装来到井冈山，与毛泽东领导的工农革命军会师。会师后，成立工农革命军第四军(后改称红军第四军)，朱德任军长，毛泽东任党代表。

知识链接

在创建井冈山革命根据地时，毛泽东及时总结斗争经验，相继写了《中国的红色政权为什么能够存在?》《井冈山的斗争》《星星之火，可以燎原》等文章,从理论上回答了中国革命走什么道路的问题。毛泽东认为,红色政权的存在和发展,必须包含三个方面的内容,即在中国共产党的领导下,把武装斗争、土地革命和根据地建设三者结合起来。这就是“工农武装割据”思想。

到1930年夏,全国已建立湘赣、鄂赣、左右江、鄂豫皖、闽浙赣等大小十几块农村革命根据地,它们分布在十多个省,革命武装力量达到10万人。1931年11月,中华苏维埃第一次全国代表大会在江西瑞金召开。会议宣布中华苏维埃共和国临时中央政府成立,制定了宪法大纲,定都瑞金。会议选举毛泽东为临时中央政府主席,朱德为中央革命军事委员会主席。

中国共产党在各农村革命根据地逐步开展土地革命,组织农民打土豪、分田地,废除封建剥削和债务,满足农民的土地要求。1931年春,毛泽东总结土地革命的经验,制定土地革命路线:依靠贫农、雇农,联合中农,限制富农,保护中小工商业者,消灭地主阶级,变封建半封建的土地所有制为农民的土地所有制。土地革命及其路线,受到广大农民的欢迎。

中国共产党还领导根据地军民进行经济建设。根据地军民组织耕田队、劳动互助社等,开展互助合作,兴修水利,开垦荒地,把农业生产放在第一位。同时,还兴办一批工业企业,包括子弹厂、被服厂等军需工厂和盐厂、糖厂、纺织厂等民用工业企业。革命根据地的经济建设粉碎了国民党的经济封锁,支持了革命战争,巩固了红色政权。

三、“围剿”与反“围剿”斗争

中国共产党领导的农村革命根据地的迅速发展和红军队伍的不断壮大,引起了国民党的极大恐慌。从1930年开始,蒋介石调集重兵,重点对中央革命根据地和毛泽东、朱德率领的红一方面军发动大规模“围剿”。

1930年10月，蒋介石调集10万多人，发动对中央根据地的第一次大规模“围剿”。中国共产党采用毛泽东提出的“诱敌深入”的战略方针，最终红军歼灭国民党1.3万人，活捉敌第18师师长张辉瓒，取得第一次反“围剿”的胜利。

1931年2月，蒋介石派军政部部长何应钦率24万人，“以厚集兵力，严密包围及取缓进为要旨”，采取稳扎稳打、步步为营的作战方针，积极部署对红一方面军的第二次“围剿”。红军继续采取“诱敌深入”的战略方针，连打五个胜仗，歼敌3万余人，打破了敌人的第二次“围剿”。

1931年7月，经历前二次“围剿”失败后，蒋介石亲任“围剿”军总司令，调集约30万兵力，发动第三次“围剿”。红一方面军仍采取“诱敌深入”的战略方针，歼敌3万余人，彻底地粉碎了敌人的第三次“围剿”。

1932年5月，蒋介石准备向革命根据地发动第四次“围剿”。他的战略部署分两步走：先进攻鄂豫皖、湘鄂西根据地，得手后再全力进攻中央革命根据地。红一方面军在朱德、周恩来的指挥下，运用和发展以往反“围剿”的成功经验，经黄陂、草台岗两次伏击，歼灭国民党军队3个师，俘敌1万余人，打破了国民党军队对中央根据地的第四次“围剿”。

1933年9月，蒋介石调集100万兵力，发动第五次“围剿”。以博古、李德为代表的中共中央放弃前四次反“围剿”行之有效的积极防御方针，犯了“左”倾错误，提出“御敌于国门之外”“不丧失寸土”的口号，主张全线出击，进攻时采取军事冒险主义，攻打敌人坚固阵地；遇挫时又采取保守主义，主张同敌人打阵地战，以“短促突击”与敌人拼消耗，结果红军奋战一年，损失惨重。

四、红军长征

1934年10月，第五次反“围剿”失利，中共中央和中央红军8万余人被迫实行战略转移，开始长征。

推行“左”倾错误方针的中共中央领导人在战略退却中又犯了逃跑主义错误。他们没有做政治动员,很多人不清楚转移的目标。中央红军经过英勇奋战,冲破敌人四道封锁线,人数锐减到3万余人。渡过湘江后,毛泽东根据敌我双方的军事态势,建议红军改向敌人力量薄弱的贵州前进。这一建议得到中央大多数领导人的肯定。于是,红军强渡乌江,攻占遵义。

1935年1月,中共中央在遵义召开政治局扩大会议,集中全力解决当时具有决定意义的军事和组织问题。会议集中全力纠正了博古等人在军事上和组织上的“左”倾错误,增选毛泽东为中央政治局常委。3月中旬,成立由毛泽东、周恩来、王稼祥组成的三人小组,由其负责全军的军事行动。遵义会议确立了以毛泽东为主要代表的马克思主义正确路线在党中央的领导地位,从而在极其危急的情况下挽救了党、挽救了红军、挽救了中国革命,这是中国共产党由幼年的党走向成熟的党的重要标志,是党的历史上一个生死攸关的转折点。

遵义会议后,中央红军在毛泽东等人的指挥下,灵活变换作战方向,四渡赤水,南渡乌江,巧渡金沙江,摆脱几十万国民党军队的围追堵截,冲出了敌人的包围圈。红军继续北上,1935年5月下旬,强渡大渡河,飞夺泸定桥,6月中旬中央红军与红四方面军在四川懋功会师,毛泽东与张国焘分裂红军的阴谋进行了坚决斗争。随后红军翻越大雪山夹金山,穿过大草地,进入甘肃、陕西。1935年10月,中央红军(8月恢复红一方面军番号)与陕北红军在吴起镇会师。1936年10月,红二方面军、红四方面军同红一方面军在甘肃会宁会师,宣告长征胜利结束。

中国工农红军长征的胜利,是中国革命转危为安的关键。毛泽东曾指出:“长征是历史纪录上的第一次,长征是宣言书,长征是宣传队,长征是播种机。”长征的胜利,宣告了国民党围追堵截的破产,粉碎了张国焘分裂红军的阴谋,实现了红军的战略大转移,宣传了中国共产党的主张,在沿途播下了革命的种子,鼓舞了广大人民群众,打开了中国革命的新局面。

知识链接

2016年10月21日，中共中央总书记、国家主席、中央军委主席习近平在纪念红军长征胜利80周年大会上的讲话中指出：

长征这一人类历史上的伟大壮举，留给我们最可宝贵的精神财富，就是中国共产党人和红军将士用生命和热血铸就的伟大长征精神。

伟大长征精神，就是把全国人民和中华民族的根本利益看得高于一切，坚定革命的理想和信念，坚信正义事业必然胜利的精神；就是为了救国救民，不怕任何艰难险阻，不惜付出一切牺牲的精神；就是坚持独立自主、实事求是，一切从实际出发的精神；就是顾全大局、严守纪律、紧密团结的精神；就是紧紧依靠人民群众，同人民群众生死相依、患难与共、艰苦奋斗的精神。

伟大长征精神，是中国共产党人及其领导的人民军队革命风范的生动反映，是中华民族自强不息的民族品格的集中展示，是以爱国主义为核心的民族精神的最高体现。

思考题：

1. 中国共产党是如何建设农村革命根据地的？
2. 简要分析红军长征的意义。

第四十四章

日本帝国主义的武装入侵

日本帝国主义对侵略中国蓄谋已久。九一八事变的发生绝非偶然。不抵抗政策导致了东北的沦丧。日本是如何一步步地侵犯华北、试图控制华北的?

一、九一八事变

日本企图侵略中国、称霸世界,是蓄谋已久的事情,近代中国的许多波折说起来都与日本有或多或少的关系。1894—1895年,日本通过中日甲午战争迫使清政府签订《马关条约》,侵占中国领土台湾及澎湖列岛。1904—1905年又通过在中国东北进行的日俄战争,把中国东北的南部地区强行划为自己的势力范围,并在那里设立关东都督府等殖民机构,建立关东军。1927年7月,日本内阁召开所谓东方会议,制定《对华政策纲要》,进一步策划对中国东北和内蒙古地区的侵略。此次会议形成的所谓"田中奏折"赤裸裸地宣称如欲征服中国,必先征服满蒙;如欲征服世界,必先征服中国。1929年秋,资本主义世界性经济危机爆发,日本受到沉重打击,国内阶级矛盾日益激化。为缓和国内矛盾,摆脱危机带来的困难,日本统治集团急于发动侵略中国的战争。日本陆军省于1931年制定了《解决满蒙问题方策大纲》，明确强调必须对中国东北地区采取军事行动。日本关东军在制造了一系列摩擦之后，于 1931 年 9 月 18 日炸毁沈阳北郊柳条湖附近的南满铁路，然后贼喊捉贼，反诬中国军队破坏铁路、袭击日军，并借此根本不存在的理由公然进攻沈阳和北大营，从而发动震惊世界的"九一八事变"。

知识链接

9 月 24 日，张学良向蒋介石、王正廷详细报告了九一八事变当天的情况："9 月 18 日晚 10 时许，沈阳城北忽有轰然炸裂之声，既而枪声大作。旋据北大营我第七旅报告，乃知系日军向我兵营攻击。先是，我方以日军迭在北大营等处演习示威，行动异常，偶一不慎，深恐酿起事端，曾经通令各军，遇有日军寻衅，务须慎重，避免冲突。当时日军突如其来，殊出意外。我军乃向官方请示办法，官方即据前项命令，不许冲突。又以日军此举不过寻常性质，为免除事件扩大起见，绝对抱不抵抗主义。"

面对日本军队的猖狂挑衅，蒋介石竟然指示张学良抱持绝对的不抵抗主义，遂使日军兵不血刃地很快占领了沈阳全城。至 1932 年 2 月，在短短 4 个多月内，辽宁、吉林、黑龙江三省 100 多万平方公里的大好河山，沦为日本的殖民地。3 月，日本扶植清废帝溥仪做傀儡，在吉林长春建立"伪满洲国"。

知识链接

九一八事变爆发前后，从中央到地方都没有坚决抵抗的决心。1931 年 7 月 23 日，蒋介石通电全国，强调"不先消灭赤匪，恢复民族之元气，则不能御侮，不先削平粤逆，完成国家之统一，则不能攘外"。7 月 6 日，张学良指示东北政务委员会:“此时若与日本开战,我方必败。败则日方将对我要求割地赔款,东北将万劫不复,亟宜力避冲突,以公理为周旋。”8月,日方借东北军处决间谍中村震太郎掀起事端,张学良又指示东北军政长官“力求稳慎”“对于日人无论其如何寻事,我方务须万方容忍,不可与之反抗,致酿事端”。事变发生次日,戴季陶主持国民党中央常务会议,决定“对外仍采诉之国际联盟”“对内则亟谋全国国民及本党同志牺牲成见,一致联合”。21日,蒋介石回到南京,赞同日前中央临时常务会议的决定,主张对日避免扩大战争。22日,蒋发表公开讲演表示:“此刻必须上下一致,先以公理对强权,以和平对野蛮,忍辱含愤,暂取逆来顺受态度,以待国际公理之解决。”在东北方面,19日,张学良会见记者时表示:“东北军既无抵抗之力量,亦无开战之理由,已经电沈,严饬其绝对不抵抗,尽任日军所为。”

二、抗日救亡运动的兴起

九一八事变以后,中日之间的民族矛盾逐渐上升为主要矛盾。中国民众坚决要求反抗日本侵略,上海、南京、天津、北平、汉口等城市的工人和其他劳动群众,以罢工、请愿、禁售日货等形式,掀起抗日爱国运动的热潮。9月28日,上海、南京的学生前往国民政府和国民党中央党部要求对日宣战。民族资产阶级、上层小资产阶级和知识界上层人士发出了要求国民党当局抵抗日本、实行民主的呼声。上海等地的民族工商业者开展抵制日货活动。海外侨团也纷纷致电国民政府,要求一致抗日。

在日军占领的东北地区,相继成立了为数众多的抗日义勇军,揭开了东北抗日游击战争的序幕。在民族危机严重的关头,中国共产党率先高举起武装抗日的旗帜。1931年9月20日,中共中央发表《中国共产党为日本帝国主义强暴占领东三省事件宣言》,反对日本帝国主义强占东三省。11 月 27 日，中华苏维埃共和国临时中央政府发表对外宣言，号召全国人民动员起来、武装起来，反对日本侵略和国民党的反动统治。中共中央先后派周保中、赵一曼等到东北，加强党组织的力量。到 1933 年，由中国共产党直接领导的抗日游击队相继成立，逐渐成为东北的主要抗日武装力量。1933 年，日军由东北向长城沿线进犯，遭到中国军队的顽强抵抗。

知识链接

赵一曼(1905—1936)，四川宜宾人。1926 年加入中国共产党。曾就读于莫斯科中山大学。毕业于黄埔军校六期。1935 年，赵一曼任东北抗日联军第三军二团政委，在与侵华日军的斗争中被捕，后英勇就义。陈毅评价她："生为人民干部，死为革命英雄。临敌大节不辱，永记人民心中。"2010 年被评为"100 位为新中国成立作出突出贡献的英雄模范人物"。

三、一·二八事变

在占领东三省的同时，日本军队在中国的南方也展开了攻势。1932 年 1 月 28 日深夜，日军进犯上海闸北，但遭到了蒋光鼐、蔡廷锴指挥的第十九路军的勇猛抵抗。抗战月余，十九路军击毙或击伤日军万人以上，充分表现了中华民族不畏强暴、英勇抵抗的英雄气概。此即一·二八事变。当日军大举增援后，国民党派第五军军长张治中率部参战。经过英、美等国的调停，南京国民政府于 5 月 5 日同日本侵略者签订《淞沪停战协定》。

《淞沪停战协定》的主要内容是：第一条，中国及日本自即日起停战。第二条，中国军队在本协定所涉及区域内之常态恢复，未经决定办法以前，留驻其现在地位。第三条，日本军队撤退至公共租界暨虹口方面之越界筑路,一如中华民国二十一年一月二十八日事变之前。但鉴于须待容纳之日本军队人数,有若干部队可暂时驻扎于上述区域之毗连地方。第四条,为证明双方之撤退起见,设立共同委员会,列入与会友邦代表为委员。该委员会协助布置撤退之日本军队与接管之中国警察间移交事宜,以便日本军队撤退时,中国警察立即接管。除协议正文外,会议记录中还有对中国最致命的所谓“三项谅解”:一是中国政府同意取缔全国的抗日运动;二是第十九路军换防,调离上海;三是中国同意在浦东和苏州河南部以及龙华对岸之若干地区不驻扎中国军队。根据协定的内容,中国实际上承认日本军队可以长期留驻吴淞、闸北、江湾引翔港等地,而中国军队却不能在上海周围驻扎设防。

四、华北事变

日本在中国南方进攻的阴谋没有完全得逞,但其在北方占领东三省之后则一直试图向华北推进。1933 年 1 月,日军从锦州、绥中一线发起进攻,目标直指山海关。中国守军力战不敌,山海关沦陷。2 月,日军纠集十万大军分三路向热河进犯,在占领了热河之后又直扑长城各口,中国守军被迫转移到长城各口进行顽强抵抗,但各口依然相继失守。5 月初,日军向滦东进攻,越过滦河,攻陷冀东二十余县,直逼平津,华北门户洞开,中华民族危在旦夕。

为了稳定华北的局势,南京国民政府委派黄郛负责对日交涉停战问题,经过一番秘密谈判,5 月 31 日,中日签订《塘沽协定》,确认中国军队一律退至延庆、昌平、高丽营、顺义、通县、香河、宝坻、林亭口、宁河、芦台所连之线以西、以南,尔后不得越过该线,不得做一切挑衅、扰乱性的行动;日本为确悉第一项实行之情形,可用飞机及其他方法视察,中国方面应加以保护,并给以方便;日军如证实中国军队遵守了上述规定,则不再越过上述中国军队的撤退线进行追击,并自动回到大致长城一线;长城以南及中国军队控制线以北、以东地区内的治安维持，由中国方面的警察机关担任，但不可利用刺激日军感情的武力团体。显然，《塘沽协定》不仅在实际上承认了日本侵占东三省及热河的合法性，而且承认冀东为非武装区，中国军队不能进入这个所谓的非武装区，日本军队却可以自由行动，实际上是将冀东变成了第二个“伪满洲国”，也为后来形势的发展留下了巨大的隐患。

1935 年 5 月初，东北抗日义勇军一部退至长城以南附近继续抗战。日本以中国军队援助该部、进入冀东非武装区，破坏了《塘沽协定》为由，向南京国民政府提出抗议，并调集大批日军入关，进行武力要挟。6 月 9 日，日本天津驻屯军司令官梅津美治郎向北平军分会代理委员长何应钦提交了一份备忘录，主要内容为：1. 中国军队 51 军和 25 师、宪兵第三团撤出河北省；2. 撤出河北省内的一切国民党党部，解散北平军分会政治训练处、北平军事杂志社；3. 取缔兰衣社、复兴社、励志社等机关团体；4. 罢免河北省主席于学忠等；5. 禁止中国的排日运动；6. 河北省市的官员要任用亲日分子；7. 以上各项的实施，准许日本方面采取监视及纠察手段。7 月 6 日，何应钦复函梅津美治郎，完全同意上述各项，“并自主的期其遂行”，这就是现代史上常说的《何梅协定》。与此同时，日军还通过《秦土协定》实际上控制了察哈尔省。

日本为了控制华北，设法扶植傀儡政权。9 月，天津驻屯军司令部扩大为华北驻屯军司令部，并声明日军愿意支持华北的自治组织脱离中国。10 月 22 日，河北东部地区的香河、三河、昌平、武清等县的一批汉奸无赖组织所谓饥民暴动，组成所谓“县政临时维持会”。11 月 25 日，日军又唆使汉奸殷汝耕在通县成立“冀东防共自治委员会”。这样，日本通过汉奸组织实际上控制了冀东 22 县。如此发展下去，华北必将成为“伪满洲国”第二。日本蓄意制造的这一连串事件，总称“华北事变”。

五、抗日民族统一战线策略的制定

华北事变以及国民政府一系列丧权辱国的做法，激起了中国人民对日本帝国主义的仇视和对国民党不抵抗政策的愤慨，因而一度被镇压下去的抗日民主运动再度活跃起来。各种要求抗日的力量组成抗日民族统一战线，共御外敌，这一使命历史地落在了中国共产党身上。

为挽救日益严重的民族危机，1935年8月1日，中国共产党发表《为抗日救国告全体同胞书》，即《八一宣言》，号召“停止内战，一致抗日”。《八一宣言》建议成立国防政府，实行民主政治，释放一切政治犯；联合一切同情中国民族解放运动的国家；收复失地，没收日本在华财产及汉奸的财产作为抗日经费；废除苛捐杂税，整理金融，发展实业以改善民生等十大政纲。《八一宣言》强调，中华民族已经到了生死存亡的关头，抗日则生，不抗日则死。11月28日，毛泽东、朱德代表苏维埃政府和工农红军发表《中华苏维埃共和国中央政府、中国工农红军革命军事委员会抗日救国宣言》，重申中共反蒋抗日的政治主张，并提出抗日救国十大纲领。

中共的主张在国内引起强烈的反响，有力地促进了全国抗日反蒋运动的发展。1935年11月，北平军分会下令取消一切抗日团体，立即引起各界的愤怒。平津学生上书正在召开的国民党四届六中全会，要求开放言论、集会自由，明令禁止非法捕杀学生。18日，北平市大中学校学生联合会(简称北平学联)宣告成立。12月5日，燕京大学、清华大学等15所学校联名致电南京国民政府，呼吁政府下令讨伐叛贼殷汝耕，阻止华北地区变相独立的阴谋得逞。12月9日，北平15所高校的学生在中共北平临时工委和北平学联的领导下，走上街头，举行抗日救国示威游行，后与军警发生冲突，数十名学生被捕，百余人受伤。10日，宋哲元下令北平全城戒严，不准学生出入。

知识链接

一二·九运动指的是发生在1932年12月9日和16日的两次学生游行示威行动。在日本关东军奉天特务机关长土肥原的压力下，何应钦拟于12月9日成立半傀儡式的政权“冀察政务委员会”。北平学联得知这一消息后，于12月8日在燕京大学召开各校代表大会，决定次日组织学生向何应钦请愿。9日晨，请愿学生在各自操场准备集合出发时，受到大批军警把守阻止。燕京大学、清华大学的学生突破封锁，冲出校门，徒步至西直门外。军警封锁了西直门、阜成门、西便门、广安门，学生冒着严寒与军警抗争周旋至下午4时，方返回学校。城内的东北大学、北京大学、中国大学、师范大学、女一中、女二中、艺文中学、东北中学等校的学生也冲破军警围困，来到新华门前要求递交请愿书。何应钦拒不接见，学生们被激怒，决定将请愿改成示威，齐声喊出“打倒日本帝国主义”“反对冀察政务委员会的成立”“反对华北自治”等口号。下午4时，队伍来到王府井。当局惧怕学生冲入东交民巷，在王府井南口布置了封锁线。学生请求军警不要阻挡游行，遭到军警水枪镇压，30多名学生受伤送医。当晚，北平学联发表罢课宣言，指出：“我们认定解救中华民族危亡的只有民众自己。”

一二·九运动后，北平抗日救亡学生组织如雨后春笋般纷纷涌现。与此同时，国民党当局定于12月16日成立“冀察政务委员会”。北平学联决定于同日发起大规模的示威游行。16日当天，各校学生分四路集合，在正阳门前召开市民大会，通过了“反对秘密外交”“反对中国人打中国人”等九项决议案。随后城内城外学生分两队向宣武门进发，却遭到当局阻止，城外学生无法进入宣武门内。站在前排的清华大学女生陆璀从城门下的边缝爬了进去，试图打开城门，并鼓动城外学生冲击城门，被军警逮捕。随队采访的美国记者斯诺报道了这一消息，之后学生与当局达

成协议,当局同意释放陆璀,清华大学、燕京大学学生出西便门返校,城内学生进宣武门返校。然而城内学生却再次被阻挡于宣武门外,并被当局派来的宪兵、消防队和军警毒打。

北平学生的爱国行动立即得到全国学生和各界爱国群众的支持,从11日起,杭州、武汉、上海、广州、西安、济南、天津、青岛、南宁、南京、长沙、厦门、南昌、成都等城市的学生相继罢课,举行集会游行,声援北平学生。在中华全国总工会的号召下,各地的工人组织也纷纷行动起来,呼吁政府释放被捕学生,对日宣战。上海等地的爱国人士和团体成立各界救国会,要求停止内战,出兵抗日。抗日救亡斗争发展成为全国规模的群众运动。

在中共的号召和组织下,为了将抗日民主运动引向深入,平津学生组成四个南下宣传团,于12月下旬开始徒步南下,到工人、农民、士兵中宣传抗日救国的道理,促使国民觉醒。一二·九运动有力地推动了抗日民主运动的发展,在一定程度上还推动了西安事变的爆发和国民党内战政策的转变,为七七抗战和后来的全民族抗战做了思想上和人才上的准备。

一二·九运动之后,中共中央在瓦窑堡举行政治局扩大会议,会议分析了国内形势和阶级关系的新变化,讨论并确定了建立广泛的抗日民族统一战线的方针、政策和策略,统一了党内思想,为即将到来的全民族抗战在政治上和理论上做了必要的准备。

知识链接

1935年12月17日至25日,中共中央政治局在陕北瓦窑堡召开会议,通过了《中央关于目前政治形势与党的任务决议》。决议指出,日本帝国主义的侵略、空前的亡国危机"把一切不愿当亡国奴,不愿当汉奸的中国人,迫得走向一条唯一的道路:向着日本帝国主义及其走狗汉奸卖国贼展开神圣的民族战争"。决议认为,在这种情况下,"民族革命战线是扩大了”。不仅工人农民积极参加革命斗争，“广大的小资产阶级群众与知识分子”转入了革命，而且“一部分民族资产阶级，许多的乡村富农与小地主，甚至一部分军阀，对于目前开始的新的民族运动，是有采取同情中立以至参加的可能的”。党的策略路线，是发动、团结与组织全中国全民族一切革命力量去反对当前主要的敌人——日本帝国主义与蒋介石。瓦窑堡会议之后，12月27日，毛泽东根据会议精神，在党的活动分子会议上作了《论反对日本帝国主义的策略》的报告。报告主要批评了无视民族资产阶级的两面性及其变化、拒绝同他们结成抗日民族统一战线的错误观点，充分论证了和民族资产阶级在抗日的条件下重新建立统一战线的可能性和必要性，号召“勇敢地抛弃关门主义，采取广泛的统一战线”。报告着重指出了共产党和红军在这个统一战线中具有决定意义的领导作用。瓦窑堡会议的政治决议和毛泽东的这篇报告，是中国共产党建立抗日民族统一战线的纲领性文献，标志着抗日民族统一战线策略方针的正式形成。

六、和平解决西安事变

面对国内外形势的变化，尤其是抗日民主运动的不断高涨，蒋介石和国民党的政策也在发生变化。1935年11月12日，国民党第五次全国代表大会在南京召开，蒋介石在会上表示：“和平未到完全绝望之时，决不放弃和平；牺牲未到最后关头，亦决不轻言牺牲。……和平有和平之限度，牺牲有牺牲之决心，以抱定最后牺牲之决心，而为和平最大之努力。”这表明蒋介石虽然已有抗战的倾向，但未到最后关头，尚不愿意彻底放弃先安内后攘外的基本国策。

1936年7月，国民党召开五届二中全会，在各地抗日民主运动的压力下，蒋介石对他提出的“和平的最低限度”和“牺牲的最后关头”重新作了解释,强调前者就是保持领土完整,绝对不订立任何侵犯领土主权的协议,绝对不容忍任何侵犯领土主权的事实;后者就是从去年 11 月国民党全国代表大会之后,如遇有领土再被侵害,如果用尽政治外交方法而仍不能排除这种侵害,就是要危害到我们国家民族之根本的生存,这就是我们不能容忍的时候,到这时候,我们一定作最后的牺牲,这也就是“和平的最低限度”。这表明蒋介石的对日方针不仅更加明确,也更加强硬了。

中共方面认为这个解释实为一个可喜的现象,表明蒋介石已经有了抗日的想法和准备。在 8 月 10 日召开的政治局会议上,毛泽东提出,要将“反蒋抗日”转变为“与蒋联合”。8 月 15 日,共产国际书记处致电中共中央,认为将蒋介石与日本侵略者相提并论是不对的,主张停止红军与蒋介石军队间的军事行动,与蒋介石达成联合抗日的具体协议。8 月 25 日,中共中央政治局发表了《中国共产党致中国国民党书》,公开提出立即停止内战、组织全国统一战线、抵抗日本进攻、收复中国的领土主权等主张,建议国民党恢复孙中山的三民主义,重新实行“联俄、联共、扶助农工”的三大政策。这标志着中国共产党放弃了“反蒋”策略,开始实施“逼蒋抗日”方针。9 月 1 日,中共中央发出党内指示,明确提出党的总方针应是逼蒋抗日。

中共关于国共合作抗战的建议立即引起巨大的反响。国民党内的进步人士宋庆龄等人要求国民党立即召开三中全会,讨论国共第二次合作问题。毛泽东也与红军多名高级将领于 10 月 26 日联名致信蒋介石,深望蒋介石能够立即与红军携手共赴国防前线,驱逐日寇,收复失地。

蒋介石的对日外交虽然变得强硬起来,但是当牺牲未到最后关头,他心中念念不忘的还是尽早歼灭中国共产党,所以他在国民党五届二中全会之后亲临西安,部署对红军的围剿。此时驻防西安的是张学良的东北军,张学良在九一八事变中代蒋受过,承担着不抵抗而丧失东三省的责任,而东北军本身也沦落西北,远离家乡。在中共统一战线的感召和影响下，东北军实际上已不愿继续执行蒋介石的“剿共”方针，而愿与中国共产党联合抗日。所以当蒋介石抵达西安后，张学良便联合17路军的杨虎城多次面谏，请求放弃“剿共”，一致对外。

知识链接

张学良（1901—2001），字汉卿，汉族，奉系军阀首领张作霖的长子，中国近代著名爱国将领。1920年毕业于东三省陆军讲武堂，先于奉系军中担任要职。“皇姑屯事件”之后，继任东北保安军总司令。1928年，他拒绝日本人的拉拢，坚持“东北易帜”，为祖国统一和民族团结作出了贡献。1930年中原大战，张学良最终支持蒋介石，壮大了东北军。九一八事变中持“不抵抗政策”，1932年退出东北。西安事变后，遭蒋介石父子长期软禁。1990年恢复人身自由，1995年起侨居美国夏威夷，2001年10月14日病逝于檀香山。

对于张学良、杨虎城的劝谏，蒋介石不为所动，并声称如果张、杨拒绝“剿共”，那么将由中央军代替东北军，而将东北军调至福建，将17路军调驻安徽。于是张、杨在1936年12月12日发动兵谏，扣押蒋介石，逼蒋抗日。此即震惊中外、深深影响中国历史进程的“西安事变”。

知识链接

蒋介石早已通过国民党特务得知张学良、杨虎城的联共抗日活动。1936年10月22日，蒋介石来到西安，分别召见张学良、杨虎城，宣布继续进行“剿共”计划。张学良当场表示东北军不愿“剿共”，希望蒋“停止内战，一致抗日”。10月29日，蒋介石由西安赴洛阳，进行新的“剿共”部署，并打算将张、杨调离。张、杨多次劝说蒋介石不成，决定实行兵谏。12

月 11 日深夜,张、杨向东北军、17 路军的高级将领秘密传达了“捉蒋”的指令,次日凌晨,攻入华清池,在后山搜获蒋介石。随后,张、杨通电全国,阐明原委,提出八项救国主张:1. 改组南京政府,容纳各党各派,共同负责救国;2. 停止一切内战;3. 立即释放上海被捕之爱国领袖;4. 释放全国一切政治犯;5. 开放民众爱国运动;6. 保障人民集会结社一切政治自由;7. 确实遵行孙总理遗嘱;8. 立即召开救国会议。为表明抗日救国的诚意和决心,他们撤销了内战机构“西北剿匪总司令部”,成立了领导抗日救国的机关“抗日联军西北军事委员会”。

西安事变发生后,政治形势错综复杂。中共中央以中华民族利益的大局为重,独立自主地确定了和平解决西安事变的方针。根据这一方针,中共中央派周恩来为代表,奔赴西安,与张学良、杨虎城一起,同国民政府代表举行谈判。经过各方努力,西安事变和平解决,蒋介石被迫接受“停止内战、联共抗日”的主张,以国共合作为基础的抗日民族统一战线开始形成。

知识链接

对西安事变应采取何种对策、应如何营救蒋介石,南京统治集团内部出现两种主张。一种主张以保证蒋介石安全为主;一种主张立即进攻西安,讨伐张学良。主战派在何应钦的指挥下开始进行军事部署,对西安形成东西夹击之势。另一方面,宋美龄、宋子文和孔祥熙等人通过各种渠道展开和平营救。尽管事变发生前,中共没有参与事变的策划和行动,但事变发生后,中共旗帜鲜明地拥护张、杨的爱国行动,给予力所能及的支持。中共中央确定了和平解决事变的方针。同时,张、杨一再在公私场合声明,捉蒋只是为了让蒋介石改变心意,绝不会危及他的人身安全。12 月 20 日,宋子文以私人身份赴西安会见张、杨,并见到了蒋介石。周恩来向宋子文的代表郭增恺表达了国共联合抗日的愿望。次日，宋子文返回南京。12月22日，宋美龄、宋子文飞抵西安，与张、杨谈判。24日，双方同意停止内战、一致抗日。张学良决定立即释放蒋介石，并亲自护送蒋介石回南京。

思考题：

1. 简要分析抗日救亡运动兴起的原因和特点。
2. 西安事变为什么能和平解决？

第四十五章
全民族抗战

1937 年七七事变爆发,国共合作抗日局面形成,这是中华民族进行全面抗战的起点。为什么形成了两个战场、两条路线? 中国为什么能取得抗日战争的胜利?

一、全面抗战的开始

日军大举进攻中国,是其既定的战略方针。1937 年上半年,日军不断从其本土和东北地区向华北调集兵力,准备发动全面的侵华战争。1937 年 7 月 7 日晚,驻北平丰台日军以卢沟桥为假想目标进行演习,蓄意挑起冲突。24 时,日军诡称演习中一名士兵"失踪",要求北平地方当局允许日军进入宛平县城搜查。中国方面断然拒绝。此后不久,日军称失踪的士兵已归队,要求中国方面派员调查失踪原因。正当双方人员进行调查的时候,驻丰台日军提出中国军队撤出宛平县城的无理要求,随即向宛平县城开枪开炮,中国守军被迫迎战,坚决回击,全歼进犯卢沟桥日军百余人。史称七七事变(又称卢沟桥事变)。

七七事变的第二天,国民政府向日本方面提出口头抗议,10 日提出书面抗议,要求日军立即停止军事行动。与此同时,蒋介石也作了积极的军事部署，紧急调集兵力向石家庄集结，设立石家庄行营，以便就近督导冀察战事。中国共产党在七七事变的第二天通电全国："平津危急！华北危急！中华民族危急！只有全民族实行抗战，才是我们的出路！"并发表抗战宣言，号召全中国人民、政府、军队团结起来，筑成民族统一战线的坚固长城，实行全民族抗战，抵抗日寇的侵略。

7 月 11 日，日本内阁召开紧急会议，决定立即从日本本土向华北增兵，扩大对华战争。7 月 15 日，中共向蒋介石递交《中国共产党为公布国共合作宣言》。《宣言》提出迅速发动全民族抗战、实行民主政治和改善人民生活等三项基本要求，重申中共为实现国共合作停止实行武力推翻国民党政权等四项保证。针对日军在华北的部署，蒋介石于 7 月 17 日在庐山发表谈话，以较为强硬的态度宣布对日作战，声称"我们希望和平而不求苟安，准备应战而决不求战""如果战端一开，那就是地无分南北，年无分老幼，无论何人，皆有守土抗战之责任，皆应抱定牺牲一切之决心"。全面抗战终于爆发。

7 月 26 日，日军攻占平津之间的要地廊坊后，开始进攻北平。中国守军不敌，被迫撤退。29 日，北平沦陷。30 日，天津失守。

8 月 13 日，日军舰队以重炮轰炸上海市中心，日军驻上海的海军陆战队向闸北、虹口、江湾的中国守军进攻，日本飞机也配合作战，向上海市区狂轰滥炸。中国军队奋起反击，这就是八一三事变。淞沪会战由此开始。这是中日双方在抗日战争中的第一场大型会战，双方共有约 100 万军队参战，会战持续了三个月，战斗惨烈。11 月中旬，上海沦陷，淞沪会战结束。同时，在中国军队的英勇还击下，日军付出了死伤 4 万余人的代价，"三个月亡华"的狂妄叫嚣被中国军队的抗战粉碎。

知识链接

1937 年 8 月 13 日，日本海军陆战队接到内阁决定派遣陆军的消息，不待陆军援军到达,就急不可待地执行其侵略计划,发动了八一三事变。蒋介石于当天深夜下达发动总攻击的命令。次日,国民政府发表《自卫抗敌声明书》,向全世界宣布:“中国之领土主权,已横受日本之侵略;国联盟约、九国公约、非战公约,已为日本所破坏无余。……中国绝不放弃领土之任何部分,遇有侵略,惟有实行天赋之自卫权以应之。”国民政府同时指出:“吾人此次非仅为中国,实为世界而奋斗;非仅为领土与主权,实为公法与正义而奋斗。”明确表示实施抗战。9月1日,国民党国防最高会议决定,适当改组军事委员会,内设八部,此即战时最高军事统帅机构。

8月22日,国民政府军事委员会正式宣布将红军主力改编为国民革命军第八路军(简称八路军)①,任命朱德为总指挥,彭德怀为副总指挥;将南方八省红军和游击队改编为国民革命军陆军新编第四军(简称新四军),叶挺、项英任正、副军长。9月22日,国民党中央通讯社发表《中国共产党为公布国共合作宣言》。23日,蒋介石发表谈话,对中共宣言表示欢迎,声称在民族危机之秋,不应计较过去之一切,而当使全国国民彻底更新,力谋团结,以共保国家之生命与生存。中共中央的国共合作宣言和蒋介石谈话的发表,标志着以国共两党合作为基础的抗日民族统一战线正式形成。

知识链接

8月25日,中共中央革命军事委员会将红军前敌总指挥部改为八路军总指挥部,由朱德、彭德怀任正、副总指挥,叶剑英任参谋长,左权任副参谋长;红军总政治部改为八路军政治部,任弼时任主任,邓小平任副主

① 同年9月11日,国民革命军第八路军改称第十八集团军,但直至抗战结束,该军一直被简称为八路军。

任。八路军下辖第115师、第120师、第129师。部分兵力组成八路军后方留守处，萧劲光任主任。当天，朱德、彭德怀发表就职通电，宣誓："德等愿竭至诚，拥护蒋委员长，追随全国友军之后，效命疆场，誓驱日寇，收复失地，为中国之独立自由幸福而奋斗到底。"

二、两条路线、两个战场

面对日军的大规模进攻，中国军队实施战略防御。1937年8月22日至25日，中共中央在陕北洛川召开政治局扩大会议（即洛川会议）。会议通过《中共中央关于目前形势与党的任务的决定》。决定指出：中国的抗战是一场艰苦的持久战。争取抗战胜利的关键，在于使已经发动的抗战发展为全面的全民族的抗战。会议还通过了《中国共产党抗日救国十大纲领》，标志着中国共产党的全面抗战路线的正式形成，即必须充分地动员和依靠群众，才能坚持抗战和争取抗战的胜利。这一路线又被称为人民战争路线。1938年五六月间，毛泽东总结全国抗战开始以来十个月的经验，撰写了《论持久战》。《论持久战》科学地预见抗日战争将经过战略防御、战略相持、战略反攻三个阶段。他强调："战争的伟力之最深厚的根源，存在于民众之中。"争取抗战胜利的唯一正确道路是充分动员和依靠群众，实行人民战争。

知识链接

洛川会议通过《中国共产党抗日救国十大纲领》。十大纲领的主要内容是：1.打倒日本帝国主义；2.全国军事的总动员；3.全国人民的总动员；4.改革政治机构；5.抗日的外交政策；6.战时的财政经济政策；7.改良人民生活；8.抗日的教育政策；9.肃清汉奸卖国贼亲日派，巩固后方；10.抗日的民族团结。会议还讨论并制定了党在抗日战争时期的基本行动路线和工作方针,主要是:必须坚持统一战线中无产阶级的领导权;在敌后放手发动群众,开展独立自主的游击战争;在国民党统治区广泛发动群众性的抗日救亡运动;以减租减息作为抗日战争时期解决农民问题的基本政策;等等。会议决定成立中共中央革命军事委员会(简称中央军委),毛泽东为书记(亦称主席),朱德、周恩来为副书记(亦称副主席)。

蒋介石集团从大地主大资产阶级的利益出发,实现片面抗战路线,即坚持国民党一党专政,只是依靠政府和军队的抗战,而不敢发动和依靠人民群众。1938年三四月间,国民党召开临时全国代表大会,通过《中国国民党抗战建国纲领》,在抗日方面表现的态度是积极的,但对发展民众运动增加了不少限制。同时,国民党还总是把抗战胜利的希望寄托在国际支持和援助上。

淞沪会战后,中国军队继续在正面战场展开抵抗日军进攻的作战。1937年9月13日,侵华日军占领大同后,分兵两路向雁门关、平型关一线进攻,企图进逼太原。国民政府组织太原会战。八路军开赴山西,参加会战。八路军第115师在师长林彪、副师长聂荣臻指挥下,在平型关伏击日军,取得平型关大捷。这是抗战以来的首次大捷,打破了日军不可战胜的神话。10月,八路军和国民党军再次相互配合,取得忻口战役的胜利。11月9日,太原沦陷。

1938年年初,日军为了打通津浦铁路,连接华北与华中战场扩大侵略,采取南北对进的方针,夹击徐州。中国军队由第五战区司令长官李宗仁指挥,先后调集64个师另3个旅约60万人,展开徐州会战。中国军队取得了台儿庄大捷和临沂大捷,在台儿庄消灭日军一万余人,是抗战以来取得的最大胜利。但中国军队始终处于被日军南北两线夹击的态势。为保存有生力量,5月下旬,各路大军全部安全撤抵皖西、豫南地区。

1938年6月18日,日军下达了实施汉口作战的准备命令,向武汉发起进攻。由于国民政府实施片面抗战路线，单纯依靠政府和军队，无力阻止优势敌人的疯狂进攻。10 月，日军占领武汉、广州。中国失去了华北、华中和华南大部分领土。

1937 年洛川会议后，八路军、新四军按照中共中央的战略部署，挺进敌后，建立了晋察冀、晋绥、晋冀豫、苏南、皖东等多个抗日根据地，广泛开展独立自主的游击战。中共中央所在的陕甘宁边区是全国抗日根据地的指挥中枢和总后方。延安是中共中央所在地。

到 1938 年 10 月，八路军和新四军同日、伪军作战 1,600 多次，毙、伤、俘敌 5.4 万人。共产党领导的抗日武装发展到近 20 万人。由共产党领导的敌后战场和国民党的正面战场逐渐成为战略上相互配合的两个战场(图 9)。

图 9　抗战中的民兵

三、沦陷区人民的反抗斗争

日军的大举进攻,使中国的大片领土沦为日本的占领区。日本在这些地方实行残暴的殖民统治,在政治、经济等领域实施了一系列犯罪行为。

1937 年 12 月 13 日日军攻占南京后,在南京进行了持续六周的血腥大屠杀,被屠杀的中国军民达 30 万人以上。1938 年 2 月至 1943 年 8 月,日军对战时陪都重庆进行了长达五年半的大轰炸,死亡人数超过 1 万,多为平民。日本还公然实施细菌战、毒气战,731 部队等日本细菌部队将带有病毒的投掷器投放到中国许多地区,造成大量中国居民死亡。此外,日军在占领区掳掠和残害中国劳工,强迫中国妇女充当“慰安妇”。

日本侵略者大肆掠夺占领区的土地、资源与财富。他们对农产品的生产、销售实行严格的统制和垄断,强行“征购”的粮食除保证侵华日军的需求外,大部分粮食被运往日本国内。在东北,日本垄断企业独占全部重工业和铁路交通,控制了东北的经济命脉,疯狂掠夺矿产资源。

日本侵略者还在占领区大力推行奴化教育,企图以此达到泯灭中国民众的民族意识和反抗精神,维护其殖民统治的目的。

日本的侵略暴行,激起了沦陷区人民的强烈反抗。1940 年 9 月 18 日,中共中央书记处对沦陷区城市工作进行全面部署,成立由周恩来负总责的中共中央敌后城市工作委员会,领导沦陷区党的工作。在中国共产党的领导下,沦陷区人民同日本侵略者展开针锋相对的斗争。沦陷区的工人以怠工、罢工等斗争形式,干扰和破坏敌人的部署。1939 年,上海爆发工潮 147 次,参加人数达 20 万人;到 1940 年,上海工潮达到 427 次,参加人数 26.6 万人。在沦陷区的农村、城乡接合部、小城镇,以及交通线和厂矿周围地区,沦陷区人民举行多次武装暴动,直接打击日本侵略者。比较突出的有 1942 年河北井陉煤矿、河南安阳六河沟煤矿、南京浦口三井煤矿等地工人的武装暴动。

四、抗战进入相持阶段

1938年10月日军占领武汉、广州后，无力再发动大规模的战略进攻，战争进入相持阶段。日本改变战略方针，集中主要兵力进攻中国共产党领导的抗日根据地，对国民政府则以政治诱降为主、军事打击为辅。

知识链接

1938年10月21日，广州失陷。日军分多路向武汉猛攻，我方虽已坚持数月，但武汉失守已成定局。面对严峻复杂的形势，在国民党高层人士中开始弥漫悲观主义、失败主义的情绪。代表人物汪精卫，明确主张对日议和。在此前后，其亲信多次与日方密谈，探查日本和谈条件。11月12日至14日，汪精卫代表梅思平、高宗武与日方代表在上海重光堂秘密会谈，商讨"和平"条件与汪精卫逃离重庆的详细计划。20日，双方正式达成了《日华协议记录》《日华协议记录谅解事项》，以及一项《日华秘密协议记录》。27日，梅思平将密商结果带回重庆，汪精卫立刻召集亲信制订出逃计划。12月19日，先后到达昆明的汪精卫、周佛海、陶希圣、曾仲鸣、陈璧君一行十余人，乘专机飞往越南河内。得到汪精卫成功出逃的消息后，日本首相近卫文麿于12月23日发表早已准备好的第三次对华声明，"阐明同新生的中国调整关系的总方针"，要求"日、满、华三国应以建设东亚新秩序为共同目标而联合起来，共同实现相互善邻友好、共同防共和经济合作"。12月28日，汪精卫致函国民党中央常务委员会和国防最高会议，建议接受近卫"三原则"。12月29日，汪精卫"艳电"在香港《南华日报》上发表，公开主张"与日本政府交换诚意，以期恢复和平"。汪精卫求和投降的行为遭到全国人民的唾弃和声讨。国民党元老何香凝发表文章斥责说:“其所提各点,措辞恍惚,均只从如何执行‘日本政府所提议者’出发,将近卫声明响应一番,不特民族气味全无,连做人的良心都已丧尽。”1939 年元旦,国民党中央常务委员会临时会议决定“永远开除汪兆铭党籍”,撤除其一切职务。1939 年 5 月 8 日,日本陆军参谋本部中国课长影佐祯昭将汪精卫接至上海土肥原公馆,从此,汪精卫集团从宣传民族失败主义,走上了与日本侵略者合作建立傀儡政权的道路。

进入战略相持阶段后,日军在正面战场上发动了南昌、长沙、桂南、豫南、中条山、浙赣和常德等战役,中国军队在这些战役中进行了顽强的抵抗。但国民党一度从战争初期比较积极的抗战转为消极抗战、积极反共,国共之间的政治、军事摩擦持续不断。1939 年年初,国民党五届五中全会制定了“溶共”、“防共”和“限共”的反动方针。1941 年 1 月,国民党军队突袭围剿新四军,制造了震惊中外的“皖南事变”。

日军对敌后抗日根据地加紧推行“囚笼政策”,“以铁路为柱、公路为链、碉堡为锁”,把敌后抗日根据地分割包围起来,形成囚笼,并不断向根据地延伸,企图一举消灭根据地。1940 年下半年,八路军组织 105 个团,约 20 万人,在华北发动了一次大规模对日作战,称为“百团大战”。百团大战历时 3 个半月,进行大小战斗 1,824 次,打击了日军的侵略气焰,提高了中国共产党和八路军的声威,增强了全国军民的抗战信心。此外,针对日军的大“扫荡”,敌后根据地积极开展反“扫荡”斗争。根据地军民创造出地雷战、地道战、麻雀战、破袭战等游击战术,打击日军,牵制了在华日军一半以上的兵力。皖南事变后,中共中央坚持抗战、团结、进步的方针,一方面坚决打退国民党的反共高潮,另一方面制定了对敌斗争、精兵简政、发展生产、整顿三风、“三三制”、减租减息等十大政策,巩固和扩大抗日根据地,带领根据地军民坚持艰苦的敌后抗日游击战争。

1941 年 12 月 7 日,日本海军联合舰队偷袭美国在太平洋的主要海军基地珍珠港,太平洋战争爆发。中国的抗日战争与美、英在太平洋战场对日作战密切地联系起来。中国战场抗击的日军兵力超过了太平洋战场上日军的总兵力，成为世界反法西斯战争的东方主战场。1942 年 1 月，国民政府根据同英美盟国达成的协议，组建远征军，在罗卓英、杜聿明的率领下，进入缅甸，援助英军抗击入侵日军。1943 年 10 月至 1945 年 3 月，中国远征军和盟军联合发动缅北、滇西反攻战，收复缅北大小城镇 50 余座，收复滇西失地 8.3 万平方公里，共歼灭日军 4.9 万余人，取得了对日作战的胜利。同时，还修筑了为中国战场输送物资的中印公路，大量军需和民用物资通过中印公路源源不断地运到中国，粉碎了日本企图切断中国对外联系、迫使中国投降的战略，极大地鼓舞了中国军民的抗战意志和争取最后胜利的信心。

在世界反法西斯战争形势发生转折的时期，中国共产党领导的敌后解放区战场经过长期的艰苦奋战，从 1943 年起开始逐步扭转困难局面，在一些地区还开始了对日、伪军的攻势作战。

华北各抗日根据地军民坚决地进行反"扫荡"、反"蚕食"斗争，有力地打击日、伪军，保卫和扩大了抗日民主根据地。

华中抗日根据地，由于日、伪军加紧"扫荡"、"蚕食"和"清乡"，这时仍处于严重困难的局面。敌后抗日军民在中共中央华中局和新四军军部的领导下，开展艰苦的斗争，大力发展民兵和地方武装，促进了群众性游击战争的发展。

党领导的人民武装力量得到恢复和发展，进一步增强了抵御敌军大规模进攻的能力，逐步掌握了战争的主动权。到 1943 年夏，人民武装力量已经基本打通了从华北到华中的战略联系，使根据地连成一片。到 1943 年 12 月，日本华北方面军被迫基本停止了向抗日根据地的进攻。

1944 年，共产党领导的敌后军民在华北、华中、华南地区，对日、伪军普遍发起局部反攻。

国民党正面战场在 1944 年豫湘桂战役中的大溃败，使得坚持敌后抗战的八路军、新四军和华南人民武装力量的战略作用，在整个战局中的重要性进一步提高。

不断扩大的抗日民主根据地,已经形成对日军占领的许多中心城市和交通线的包围。共产党领导的敌后军民的局部反攻,不仅在战略上有力地策应了国民党正面战场和英、美盟军的对日作战,同时也为对日全面反攻、夺取抗日战争的最后胜利准备了重要的条件。[①]

五、抗日战争的胜利

1945 年 4 至 6 月,中国共产党在延安召开了第七次全国代表大会。毛泽东在会上作《论联合政府》的政治报告,朱德作《论解放区战场》的军事报告,刘少奇作《关于修改党章的报告》,周恩来作《论统一战线》的重要讲话。大会提出党的政治路线是:“放手发动群众,壮大人民力量,在我党的领导下,打败日本侵略者,解放全国人民,建立一个新民主主义的中国。”大会确立毛泽东思想为党的指导思想,选举产生以毛泽东为首的中央委员会。这次大会为争取抗日战争的最后胜利和新民主主义革命在全国的胜利做了重要准备。

1945 年 8 月初,美国用原子弹向日本本土进行攻击,苏联也于 8 月 8 日宣布出兵中国东北,对日本关东军发起进攻。8 月 9 日,毛泽东发表《对日寇的最后一战》的声明。中国抗日战争进入全面反攻阶段。

8 月 15 日,日本宣布无条件投降。9 月 2 日,日本代表在投降书上签字,由国共两党合作的抗日战争至此胜利结束,世界反法西斯战争也胜利结束。9 月 3 日成为中国人民抗日战争胜利纪念日。

9 月 9 日,中国战区日军投降签字仪式在南京举行。10 月 25 日,台湾地区的受降仪式在台北举行。台湾及澎湖列岛从甲午战争后被迫与祖国分离 50 年,终于重归中国主权管辖之下。这成为抗日战争取得完全胜

---

① 中共中央党史研究室.中国共产党历史　第一卷(1921—1949)[M].北京:中共党史出版社,2011:627-633.

利的重要标志。

中国抗日战争的胜利，是全国各族人民经过极其艰苦的斗争，付出了极大的代价取得的。据不完全统计，在整个战争期间，中国军民伤亡3,500多万人，经济损失超过6,000亿美元(按1937年比值折算)。在这场全民族团结抗战中，中国共产党始终坚持抗日民族统一战线，发挥了中流砥柱的作用。这一伟大胜利，为新民主主义革命的彻底胜利和新中国的创建奠定了坚实的基础。

长达14年的抗日战争是近代以来中国反抗外敌入侵第一次取得完全胜利的民族解放战争。

抗战胜利是国共两党合作、全体中国人民共同奋斗而取得的胜利。发动侵略战争的日本侵略者被永远钉在历史的耻辱柱上，反法西斯同盟国为人类文明与正义作出的贡献必将为历史所铭记。

中国抗日战争是世界反法西斯战争的重要组成部分，对于欧洲和亚洲其他地区的反法西斯战争起到了战略配合的重要作用，为世界反法西斯战争胜利作出了重大贡献，显著提高了中国的国际地位和国际影响。

知识链接

8月14日，日本天皇裕仁发布停战诏书。8月15日，国民政府外交部接获日本政府投降电文，日本正式宣布向同盟国无条件投降。当天，蒋介石发表广播演讲，代表中国官方表示抗战正式结束。同日，蒋介石致电日本驻华派遣军总司令冈村宁次，命令其通令所属日军停止一切军事行动。9月2日，日本投降代表、外相重光葵和陆军参谋总长梅津美治郎，在停泊于东京湾的美国战舰密苏里号上，签订了日本投降文书，正式声明："我们兹宣布日本帝国大本营及在日本控制下驻扎各地方的日本武装部队，向同盟国无条件投降。"国民政府军事委员会军令部部长徐永昌上将代表中国政府在投降书上签字。9月3日,即成为中国人民抗日战争胜利纪念日。9月9日,中国战区日军投降仪式在南京举行。

思考题:

1. 怎样看待正面战场与敌后战场的关系?
2. 简要分析抗日战争胜利的原因和意义。

第四十六章
抗战前后的文学艺术

十四年抗战是中华民族在近代历史上最困难的一段时期，也是文学艺术创作相对来说比较繁荣、比较直接地反映社会现实、为现实服务的一段时期。

一、抗日文化团体的建立

从九一八事变到华北事变，中华民族亡国灭种的危机日趋加深。由于一二·九运动的爆发，特别是中国共产党抗日民族统一战线的号召，中国的文化界最先行动起来，开展抗日救亡运动。1935 年 12 月 27 日，上海文化界救国会正式成立，号召文化界团结一致，反对国民党的文化专制主义，反对文化界的汉奸活动，组成文化界抗日救亡统一战线。

七七事变之后，抗日民族统一战线逐步形成，文化界的救亡热情更加高涨，富有时代特色的抗战文化蓬勃发展起来。1937 年 7 月 28 日，上海文化界救亡协会成立。翌年 3 月 27 日，中华全国文艺界抗敌协会在汉口成立，这是第一家全国性的文化界救亡团体。紧接着，各专门性的全国文艺团体如中华全国电影界抗敌协会、中华全国戏剧界抗敌协会、中华全国美术界抗敌协会、中华全国音乐界抗敌协会等纷纷成立。它们共同的宗旨就是利用自己的专长,发动群众,捍卫祖国,粉碎敌寇,争取抗战的胜利。

在文协以及各专门团体的领导下,全国各地相继成立了一些分会组织,并很快创刊出版了《抗战文艺》《笔阵》《文化岗位》《文艺阵地》《抗战》《战时联合旬刊》《文艺战线》等百余种刊物。而中共直接领导的《新中华报》《新华日报》《解放》《群众》《中国文化》等,更为旗帜鲜明,充分发挥了进步文化界鼓励人民坚持抗战的决心。

二、抗战文化浪潮高涨

深入前线的作家和记者,在抗战时期创作出许多优秀作品,如范长江的《台儿庄血战经过》、碧野的《太行山边》、骆宾基的《救护车里的血》、茅盾的《第一阶段的故事》、张天翼的《华威先生》、姚雪垠的《差半车麦秸》、萧乾的《刘粹刚之死》等,或用如画的笔墨描述了抗日将士可歌可泣的斗争故事,或用辛辣的笔调揭露了后方官僚的腐败无能。赵树理创作的《小二黑结婚》《李有才板话》等,不仅真实地反映了根据地人民在中国共产党领导下的幸福生活,而且在艺术上达到了很高的境界。

诗歌是抗战时期非常活跃的一种文艺形式,在抗战时期也涌现出一批优秀的作品,如艾芜的《我怀念宝山的原野》、王统照的《上海战歌》、靳以的《火中的孤军》、柯仲平的《边区自卫军》、田间的《给战斗者》、艾青的《向太阳》、老舍的《剑北篇》等,或燃烧着对侵略者的深仇大恨,或歌颂人民不畏强暴、英勇奋斗的顽强精神。

音乐艺术在抗战时期更直接地反映了人民的心声,在中华全国歌咏协会的组织下,群众性的歌咏活动曾一度高涨,一批著名的音乐家如冼星海、吕骥、张曙、贺绿汀等创作了一大批令人难忘的战歌,如《武装保卫山西》《到敌人后方去》《在太行山上》《歌八百壮士》《游击队歌》《二月里来》等。而由著名诗人光未然作词、冼星海作曲的《黄河大合唱》更是反映了人民大众的呼声，发出了中华民族不畏强敌的怒吼。其中的一些作品已经成为中华民族文化的瑰宝，至今仍被人们所传诵。另外，边区农民歌手李有源作词的《东方红》、孙万福创作的《咱们的领袖毛泽东》等，也都成为抗战时期比较有名的作品。

在抗战早期的戏剧舞台上，以独幕剧、街头剧、活报剧为主，如集体创作的《保卫卢沟桥》《台儿庄》《放下你的鞭子》，田汉的《卢沟桥》，周扬、沙可夫的《血祭上海》，崔嵬、王震之的《八百壮士》，夏衍的《咱们要反攻》，荒煤的《打鬼子去》等都深受观众的欢迎。而在边区根据地，最受欢迎的无疑要数新秧歌剧，著名作品有《兄妹开荒》《夫妻识字》等。根据地艺术工作者创作的歌剧《白毛女》不仅具有鲜明的艺术形象，而且具有深刻的思想内容，在中国歌剧发展史上留下了辉煌的一页。至于延安文艺工作者改编演出的京剧《逼上梁山》《三打祝家庄》，不仅受到人民群众的普遍欢迎，而且为中国戏剧艺术的改革开创了一条新道路。

电影艺术在抗战时期也有新的发展，为配合战争的进行，电影工作者深入前线，拍摄了许多反映真实战争的纪录片，如《抗战特辑》《抗战号外》等都真实地向观众展现了卢沟桥、淞沪、平型关、台儿庄等战役的情况，激发了人民的抗战热情。艺术片如史东山编导的《保卫我们的土地》，阳翰笙编剧、应云卫导演的《八百壮士》等，也都直观地反映了中国军民英勇抵抗侵略者的事迹。

美术界在抗战时期最突出的成就是漫画艺术发展到了一个新的高度，涌现出一大批著名作者，留下了一大批令人难以忘怀的艺术形象。叶浅予、张乐平、廖冰兄等都是这一时期涌现出的活跃的艺术家，张乐平创造的三毛形象至今仍具有生命力。

思考题：

1. 概述抗战文艺发展的主要表现。
2. 简要分析抗战文艺活动的意义。

第四十七章
民主党派的产生和发展

中国民主党派的诞生有何特殊背景?

中国各民主党派是中国共产党领导的革命统一战线的重要组成部分。主要包括中国国民党革命委员会、中国民主同盟、中国民主建国会、中国民主促进会、中国农工民主党、中国致公党、九三学社和台湾民主自治同盟。中国的民主党派少数成立于大革命时期和十年内战时期,多数成立于抗日战争时期和全国解放战争时期。

中国各民主党派在抗日战争时期和反对国民党独裁统治的斗争中,同中国共产党有过长期合作的光荣历史。中国各民主党派的政纲虽不尽相同,但各民主党派的核心思想都是主张爱国、反对卖国,主张民主、反对独裁。这些和中国共产党的革命政纲基本上是一致的。在抗日战争时期,它们同共产党合作,共同为坚持抗战、反对投降,坚持团结、反对分裂,坚持进步、反对倒退而协力奋斗;在抗战胜利后"旧政协"和国共和谈期间,它们作为"第三方面"主要同共产党一起,为反对国民党反动派的内战、独裁政策,争取和平、统一和民主而努力,积极参与国统区爱国民主运动。1948 年 4 月 30 日,中共中央发出召开新的政治协商会议,成立民主联合政府的号召以后,各民主党派纷纷发表公开宣言、决议和通电,响应中国共产党的号召,宣布接受中国共产党的领导,参加筹备新政协。这时，各民主党派已经转变为具有新民主主义性质的政党。1949 年 9 月，各民主党派和中国共产党一起参加了中国人民政治协商会议第一届全体会议，参与制定了具有临时宪法性质和作用的《中国人民政治协商会议共同纲领》（简称《共同纲领》），选举了中央人民政府，为中华人民共和国的创建作出了贡献。

一、中国国民党革命委员会

中国国民党革命委员会，简称民革，1948 年 1 月 1 日在香港成立，宋庆龄为首任名誉主席，李济深为主席。民革是由三民主义同志联合会（简称民联）、中国国民党民主促进会（简称民促）及其他爱国民主人士为基础发展起来的一个民主党派。

中国国民党革命委员会在中国共产党领导下，保持了正确的政治方向，经历了民主革命和社会主义两个不同的历史阶段，为我国民主革命和社会主义事业作出了重要贡献。新中国成立后，民革作为中国共产党领导的多党合作的成员，在中国共产党领导下，保持了正确的政治方向，积极履行参政议政、民主监督、参加中国共产党领导的政治协商等职责，积极发挥参政党的作用，为统一祖国、振兴中华而努力。

知识链接

宋庆龄（1893—1981），1893 年 1 月 27 日出生于上海。1913 年大学毕业，后成为孙中山先生的秘书。1915 年，和孙中山先生结为革命伴侣。1933 年，与中国共产党合作组成党的外围组织“国民御侮自救会”，并担任会长。1938 年 6 月 14 日，在香港发起成立保卫中国同盟，向世界宣传艰苦卓绝的中国抗战。1941 年 12 月香港沦陷后，她到重庆重组保卫中国同盟中央委员会，支援中国人民抗日战争。1947 年 11 月 12 日至 1948

年1月1日,中国国民党民主派第一次联合代表大会在香港举行,会议选举产生中国国民党革命委员会(简称民革)中央执行委员会,推举宋庆龄同志为名誉主席。1949年9月21日至30日,中国人民政治协商会议第一届全体会议在北京召开,宋庆龄当选为中华人民共和国中央人民政府副主席、中国人民政治协商会议第一届全国委员会常务委员。1981年5月29日,因病在北京寓所逝世。

二、中国民主同盟

中国民主同盟,简称民盟。在众多的民主党派中,最有影响力的当属中国民主同盟,它的前身是中国民主政团同盟,成立于1941年,其成员主要是文化教育界的高级知识分子,在抗战后期一直比较活跃,1944年改组为中国民主同盟。它是以从事文化教育方面工作的知识分子为主的社会主义劳动者和拥护社会主义的爱国者的政治联盟。

抗日战争时期,民盟同共产党合作,共同为坚持抗战、反对投降、坚持团结而奋斗。抗战胜利后,民盟最先发出"民主统一、和平建国"的呼吁,并提出和平建国的十条政治主张。1945年10月,民盟在重庆召开第一次全国代表大会,选举张澜为中央常委会主席,左舜生为秘书长。会议提出,要将中国建设成为一个"道地的民主国家",并期望以苏联的经济民主去充实英美的政治民主,创造一种"中国型的民主"。为达到此目的,民盟要求国民党必须结束一党专政的党治,彻底清除民主的障碍,彻底消除内战的危机。在政治上,民盟主张实行议会制和责任内阁,司法独立、地方自治,充分保障人民的一切基本自由;在经济上,民盟主张实行计划经济,主张以国家的力量促进工业化,消灭贫富差距,保障人民在经济上的平等;在军事上,民盟主张实行军队国家化,军人绝对不得干预内政,任何党团组织均不得拥有武装力量,军队中也不得存在任何党团组织;在外交上，民盟主张保障国家领土主权之完整，与各国和平相处，与美、苏、英互相合作。在此后召开的政治协商会议上及内战早期，民盟虽然继续保持中间路线，但与中共开展了密切合作，与国民党进行了斗争，引起了国民党的仇恨，1947 年 11 月被国民党宣布为非法团体，民盟自动解散，中间道路的政治幻想彻底破灭。翌年，民盟在香港重组，实际上已放弃中间道路，转而接受了中国共产党的主张。1949 年参加中国人民政治协商会议，为中国共产党领导下的重要参政党之一，民盟积极参加国家政治生活和经济建设。

知识链接

张澜（1872—1955），字表方，四川南充人（今西充县莲池乡人）。1894 年（清光绪二十年）中秀才，不久补廪生。1903 年留学日本。1904 年回国后投身教育事业。1911 年任川汉铁路股东会副会长，发起组织四川保路同志会，领导四川人民开展保路运动。辛亥革命后，任四川军政府川北宣慰使，并创建南充县立中学、南充实业学校、南充蚕业社。1925 年 7 月起任成都大学校长。1939 年参与发起民主宪政运动和组织统一建国同志会。1941 年 3 月参加发起组织中国民主政团同盟，被选为中央执行委员，旋被推选为民盟中央主席。1946 年 1 月，代表民盟参加在重庆召开的政治协商会议。11 月，国民党召开其一党包办的“国民大会”时，领导民盟总部发表声明，拒绝参加。1949 年，因拒绝去台湾遭软禁。上海解放前夕，经中共地下组织营救脱险。1949 年 9 月出席中国人民政治协商会议第一届全体会议。中华人民共和国成立后，任中央人民政府副主席、民盟第一届中央主席。1954 年当选为第一届全国人民代表大会常务委员会副委员长、政协全国委员会副主席。1955 年 2 月 9 日在北京病逝，享年 83 岁。

三、中国民主建国会

中国民主建国会,简称民建,成立于1945年12月,它的主要成员为民族工商业者,主要发起人有黄炎培、胡厥文、章乃器等。民建成立后的政治主张与民盟大体相似,主张政治民主化、军队国家化。在政治体制方面,民建主张由直接普选产生各级议会,由议会行使各级政权;在经济上,主张经济民主,强调发展民族资本,反对官僚垄断资本;在外交上,主张对苏美采取平衡外交政策。民建声称自己"不右倾,不左袒",只是想替中国建立一个政治上和平奋斗的典型,它所强调的"和平统一、民主集中"的基本原则,确实在一定程度上照顾到了国共两党的政治意向。1949年,民建参加了中国人民政治协商会议,后来也成为重要的参政党之一。民建作为中国共产党领导的多党合作的成员,在中国共产党领导下,保持了正确的政治方向,积极履行参政议政、民主监督、参加中国共产党领导的政治协商的职能,积极发挥参政党的作用。

知识链接

黄炎培(1878—1965),号楚南,字韧之,笔名抱一。江苏川沙县(今属上海市)人。1899年中秀才,1901年入南洋公学,1905年参加同盟会。辛亥革命前,先后创办和主持广明小学、师范讲习所和浦东中学,在爱国学社、城东女学等新教育团体和学堂中任教,并参与发起江苏学务总会。辛亥革命后,任江苏都督府民政司总务科科长兼教育科科长,后任江苏省教育司司长,全力以赴地改革地方教育。1931年九一八事变后,积极投入抗日救亡运动,创办《救国通讯》,宣传爱国主义;组织上海市民维持会(后改为上海地方协会),支持淞沪会战。1941年,与张澜等人发起组织中国民主政治同盟,一度任主席。1945年夏,飞赴延安,受到中共热诚接待，目睹了解放区崭新的气象和军民的精神风貌，尤其是与毛泽东进行了长达十几个小时的促膝谈话，返回重庆后由夫人姚维钧整理和执笔，发表了《延安归来》一书，记述下了关于“历史周期率”的对话。1949 年 9 月出席中国人民政治协商会议。中华人民共和国成立后，历任中央人民政府委员、政务院副总理兼轻工业部部长、全国人大常委会副委员长、全国政协副主席、中国民主建国会中央委员会主任委员等职。1965 年 12 月 21 日病逝。

四、中国民主促进会

中国民主促进会，简称民进，于 1945 年 12 月 30 日在上海成立，发起人为马叙伦、王绍鏊、周建人、许广平、赵朴初、雷洁琼等。中国民主促进会的基本成员为文教界的知识分子，多为中小学教师和出版工作者。民进成立时的政治诉求主要是要求国民党改革政权，结束一党专制、还政于民，停止内战，击退外国军队，重新制定宪法，实行普选，保障人民言论、出版、集会结社及人身自由等政治主张。1949 年 9 月民进参加中国人民政治协商会议第一届全体会议，参与制定《共同纲领》，为新中国的诞生作出了突出的贡献。新中国成立以后，民进成为同中国共产党通力合作的参政党。在中国共产党领导下，保持了正确的政治方向，积极履行参政议政、民主监督、充分发挥为社会主义服务的作用，积极参加国家政治生活和经济建设，很好地履行了参政党的职责。

知识链接

马叙伦（1885—1970），浙江杭县（今杭州）人。1902 年毕业于杭州养正书塾，曾任上海《选报》《国粹学报》编辑，后以教书为生。辛亥革命前加入柳亚子等发起的南社。1911 年赴日本，在东京由章太炎介绍加入同盟会。回国后，在浙江参与筹办民团，响应武昌起义。武昌起义后参与浙江光复，任都督府秘书。1913 年，任北京医学专科学校文职教员，并应邀于 1915 年在北京大学文学院兼课。1915 年冬，为反对袁世凯复辟帝制，辞职南下，回到上海。1917 年蔡元培任北京大学校长，聘邀他任北大哲学系教授。1919 年五四运动期间，任北京中等以上学校教职员联合会主席，参加反帝反封建斗争。1936 年 1 月发起组织北平文化界救国会，被推为主席。抗日战争时期，因贫病交加，蛰居上海，化名邹华孙，专事著述。1945 年年底在上海发起组织中国民主促进会，积极投入爱国民主运动。1946 年 6 月，参加上海各界人士举行的反内战游行示威，被推举为向国民党政府请愿团团长，在南京下关车站被特务殴伤。1947 年年底，到香港筹建民进港九分会，继续从事反蒋民主运动。1949 年赴北平出席政协会议。中华人民共和国成立后，从 1949 年至 1952 年任中华人民共和国教育部第一任部长，1952—1954 年任中华人民共和国第一任高等教育部部长。

五、中国农工民主党

中国农工民主党，简称农工党，于 1930 年 8 月 9 日在上海成立，由国民党左派领导人邓演达成立的“中国国民党临时行动委员会”发起，1935 年 11 月改党名为“中华民族解放行动委员会”，1947 年 2 月改党名为“中国农工民主党”，主席为章伯钧。在民主革命期间，农工党同中国共产党建立了亲密合作关系，为新民主主义革命的胜利和新中国的建立作出了重要贡献。其主要成员是医药卫生、人口资源和生态环境领域的高中级知识分子，具有政治联盟的特点。新中国成立后，农工党遵循中国人民政治协商会议共同纲领，制定了接受中国共产党领导、为社会主义服务的政治路线，致力于建设中国特色社会主义事业。

知识链接

章伯钧(1895—1969),安徽桐城人。早年毕业于武昌高等师范学校,任安徽宣城师范学校校长。1922年入德国柏林大学攻读哲学,回国后,任中山大学教授。参加北伐,任北伐军总司令部政治部宣传科长、秘书长、副主任,第九军党代表。参加南昌起义,被任命为起义军总指挥部政治部副主任,同年底脱离中国共产党。1928年在上海与谭平山等酝酿成立中华革命党。1930年同邓演达等创建中国国民党临时行动委员会,当选为中央干部会干事。1933年参加福建事变,任中华共和国人民革命政府土地委员会主任。抗日战争时期,参加抗日和民主活动,受聘为第一届、四届国民参政会参政员。1941年参与筹组民主政团同盟,任中央常委兼组织委员会主任。1947年民盟被迫解散后,同沈钧儒等在香港召开民盟一届三中全会,决定在香港恢复民盟总部和与中共的合作。1947年中华民族解放行动委员会改组为中国农工民主党,任主席。1948年响应中共"五一"号召,从香港到东北解放区,参与筹备新政协。1949年出席中国人民政治协商会议第一届全体会议。中华人民共和国成立后,曾任中央人民政府委员、交通部部长,中国农工民主党主席,中国民主同盟副主席,光明日报社社长等职。为第一届全国人大代表,第一、三届全国政协常委,第二届全国政协副主席,第四届全国政协委员。1969年5月17日病逝。

六、中国致公党

中国致公党由华侨社团美洲致公堂发起,1925年10月在美国旧金山成立。中国致公党是以归侨、侨眷中的中上层人士和其他有海外关系的代表性人士为主组成的,具有政治联盟的特点,是中国共产党领导的多党合作和政治协商制度中的中国特色社会主义参政党。1947年5月,中国致公党在香港举行第三次代表大会,进行改组,从此走上了同中国共产党精诚合作、共同奋斗的道路。1948年5月,致公党与各民主党派联名通电,拥护召开新政治协商会议。1949年9月应中共之邀,致公党选派代表参加了中国人民政治协商会议第一届全体会议,参与了《共同纲领》的制定。新中国诞生后,中国致公党作为参政党,始终坚持和完善中国共产党领导的多党合作和政治协商制度,在国家政治生活中发挥了重要作用。

知识链接

李济深(1885—1959),原籍江苏,生于广西苍梧。原名济琛,字任潮。早年毕业于北京陆军大学,曾留学日本。历任粤军第一师参谋长、师长,西江善后督办、黄埔军校教练部主任。1925年任国民革命军第四军军长。1926年任国民党第二届中央执行委员、参谋总长、黄埔军校副校长。北伐战争期间,任国民革命军总司令部参谋长、广东省政府主席、国民革命军第八路总指挥,留守广州。1927年曾参与蒋介石的反共活动。1933年联合十九路军蔡廷锴等在福建组织反蒋抗日的中华共和国人民革命政府。次年至香港主持中国国民党革命委员会,并与冯玉祥等倡组中华民族革命同盟。1935年任桂系军政府主席。1937年抗日战争全面爆发,积极响应中国共产党一致抗日的号召,反对国民党政府反共政策。在1947年5月召开的中国致公党第三次代表大会上,被选入中国致公党中央常务委员会,并被选为中央主席(因正参与组建中国国民党革命委员会,当时决定暂不公开宣布)。1948年就任中国国民党革命委员会主席。1949年出席全国政协第一届全体会议。后历任中华人民共和国中央人民政府副主席、全国人民代表大会常务委员会副委员长、中国人民政治协商会议全国委员会副主席。1959年10月9日在北京病逝。

七、九三学社

九三学社原名“民主科学座谈会”，1944 年年底成立于重庆。1945 年 9 月 3 日，为纪念抗日战争的胜利，更名为九三座谈会，翌年 5 月 4 日在重庆召开成立大会，定名九三学社。九三学社的成员大都是文教科技界的高级知识分子，主要领导人有许德珩等。九三学社主张政治民主化、军队国家化；争取人民的基本自由；反对官僚政治，主张肃清贪污；反对官僚资本，主张建立以民生为主的经济制度，迅速完成国家工业化；主张学术思想的绝对自由，积极普及国民教育。在成立之初呼吁停止内战，为反对国民党反动派的内战、独裁政策，争取和平、统一和民主而作出努力。1949 年参加中国人民政治协商会议，后来也成为重要的参政党之一。作为中国共产党领导的多党合作的成员，九三学社保持了正确的政治方向，积极履行参政议政、民主监督、政治协商的职能，积极发挥参政党的作用。

知识链接

许德珩（1890—1990），字楚生，又作楚僧。江西九江人。早年加入中国同盟会，参加过辛亥革命及讨袁运动。1919 年参加五四运动，受北京学生联合会委托，起草了《五四宣言》。五四运动后，任《全国学联日刊》总编辑。曾参加李大钊组织的“少年中国学会”。1920 年年初赴法国勤工俭学。1926 年年底归国后参加北伐战争。1927 年大革命失败后，先后任暨南大学、北京大学和北平大学教授，并从事马克思主义著作的翻译工作。九一八事变后，投身抗日救亡运动，被国民党当局逮捕入狱。由宋庆龄、蔡元培等营救出狱，1933 年 1 月参加中国民权保障同盟，并任北平分会执行委员。1935 年参与组织北平文化界救国会，参加一二·九运动。1946 年 5 月 4 日，九三学社在重庆正式成立，被选为理事，主持社务活动,成为该社最主要的创始人。1949 年 1 月,代表九三学社响应中国共产党的“五一”号召,同年 9 月,出席中国人民政治协商会议第一届全体会议。中华人民共和国成立后,任中央人民政府政务院法制委员会副主任委员、水产部部长。1964 年 12 月至 1983 年 6 月任政协全国委员会副主席。1979 年加入中国共产党。

八、台湾民主自治同盟

台湾民主自治同盟,简称台盟,成立于 1947 年 11 月 12 日,是由台湾省社会主义劳动者、社会主义事业建设者和拥护社会主义爱国者组成的政治联盟,是接受中国共产党领导、同中国共产党通力合作的亲密友党,是中国共产党领导的多党合作和政治协商制度中的中国特色社会主义参政党。1949 年 6 月,新政治协商会议筹备会议决定,台盟作为一个民主党派参加新政协。1949 年 9 月 21 日,台盟出席了中国人民政治协商会议第一届全体会议,参与制定《共同纲领》,选举中央人民政府。同年 10 月,台盟宣布以《共同纲领》作为台盟纲领。中华人民共和国成立以来,台盟作为民主党派,代表台胞的合法利益,积极参加国家政治生活,参与国家大事的协商,响应政府号召,贯彻各项政策,为社会主义建设和祖国的统一大业作出了重要贡献。

知识链接

苏子蘅(1905—1996),台湾彰化人。早年留学日本期间参加学生反帝爱国活动。1928 年 1 月,由中共旅日总支部仙台支部书记庞大恩介绍,加入中国共产党,在革命活动中受到日本当局迫害摧残,被迫中断学业回台湾治病。1935 年再次赴日留学,1937 年大学毕业后回到台湾。

1941年应北京大学理工学院之聘，任化学系副教授。1945年到张家口，在晋察冀军区工业部化学研究所任主任兼研究员。1949年参加大连大学筹建工作，建校后任大连大学科学研究所研究员兼室主任。同年参加台盟，并受台盟总部委托组建台盟旅大特别支部，任筹备会主任，1950年4月旅大特别支部成立后任副主任委员。1952年10月调入中国科学院，历任计划局数理化组组长、化学研究所研究员、感光化学研究所研究员。1979年任台盟第二届总部理事会副主席。1983年任台盟第三届总部理事会主席。台盟第四、五届台盟中央委员会名誉主席。1956年2月为全国政协第二届三次会议台盟列席代表，后历任北京市政协常委，第三届全国政协委员，第四、五、六、七届全国政协常委，第八届全国政协委员。1995年重新加入中国共产党。1996年因病在北京逝世。

中国各民主党派是中国共产党领导的多党合作和政治协商制度中的参政党，在中国共产党领导下，保持了正确的政治方向，积极履行参政议政、民主监督、参加中国共产党领导的政治协商等职能，积极发挥参政党作用，在建设中国特色社会主义过程中作出了贡献。

思考题：

1. 各民主党派的主要诉求是什么？

2. 谈谈民主党派在中国近代民主革命中的作用。

第四十八章
重庆谈判与政治协商会议

国民党为夺取胜利果实,不惜与日伪军合作。为顺应战后民心与国际情势,国共两党通过谈判达成了协定。该协定的具体内容是什么?有何意义?

一、重庆谈判

抗日战争胜利后,和平建国是当时人民的强烈愿望。当时中国出现了两种不同的建国方针:中国共产党主张成立联合政府;国民党打着"和平建国"的旗号,坚持独裁和内战的方针。战后美国成为世界头号经济和军事强国。它积极向全球扩张,企图建立在世界的统治地位。美国妄图在中国建立亲美反共政府,全力支持蒋介石。美国出动飞机、舰艇运送国民党军队到战略要地和铁路交通线,帮助蒋介石抢夺胜利果实。国民党依靠美国的支持,在加紧调运军队开赴华东、华北和东北等地的同时,竟然与日伪军达成合作,确认在国民党军队抵达之前,由日伪军驻守原来的岗位和维持秩序,要求日伪军拒绝向中国共产党领导的人民军队投降。美国虽然帮助蒋介石调兵遣将,抢占胜利果实,但也不希望蒋介石利用美国的帮助去打内战,而是要求蒋介石用和平协商的办法遏制中共的发展,企图建立美国主宰的世界秩序。

知识链接

日本投降后，蒋介石极力阻止中共参与对日受降，部署、利用日伪军控制原占领地区，以待接收。他指示何应钦命令冈村宁次："凡非蒋委员长或本总司令所指定之部队指挥官，日本陆海空军不得向其投降缴械，及接洽交出地区与交出任何物资""绝对不得将行政机关移交非蒋委员长或本总司令所指定之行政官吏或代表人员""日军的一切武器必须完整地交给指定部队，切勿损坏散失，落于匪手，致扰乱地方"。同时，主持军统的戴笠联络周佛海等日伪头目，要求各地伪军控制局势。冈村宁次和周佛海等日伪头目与国民党的合作态度，是后来国民党不顾各方抗议对他们从轻论罪的重要原因之一。

面对国民党的疯狂掠夺，中国共产党进行了针锋相对的斗争。至1945年年底，中共军队已经控制约占全国面积四分之一的土地，人口占全国总人口数的三分之一，华北、华东以及东北的一部分地区都已经在中共的控制之下，这为后来与国民党进行斗争提供了有利的条件。

中国人民刚刚经历过艰难的十四年抗战，人民渴望和平，期望休养生息，医治战争创伤，重建破碎的家园，期待国共两党化干戈为玉帛，变斗争为团结，携手共建独立、自由、富强的新中国。而当时的国际形势也不允许中国再发生内战，美苏两国从各自的利益出发，支持国共两党通过谈判解决分歧，中国的和平是远东局势稳定的前提。在这样一种国际国内形势下，国共两党只能坐下来谈判，以和平的手段保证各自的利益。1945年8月，蒋介石邀请毛泽东到重庆共商国家大计。为了尽力争取和平，揭露反动派假和平的阴谋，以利于团结和教育广大人民，中共中央提出和平、民主、团结三大口号。中共为争取和平建国，于8月28日派遣毛泽东、周恩来、王若飞等飞赴重庆，与国民党方面进行和平谈判。

8月28日下午3时许，毛泽东、周恩来、王若飞一行，在美国驻华大使赫尔利、国民党代表张治中的陪同下，由延安飞抵重庆。毛泽东在九龙坡机场对中外记者发表书面谈话："本人此次来渝，系应国民政府主席蒋介石先生之邀请，商讨团结建国大计。现在抗日战争已经胜利结束，中国即将进入和平建设时期，当前时机极为重要。目前最为迫切者，为保证国内和平，实施民主政治，巩固国内团结。国内政治上军事上所存在的各项迫切问题，应在和平、民主、团结的基础上加以合理解决，以期实现全国统一，建设独立、自由与富强的新中国。希望中国一切抗日政党及爱国志士团结起来，为实现上述任务而共同奋斗。"(图 10)

9 月 4 日，国共谈判正式开始。国民党方面有张群、邵力子、张治中、叶楚伧和张厉生等先后参加，中共方面参加者始终为周恩来和王若飞。

图 10　重庆谈判时的毛泽东、蒋介石

知识链接

蒋介石三次电邀毛泽东赴重庆谈判。电报一:“毛泽东先生勋鉴:倭寇投降,世界永久和平局面,可期实现,举凡国际国内各种重要问题,亟待解决,特请先生克日惠临陪都,共同商讨,事关国家大计,幸勿吝驾,临电不胜迫切悬盼之至。蒋中正八月十四日。”电报二:“毛泽东先生勋鉴:大战方告终结,内争不容再有。深望足下体念国家之艰危,悯怀人民之疾苦,共同勠力,从事建设。如何以建国之功收抗战之果,甚有赖于先生之惠然一行,共商大计。蒋中正八月二十日。”电报三:“毛泽东先生勋鉴:目前各种重要问题,均待与先生面商,时机迫切,仍盼先生能与恩来先生惠然偕临,则重要问题,方得迅速解决,国家前途实利赖之。蒋中正八月二十三日。”

根据蒋介石制定的原则,国民党对这次谈判的方针是军事与政治应整体解决,对中共方面的政治要求可以给予极度之宽容,但在军事问题上则严格统一,“政令军令之统一”是这次谈判的前提和中心。因此,在谈判中,国民党方面始终要求中共放弃根据地、交出军队,然后作为一个和平的政党参加各级政府。而中共方面提出,全国军队的整编应该遵循公平合理的原则,中共可以在这方面做出一些让步,但至少应该同意中共保留20个师,这个数字仅相当于国民党军队的七分之一。至于根据地,中共要求国民党方面承认根据地各级民选政府的合法地位,并同意将散布在广东、浙江、苏南、皖中、湖南、湖北、河南部分地区的八块根据地让出,原先驻守在这些地区的中共军队逐步撤退到苏北、皖北等解放区。

经过长达43天的艰苦谈判,国共两党于10月10日签订了《政府与中共代表会谈纪要》,这个后来被称为“双十协定”的纪要,就12个问题阐明了国共两党的各自见解,其中有的已达成协议,有的则未达成协议。未达成协议的部分,双方同意继续商谈或交给将要举行的政治协商会议解决。

重庆谈判的举行和“双十协定”的签订,具有重要的历史意义,它迫使国民党同意中共提出的和平建国的基本方针,承认以和平、民主、团结、统一为基础,长期合作,坚决避免内战,建设独立、自由和富强的新中国,彻底实行三民主义,承认政治民主化、军队国家化以及各党派平等合法等为通往和平建国的必由途径。确认国民党应该尽快结束训政,召开政治协商会议,取消特务机关,释放政治犯,保障人民的民主权利等。所有这些都在一定程度上制约了国民党再次发动内战的企图,为避免内战、和平建国创造了一个有利的环境。

知识链接

“双十协定”列入关于和平建国的基本方针、政治民主化、国民大会、人民自由、党派合法化、取消特务机关、释放政治犯、地方自治、军队国家化、解放区地方政府、奸伪、受降等12个问题。重庆谈判最重要的两项成果是:关于和平建国的基本方针,双方一致认为中国抗日战争业已胜利结束,和平建国的新阶段即将开始,必须共同努力,以和平、民主、团结为第一基础,建设独立、自由、和平之新中国。双方认为,国民党应迅速结束训政,实施宪政,并先采必要之步骤,由国民政府召开政治协商会议,邀集各党派代表及社会贤达,协商国事,讨论和平建国方案及召开国民大会等各项问题。

重庆谈判为中国共产党在国际国内赢得了声誉,但对蒋介石、国民党来说,这次谈判只是为了麻痹中共、欺骗人民、欺骗国际社会,争取时间,准备内战而已。鉴于国共两党军事冲突不断的事实,国共两党的代表在美国特使马歇尔的调停下,于1946年1月10日,张群和周恩来分别代表国共双方签署《关于停止冲突恢复交通的命令与声明》,主要内容包括:国民党及共产党领导下之一切部队，应即实行下列命令：1. 一切战斗行动立即停止；2. 除另有规定者外，所有中国境内军事调动一律停止；3. 破坏与阻碍一切交通线之行动必须停止，所有阻碍该项交通线之障碍物，应即拆除；4. 为实行停战协定，应即在北平设一军事调处执行部。当天，国民政府主席蒋介石和中共中央主席毛泽东分别对各自所属部队下达了停战命令。1 月 13 日，停战令生效。到当月底，除了东北之外，内战基本停止。

二、政治协商会议

在停战协定签订的同时，按照“双十协定”的规定，各党派代表和社会贤达在重庆举行政治协商会议。1946 年 1 月 6 日，国民政府公布《政治协商会议召开办法》。会议代表 38 人，其中国民党 8 人，分别为孙科、吴铁城、陈布雷、陈立夫、张厉生、王世杰、邵力子、张群；中共 7 人，分别为周恩来、董必武、王若飞、叶剑英、吴玉章、陆定一、邓颖超；青年党 5 人、民主同盟 9 人、无党派人士 9 人。1 月 10 日，政治协商会议在重庆开幕。各党代表分别致辞。中共代表周恩来在致辞中表示，中共“愿以极大的诚意和容忍，与各党代表和社会贤达，共商国是，努力合作”。政治协商会议的焦点是政治民主化和军队国家化。由于全国人民的压力和共产党的努力，以及民主党派和无党派人士的合作，会议通过了有利于人民的政协决议。决议内容包括改组国民政府、召开国民大会、整编全国军队、制定宪法等。会议通过了五项议案，即《国民大会案》《宪法草案案》《政府组织案》《军事问题案》《和平建国纲领》。

1 月 31 日，政治协商会议闭幕。尽管政协会议的结果只能算是纸上文章，但各方在会谈中都作了一定让步：国民党承诺取消一党专政，实行民主政治；共产党承认三民主义、国民党和蒋介石的领导地位。会议闭幕以后，社会各界和舆论对其取得的成就作出了高度评价。中共《新华日报》呼吁“努力把所获协议变成现实”。

这份政协决议冲破了蒋介石的独裁统治,有利于实现民主政治与和平建国,在许多方面反映了人民的愿望,受到普遍欢迎。但是,政协决议很快被国民政府撕毁,这次实现民主统一、和平建国的尝试也化为泡影。

思考题:

1. 抗战胜利后,中国共产党是如何争取和平、民主的?

2. “双十协定”的历史意义是什么?

第四十九章
解放战争

抗日战争胜利后，蒋介石蓄意发动内战，中国战火再燃。中国共产党是如何组织解放区军民自卫反击，并最终取得解放战争胜利的？

一、国民党发动内战

重庆谈判、政治协商会议，是一个边打边谈的过程。1946 年 2 月 10 日，为了庆祝政治协商会议取得的成功，也为了迫使蒋介石实践政协各项决议，重庆各界人士在较场口集会，参加大会群众近万人。正当万名群众静候会议开幕时，数百名国民党特务蜂拥而上，挥舞铁棍，乱丢石子，夺走扩音器，破坏大会。大会总指挥、爱国民主人士李公朴刚走到台上，就被特务包围，然后李公朴被踢倒，头部被铁尺打伤，血流不止，在场的郭沫若大喊“请勿打人”，也遭毒打。爱国民主人士马寅初身负重伤，文稿被抢走。许多参加大会的群众遭到毒打。这就是较场口事件。较场口事件后不久，国民党军队完成各项军事部署，做好发动全面内战的准备。蒋介石不顾人民的反对，公然撕毁停战协议和政协决议，发动了内战。

蒋介石于 1946 年 6 月 26 日以 30 万大军大举进攻中原解放区，由此点燃了全面内战的战火。紧接着，国民党军对晋南、苏北、鲁西南、胶东、冀东、绥东、察南、热河、辽南等地实行分区式的全面进攻。8月2日,用飞机轰炸延安,并动用大军围困陕甘宁边区。10月,对东北解放区发动更大规模的新攻势。蒋介石企图以全面进攻、速战速决的战略战术,在短时期内一举消灭中国共产党及其领导的人民军队。

二、第二条战线

面对国民党军队的疯狂进攻,中共中央在毛泽东的主持下制定以歼灭国民党军队有生力量为主而不是以保守地方为主的积极防御战略,指挥解放区军民奋起反击。经过短短8个月的作战,战场形势根本改观,国民党被迫放弃全面进攻的计划,将山东、陕北作为进攻的重点。与此同时,中共积极发动国统区的人民进行反饥饿、反内战、反迫害的民主运动,形成反对国民党统治的第二条战线,将国民党置于全民包围的困境之中。

知识链接

1946年秋,国民党军队占领了张家口,蒋介石非法召开国民党一党包办的“国民大会”。按照政协决议,国民大会本应由改组后的各党派联合政府负责召集。中国共产党、民主同盟等民主党派和无党派民主人士都拒绝参加,参加会议的绝大多数是国民党党员。会议制定了伪宪法,即《中华民国宪法》,所以这次大会又被称为“制宪国大”。会议通过的宪法规定,总统拥有至高无上的权力,不向任何机关负责。行政院实际上成为总统个人独裁意志的执行机构。它确认了以蒋介石独裁统治为核心的国家制度。这部宪法公布以后,立即遭到全国人民的一致谴责,蒋介石在政治上陷入空前孤立的境地。蒋介石一意孤行,使民主党派、民主人士和广大人民进一步认识到国民党当局坚持独裁和分裂的面目。重庆和平促进会、民主建国会等20多个人民团体发表联合声明，反对非法的国民大会。民主同盟主席张澜发表谈话，表示“绝不参加一党的‘国大’”。

1946年12月24日，北平发生了美军士兵强奸中国女大学生的事件。美军的暴行激起了公愤，北京大学学生立即召开抗议美军暴行大会，发表《告全国同胞书》，提出应严惩凶手并由美军最高当局公开道歉，同时要求美军立即撤出中国。这一行动得到北平及全国大中学校的支持。12月30日，以北大、清华、燕京为主导的北平各大学学生万余人举行示威游行，强烈抗议美军暴行。全国各主要城市的大中学生也先后举行了支持北平学生、抗议美军暴行的示威游行。各校教授也支持学生的爱国行动。北大教授沈从文、周炳琳、钱端升、朱光潜、向达等48人致书美国驻华大使司徒雷登，“望保证此后绝不再有类似事件在中国任何地方发生”。社会各界对此事的反感和抗议，逐渐由要求美军撤出中国，发展至要求和平、反对内战的政治诉求。1月28日，平津学生抗暴联合会成立。3月8日，全国学生抗暴联合总会成立，提出了“立即停止内战，实行政协决议，成立联合政府”的要求。

1946年年底，反美学生运动之后，中共要求国统区党组织加强对学校学生组织的领导、发展和巩固，积极发展民主进步力量，开展人民运动，促进群众斗争，配合人民解放军的军事斗争，推动全国革命新高潮的到来。在中共的领导和影响下，国统区爱国民主运动日益发展。

1947年，全国物价飞涨，民众生活之困难甚至超过了抗战时期。《大公报》社评说：“因物价腾昂，生活不安，人心浮动，几乎处处都在闹事，事事都有风波，一种阴霾恐慌的气象遍布各地。”1947年5月，南京学生连续举行反饥饿请愿游行，并得到各地学生的支持。北平学生从17日起先后罢课，18日走上街头，向市民宣传反对内战。国民党采取高压手段，压制学生运动。20日，南京、北平、天津等城市爆发了大规模的反饥饿、反内战、反迫害游行，是为“五二〇”运动。北平学生在请愿书中明确提出：

"我们追根求源,知道目前中国社会一切混乱不安的局面,都是因为政治上不民主及打内战的关系,所以我们更要求政府,立即停止内战,恢复政协路线,实行民主政治。"这些要求呼应了中共的政治主张,标志着第二条战线的形成。5 月 30 日,毛泽东在为新华社所写的《蒋介石政府已处在全民的包围中》的评论中指出:"中国境内已有了两条战线。蒋介石进犯军和人民解放军的战争,这是第一条战线。现在又出现了第二条战线,这就是伟大的正义的学生运动和蒋介石反动政府之间的尖锐斗争。"第二条战线的斗争有力地配合了人民解放军在军事战场上的斗争。

三、解放区军民的自卫反击

1947 年,国民党军的全面进攻被打破后,被迫改为集中兵力对陕北和山东解放区进行重点进攻。3 月 13 日,国民党军发起对延安的进攻。3 月 18 日,毛泽东、周恩来等中共领导人离开居住了十年的延安,开始转战陕北。临行前,毛泽东对前来送行的西北野战兵团的领导干部们说:"我军打仗,不在一城一地的得失,而在于消灭敌人的有生力量。存人失地,人地皆存;存地失人,人地皆失。""我们要以一个延安换取全中国。"3 月 19 日上午,西北野战兵团主动放弃延安。当天下午,国民党军胡宗南部进入延安,"占领"了一座空城。中共利用有利地形和群众条件,采取"蘑菇战术"不断调动对手,使其来回扑空,疲于奔命。人民解放军则于 3 月 25 日、4 月 14 日及 4 月底 5 月初,连续进行了青化砭、羊马河、蟠龙三次歼灭战,共歼灭胡宗南部 1.4 万余人,奠定了粉碎国民党军对陕北重点进攻的基础。5 月 13 日至 16 日,陈毅、粟裕遵照毛泽东的指示,指挥华东野战军在孟良崮进行了一场山地运动歼灭战,全歼国民党"五大主力之首"的整编第 74 师。5 月 17 日,毛泽东特发贺电:"歼灭 74 师,付出代价较多,但意义极大。"一名被俘的第 74 师营长说:"74 师被歼灭了,以后就没有任何(国民党)部队能抵抗解放军了。"蒋介石哀叹:"这是我军剿匪以来，最可惋惜的一件事。”孟良崮战役一举扭转了华东战局，鼓舞了人民解放军的士气，是解放战争由战略防御转为战略进攻的重要转折点。

1947 年，我军举行了全国性的战略反攻，中心目标是夺取中原地区。晋冀鲁豫解放军主力 12 万人，在刘伯承、邓小平指挥下于 1947 年 6 月 30 日夜，从山东东阿至河南濮县约 150 千米地段上渡过了黄河，开始了千里跃进的壮举。8 月 27 日进入大别山，开辟了鄂豫皖解放区。陈赓、谢富治率领太岳兵团建立了豫陕鄂解放区。华东解放区主力由陈毅、粟裕率领，发展了豫皖苏解放区。三军在江、淮、河、汉之间布成“品”字阵势，逐鹿中原。1947 年 9 月 1 日，中共中央发出《解放战争第二年的战略方针》，明确规定，我军第二年作战的基本任务是：举行全国性的反攻，即以主力打到外线去，将战争引向国民党区域，在外线大量歼敌，彻底破坏国民党将战争继续引向解放区、进一步破坏和消耗解放区的人力物力、使我不能持久的反革命战略方针。我军第二年作战的部分任务是：以一部分主力和广大地方部队继续在内线作战，歼灭内线敌人，收复失地。1947 年 12 月底，三军在豫南的遂平、西平地区胜利会师，三个解放区连成了一片。

与此同时，其他解放区也展开战略反攻。

知识链接

解放区的土地改革。抗日战争胜利以后，原来抗战时期的以减租减息为主要内容的土地政策，已不能满足广大农民对土地的要求，广大农民迫切希望获得土地。为应对当时的实际情况，中共中央决定在解放区实行土地改革运动。1947 年 7 月至 9 月，中共中央工委在河北省平山县西柏坡村召开全国土地会议，会议由刘少奇主持，于 9 月 13 日制定了实行土改的基本文献《中国土地法大纲》。1947 年《中国土地法大纲》规定：没收地主土地，废除封建剥削的土地制度，实行耕者有其田的土地制度，按农村人口平均分配土地。在土地改革中,中国共产党贯彻依靠贫雇农,团结中农,有步骤地、有分别地消灭封建剥削制度,发展农业生产的土地改革总路线。《中国土地法大纲》经中央批准,10月10日正式公布。1947年的土地改革使解放区1亿多无地和少地的农民分到了土地,从而激发了农民革命和生产的积极性。为了保卫胜利果实,翻身的农民踊跃参军,积极支援前线。1946—1948年,华北、东北解放区有200多万人参军。山东有580多万人,冀中有480多万人随解放军出征,抬担架、运粮草、送弹药。人民解放军的兵源、粮源和战争勤务,主要来自翻身的农民。1947年《中国土地法大纲》调动了农民的积极性,成为解放战争迅速取得胜利的一个可靠保证。

四、三大战役

1948年9月至1949年1月,解放军连续进行了辽沈、淮海、平津三大战役,国民党赖以维持其政治统治和发动内战的精锐部队几乎丧失殆尽,中共实际上已有效地控制住长江中下游以北的大半个中国。

辽沈战役(1948年9月12日—11月2日)是中国人民解放军东北野战军在辽宁西部和沈阳、长春地区对国民党军进行的战略性决战。战役的关键在于攻克锦州。为此,东北野战军部署重兵,在塔山、高桥地区阻止敌人的东进援军。10月14日,东北野战军对锦州发起总攻,经31个小时激战,全歼守敌10万余人,俘敌东北"剿总"副总司令兼锦州指挥部主任范汉杰。锦州的解放,关上了国民党守军逃出东北的大门。解放军抓住战机、愈战愈勇。10月19日长春解放。11月2日解放沈阳、营口,歼敌14.9万余人。至此,辽沈战役结束。辽沈战役历时52天,共歼灭国民党军47万余人,东北全境获得解放。

淮海战役(1948年11月6日—1949年1月10日)是中国人民解放

军华东野战军、中原野战军在以徐州为中心，东起海州（连云港），西至商丘，北起临城（今枣庄市薛城），南达淮河的广大地区，对国民党军进行的战略性进攻战役。1948 年 11 月 6 日，淮海战役开始，开始的重心是歼灭黄百韬兵团，华东解放军分三路南下，向黄百韬兵团发起总攻。11 月 11 日，将黄百韬兵团包围于徐州以东的碾庄圩地区。22 日，将该敌全部歼灭。黄百韬本人被击毙。11 月 25 日，中原解放军在宿县西南双堆集地区完成了对黄维兵团的合围。12 月 6 日，中原解放军向黄维兵团发起总攻，至 15 日将该敌 10 余万人全部歼灭，包括国民党军五大主力之一的第十八军，兵团司令黄维被生俘。1949 年 1 月 6 日，解放军向杜聿明发起总攻。1 月 10 日，杜聿明被俘。到此，历时 66 天、规模巨大的淮海战役全部结束。在这次战役中，徐州剿匪总司令部刘峙指挥的国民党军 5 个兵团、22 个军、56 个师及一个绥靖区共 55.5 万人被消灭及改编，解放军总共伤亡 13.4 万人。淮海战役是解放军牺牲最重、歼敌数量最多、政治影响最大、战争样式最复杂的战役，基本解放了长江以北的华东和中原地区。

平津战役（1948 年 11 月 29 日—1949 年 1 月 31 日）是中国人民解放军东北、华北野战军以北平（今北京）、天津为中心，对国民党军进行的战略性决战。由林彪、罗荣桓、聂荣臻组成平津战役总前委。1948 年 11 月 29 日，华北解放军一部包围了张家口的敌人，平津战役开始。12 月 8 日，新保安之敌又被我军包围，这样华北敌人的西窜之路被断绝。12 月 22 日，一举歼灭新保安之敌，12 月 24 日解放张家口。1949 年 1 月 14 日，解放军发起猛攻，经 29 小时激战，15 日解放天津，全歼敌军 13 万余人，活捉警务司令陈长捷。17 日解放塘沽。此时，北平已陷入解放军百万大军的严密包围之中。在中共努力争取下，国民党华北“剿总”总司令傅作义接受了中共条件，同意和平改编北平。1949 年 1 月 31 日，北平宣告和平解放。2 月 3 日，解放军举行隆重的入城仪式。本次战役中，解放军以伤亡 3.9 万人的代价，消灭及改编国民党军 3 个兵团、13 个军、50 个师，共计 52.1 万人,解放了北平、天津在内的华北大片地区。

辽沈、淮海、平津三大战役,解放军共歼灭和改编国民党军 150 多万人,国民党军队的主力基本上被消灭。三大战役以后,东北、华北和华东三大解放区连成一片,为解放长江以南地区奠定了基础。

在辽沈、淮海、平津三大战役里,广大人民群众从人力、物力、财力上积极支援前线;国统区的中共地下党和革命群众也为战争的胜利积极贡献力量。所以说,三大战役的胜利是人民战争的伟大胜利!

五、七届二中全会

1949 年 3 月 5 日至 13 日,中国共产党在河北省平山县西柏坡村召开了七届二中全会。出席会议的中央委员有 34 人,候补中央委员 19 人。毛泽东主持了会议并作了重要报告。全会规定了党在全国胜利后在政治、经济、外交方面应当采取的基本政策;指出中国由农业国转变为工业国、由新民主主义社会转变为社会主义社会的发展方向;指出党的工作重心必须由乡村转移到城市;对革命胜利后国内外阶级斗争的新形势做了估计。毛泽东告诫全党,必须警惕"糖衣炮弹"的攻击,他认为:"夺取全国的胜利,这只是万里长征走完了第一步。"他在本次会议上还提出了"两个务必"思想,即全党同志务必继续地保持谦虚、谨慎、不骄、不躁的作风,务必继续地保持艰苦奋斗的作风。

中共七届二中全会的召开,具有重大的历史意义。会议作出的各项政策规定对即将到来的全国性革命胜利和新中国的建设有重大的指导作用,解决了革命胜利以后,中国由新民主主义革命向社会主义革命转变的重大问题。

六、和平谈判与解放南京

从 1948 年秋至 1949 年年初,辽沈、淮海、平津三大战役相继胜利,人民解放战争的胜利已成定局。这时国民党提出国共和谈，以争取时间，卷土重来。1949 年 1 月 14 日，毛泽东提出了八项和谈条件：一是惩办战争罪犯；二是废除伪宪法；三是废除伪法统；四是依据民主原则改编一切反动军队；五是没收官僚资本；六是改革土地制度；七是废除卖国条约；八是召开没有反动分子参加的政治协商会议，成立民主联合政府，接收南京国民党反动政府及其所属各级政府的一切权力。1 月 21 日，蒋介石宣布隐退，由副总统李宗仁代理总统职务，设法与中共谈判停战。国民政府和谈代表团由张治中任团长，成员有邵力子、黄绍竑、刘斐、章士钊、李蒸；中共方面由周恩来任代表团团长，成员包括林伯渠、林彪、叶剑英、李维汉、聂荣臻。

1949 年 4 月 1 日，国民政府和谈代表团乘飞机抵达北平南苑机场。下午，周恩来率中共代表团与张治中会谈。在此后的数日中，南京政府代表就中共提出的《国内和平协定草案》提出许多修改意见。经过十多天的谈判，几经修改，达成《国内和平协定》。15 日，中共代表团根据南京代表的意见提出和平协定八条二十四款的不可变动的最后修正案，并约定 4 月 20 日为最后签字日期，南京方面如逾期不签字，中国人民解放军就立即渡江作战，用武力解决问题。1949 年 4 月 20 日，国民党反动政府拒绝在和平协定上签字，国共和谈全面破裂。

同日，毛泽东、朱德发布《向全国进军的命令》，解放军遵照中共中央军事委员会主席毛泽东和解放军总司令朱德的命令，立即向全国进军，百万雄师横渡长江天险。中国人民解放军从江苏江阴到江西湖口的千余里战线上，分东、中、西三路进军。20 日晚，中路军只用了 30 分钟就把敌人苦心经营的防线突破。21 日早上，七个主力团渡过了长江，占领了铜陵、繁昌地区。西路军占领东流、彭泽、至德、殷家汇、贵池等南岸阵地。东路军控制了江阴要塞，封锁了长江。三路大军胜利渡江，4 月 23 日占领南京，标志着国民党反动统治被彻底推翻(图 11)。然后人民解放军向华南、西南、西北各省进军。1949 年 6 月 2 日，解放崇明岛，至此，渡江战役结束。

图 11　1949 年 4 月解放军攻占南京总统府

1949 年 12 月 10 日，蒋介石飞离成都，率余部溃缩台北。

思考题：

1. 中国人民解放军是怎样从战略反攻到取得战略决战胜利的？

2. 除了军事上的溃败，国民党在政治上是如何失败的？

第五十章
中华人民共和国成立

解放战争结束后，中共和各民主党派开始筹备新中国成立相关事宜。1949 年 10 月 1 日，中华人民共和国开国大典在北京隆重举行，标志着中华人民共和国的成立。

新中国的成立有何历史意义呢？

一、中国人民政治协商会议第一届全体会议

中国共产党在领导全国各族人民为新民主主义而斗争的过程中，经历了国共合作的北伐战争、土地革命战争、抗日战争和全国解放战争这四个阶段，其间经受了 1927 年和 1934 年两次严重失败的痛苦考验。经过长期武装斗争和各个方面、各种形式斗争的密切配合，终于在 1949 年取得了革命的胜利。

1948 年 4 月 30 日，中共中央发布纪念五一国际劳动节的口号，此口号一共有二十三条，其中第五条提出“各民主党派、各人民团体、各社会贤达迅速召开政治协商会议，讨论并实现召集人民代表大会，成立民主联合政府”，由此揭开筹建新中国的序幕。

5 月 1 日，中共中央主席毛泽东致电中国国民党革命委员会主席李

济深、中国民主同盟中央常委沈钧儒，提出先行召开新的政治协商会议，希望民革、民盟与中共共商国是。中国共产党的号召，当即得到民革、民盟和其他民主党派、各人民团体、海外华侨团体、无党派民主人士的热烈响应。他们发表宣言、通电和谈话，并接受邀请奔赴解放区，与中国共产党共商建国大计。从8月起，各民主党派负责人、无党派民主人士接受中共中央邀请，分别从香港、上海、北平及海外，陆续进入东北、华北解放区。据统计，从香港北上的民主人士和文化界精英先后共有20多批1,000多人。各方面代表到达解放区后与中共代表共同进行新政协的筹备工作。

1949年1月22日，李济深、沈钧儒等民主党派领导人和著名的无党派民主人士55人联合发表《对时局的意见》，一致认定中共提出的关于召开政治协商会议、成立联合政府的主张符合全国人民的要求。这是我国统一战线和多党合作发展史上一件具有里程碑意义的事件，标志着各民主党派和无党派人士公开、自觉地接受了中国共产党的领导，标志着各民主党派和无党派人士坚定地走上了新民主主义、社会主义的道路，标志着中国的民主政治建设和政党制度建设揭开了新的一页。

6月30日，为了向全国人民公开阐明中国共产党在建立新中国问题上的主张，阐明新中国的性质、各阶级在国家中的地位及国家的内外政策和前途，同时回击国内外敌人的造谣中伤，澄清人民群众中对于这些问题的模糊认识，在中国共产党成立28周年的前夕，毛泽东发表《论人民民主专政》一文，提出“人民民主专政”这一科学概念，即“对人民内部的民主方面和对反动派的专政方面，互相结合起来，就是人民民主专政”。毛泽东认为，中国民主革命胜利后建立的国家，只能是工人阶级领导的以工农联盟为基础的人民民主专政的共和国，人民民主专政的基础是工人、农民阶级和城市小资产阶级的联盟，民族资产阶级只能联合，不能依靠，更不能充当革命的领导者；新中国的对外政策，毛泽东认为应站在社会主义一边，反对帝国主义的侵略扩张政策。毛泽东关于人民民主专政的理论，是对马克思主义国家学说的丰富和发展，毛泽东的《论人民民主专政》一文中描绘了即将建立的新中国的蓝图，系统地阐明了新中国的基本纲领，统一了全党和全国人民的思想，为中华人民共和国的成立奠定了理论和政策基础。

1949 年 9 月 21 日至 30 日，中国人民政治协商会议第一届全体会议在北平举行，中国共产党、各民主党派，无党派民主人士，各人民团体，人民解放军、各地区、少数民族和国外华侨的代表共 662 人出席大会。毛泽东在全体会议上致开幕词。会议选举产生中央人民政府，毛泽东当选为中央人民政府主席，朱德、刘少奇、宋庆龄、李济深、张澜、高岗当选为副主席。会议通过了起临时宪法作用的《中国人民政治协商会议共同纲领》。《中国人民政治协商会议共同纲领》规定：中华人民共和国是新民主主义即人民民主主义的国家，是以工人阶级领导的、以工农联盟为基础的、团结各民主阶级和国内各民族的人民民主专政的国家。会议还决定了国旗、国歌和定都北京、采用公元纪年。中国人民政治协商会议以人民民主统一战线为组织形式，它的召开标志着中国人民民主革命的胜利。中国人民政治协商会议的成功召开，初步建立了中国共产党领导的多党合作和政治协商制度。

知识链接

中华人民共和国国徽的内容为国旗、天安门、齿轮和麦稻穗，象征中国人民自五四运动以来的新民主主义革命斗争和工人阶级领导的以工农联盟为基础的人民民主专政的新中国的诞生。1950 年 6 月 18 日，中国人民政治协商会议第一届全国委员会第二次会议通过中华人民共和国国徽图案及对该图案的说明。同年 9 月 20 日，毛泽东主席命令公布中华人民共和国国徽。中华人民共和国国旗是中华人民共和国的象征和标志。中华人民共和国国旗的红色象征革命，旗上的五颗五角星及其相互关系象征共产党领导下的革命人民大团结。五角星用黄色是为了在红底上显出光明,黄色较白色明亮美丽。四颗小五角星各有一尖正对着大星的中心点,表示围绕着一个中心而团结。中华人民共和国国歌是《义勇军进行曲》,由田汉作词、聂耳作曲。1949 年 10 月 1 日下午 3 时整,在北京天安门广场隆重举行开国大典,伴随五星红旗冉冉上升,《义勇军进行曲》作为国歌第一次在天安门广场响起。

中国人民政治协商会议第一届全体会议决定,为了纪念在人民解放战争和人民革命中牺牲的人民英雄,在首都北京建立人民英雄纪念碑。1949 年 9 月 30 日,毛泽东亲自为人民英雄纪念碑奠基。碑心正面(北面)镌刻着毛泽东题写的“人民英雄永垂不朽”8 个鎏金大字,背面是毛泽东起草、周恩来题写的碑文:

> 三年以来,在人民解放战争和人民革命中牺牲的人民英雄们永垂不朽!
>
> 三十年以来,在人民解放战争和人民革命中牺牲的人民英雄们永垂不朽!
>
> 由此上溯到一千八百四十年,从那时起,为了反对内外敌人,争取民族独立和人民自由幸福,在历次斗争中牺牲的人民英雄们永垂不朽!

二、开国大典

1949 年 10 月 1 日下午 3 时整,盛大而隆重的开国大典在北京天安门广场隆重举行。参加这个典礼的有中国人民政治协商会议全体代表,有首都各工厂、各大专院校、各机关的代表,有市民、近郊农民及城防部队。中央人民政府秘书长林伯渠宣布典礼开始,中央人民政府主席、副主席、委员就位。毛泽东主席庄严宣布:“中华人民共和国中央人民政府今天成立了。”随后，毛主席按下了电动旗杆的电钮。伴随着《义勇军进行曲》的雄壮旋律，中华人民共和国国旗——五星红旗在天安门广场冉冉升起。与此同时，54 门礼炮齐鸣 28 响。这 54 门礼炮象征着参加中国人民政治协商会议第一届全体会议的 54 个民族；28 响标志着 1921 年至 1949 年中国共产党领导人民英勇奋斗的 28 年。升旗之后，毛泽东在天安门城楼上宣读了《中华人民共和国中央人民政府公告》，用强有力的语调，向全世界发出了新中国的声音(图 12)。

图 12　开国大典

开国大典宣告了中华人民共和国的诞生！宣告了中华民族的新生！揭开了中国历史的新篇章。中国人民从此站立起来，独立统一的中华人民共和国开始朝着社会主义道路迈进。

中国革命的胜利，是在马克思列宁主义的指导下取得的。我们党创造性地运用马克思列宁主义的基本原理，把它同中国革命的具体实践结合起来，形成了伟大的毛泽东思想，找到了夺取中国革命胜利的正确道路。这对于马克思列宁主义的发展是一个重大的贡献。

中国共产党是无产阶级的先锋队，是全心全意为人民服务的不谋任何私利的政党，是敢于并善于领导人民百折不挠地向敌人作斗争的政党。

中国各民族人民从亲身经历中看到了这个事实,从而在党的周围结成广泛的统一战线,实现了我国历史上空前强大的政治团结。

中国革命的胜利,主要是依靠我们党所领导的完全新型的与人民血肉相连的人民军队,通过长期人民战争战胜强大敌人取得的。没有这样一支人民的军队,就不可能有人民的解放和国家的独立。

中国革命在各个阶段都曾得到各国革命力量的援助,这是中国人民永远不会忘记的。但是中国革命的胜利,从根本上说是中国共产党坚持独立自主、自力更生的原则,依靠中国各族人民自身的力量,经历千辛万苦,战胜许多艰难险阻才取得的。

中国革命的胜利,在我国结束了极少数剥削者统治广大劳动人民的历史,结束了帝国主义、殖民主义奴役中国各族人民的历史,建立起一个统一的人民民主专政的国家,劳动人民成了新国家新社会的主人。从根本上改变了中国社会的发展方向,中国历史从此进入一个新纪元。人民革命在一个人口占全人类近 1/4 的大国的胜利,改变了世界政治力量的对比,也激励了许多类似中国这样受帝国主义、殖民主义剥削压迫的国家的人民,增强了他们前进的信心,也极大地增强了世界和平的力量。中国革命的胜利,是第二次世界大战以后最重大的政治事件,对国际局势和世界人民斗争的发展具有深刻的久远的影响。

思考题:

1. 试述中国革命胜利的伟大意义。

2. 谈谈开国大典。

后 记

书稿终于付梓，终于可以长长地舒一口气了。

2019年6月26日，中国传媒大学校长廖祥忠教授来北京大学召开文史哲教育座谈会，向在座各位教授发出邀约。

我们接下撰写本书的任务，主要缘于邀约，也缘于共同的好友，丛书统筹彭明哲、江力的力荐。

这是我们第一次尝试撰写历史通识读本，开始以为很容易，真正写起来发现其实很难。用20多万字的篇幅来讲述中国几千年的历史，如何布局，怎样构架，就是一个大大的难题。通识读本内容不能太深，也不能太浅，这个度也不好把握。诸如此类，还有很多。篇幅所限，一些大家所熟知的历史事件未能悉予收纳，甚憾。

时间紧，任务重，要求高，我们提交的这部稿子，只能是一次尝试。接下来，我们将根据各方反应进行修改，把本书打磨得尽可能完善。

本书的分工如下：古代史部分由张帆编写，北京大学历史学系叶炜老师、党宝海老师、韩巍老师提供了帮助；近现代史部分由马勇撰写，尹媛萍老师、张德明老师、王学斌老师提供了帮助。中国传媒大学马克思主义学院的曹晓伟老师提出了一些很好的意见、建议。在此,我们对所有为本书的撰写提供帮助的人深表感谢。

一段时间以来,很多大学忙于与世界接轨,英语成了终身教育,而本民族的历史跟文学、哲学如同难兄难弟,进了大学就被置弃一旁了。本书的出版非常及时,对年轻人学习历史、了解历史、热爱历史必将产生一定的影响。在此,非常感谢中国传媒大学出版社的领导、老师们,你们表现出的市场敏锐、专业素养、奉献精神,令人感佩。

最后还要特别感谢阅读本书的您。您对历史的热爱,是我们研究历史、普及历史知识不竭的动力源泉。

编著者

2019年10月

图书在版编目（CIP）数据

中国历史通识读本 / 张帆，马勇编著. -- 2 版. --北京：中国传媒大学出版社，2020.9（2022.10重印）
（文史哲通识读本丛书 / 廖祥忠总主编）
ISBN 978-7-5657-2765-8

Ⅰ. ①中… Ⅱ. ①张… ②马… Ⅲ. ①中国历史—教材 Ⅳ. ①K20

中国版本图书馆 CIP 数据核字（2020）第 160209 号

中国历史通识读本（第二版）
ZHONGGUO LISHI TONGSHI DUBEN（DI-ER BAN）

编　　著	张　帆　马　勇		
策划编辑	曾白凌　蔡开松		
统　　筹	彭明哲　江　力		
责任编辑	赵　欣　张　笛		
责任印制	阳金洲		
封面设计	拓美设计		
出版发行	中国传媒大学出版社		
社　　址	北京市朝阳区定福庄东街 1 号	邮　　编	100024
电　　话	86－10－65450528　65450532	传　　真	65779405
网　　址	http://cucp.cuc.edu.cn		
经　　销	全国新华书店		
印　　刷	三河市东方印刷有限公司		
开　　本	710mm×1000mm　1/16		
印　　张	19.25		
字　　数	280 千字		
版　　次	2020 年 9 月第 2 版		
印　　次	2022 年10月第 5 次印刷		
书　　号	ISBN 978-7-5657-2765-8/K·2765	定　　价	68.00 元

本社法律顾问：北京嘉润律师事务所　郭建平